Controle Societário
e Controle Empresarial

Controle Societário e Controle Empresarial

UMA ANÁLISE DA INFLUENCIAÇÃO SOBRE O CONTROLE EMPRESARIAL PELO ESTADO BRASILEIRO

2017

Pedro Alves Lavacchini Ramunno

CONTROLE SOCIETÁRIO E CONTROLE EMPRESARIAL
UMA ANÁLISE DA INFLUENCIAÇÃO SOBRE O CONTROLE EMPRESARIAL
PELO ESTADO BRASILEIRO
© Almedina, 2017

AUTOR: Pedro Alves Lavacchini Ramunno
DIAGRAMAÇÃO: Almedina
DESIGN DE CAPA: FBA
ISBN: 978-858-49-3224-5

Dados Internacionais de Catalogação na Publicação (CIP)
(Câmara Brasileira do Livro, SP, Brasil)

Ramunno, Pedro Alves Lavacchini
Controle societário e controle empresarial : uma análise da influenciação sobre o controle empresarial pelo Estado brasileiro / Pedro Alves Lavacchini Ramunno. -- São Paulo : Almedina, 2017.
Bibliografia.
ISBN: 978-85-8493-224-5
1. Direito comercial 2. Direito empresarial – Brasil 3. Direito societário - Brasil 4. O Estado 5. Sociedade anônima I. Título.

| 17-04828 | CDU-338(81) |

Índices para catálogo sistemático:
1. Brasil : Direito empresarial 338(81)
2. Brasil : Direito societário 338(81)

Este livro segue as regras do novo Acordo Ortográfico da Língua Portuguesa (1990).

Todos os direitos reservados. Nenhuma parte deste livro, protegido por copyright, pode ser reproduzida, armazenada ou transmitida de alguma forma ou por algum meio, seja eletrônico ou mecânico, inclusive fotocópia, gravação ou qualquer sistema de armazenagem de informações, sem a permissão expressa e por escrito da editora.

Junho, 2017

EDITORA: Almedina Brasil
Rua José Maria Lisboa, 860, Conj.131 e 132, CEP: 01423-001 São Paulo | Brasil
editora@almedina.com.br
www.almedina.com.br

*Aos meus pais,
Fernando e Lucia*

AGRADECIMENTOS

Este trabalho é fruto de pesquisa, dedicação, apoio e compreensão, e representa o resultado da dissertação de mestrado apresentada na Faculdade de Direito da Universidade de São Paulo (FDUSP), para obtenção do título de Mestre em Direito Comercial, em 2016.

Inicio esses agradecimentos pelo meu orientador, Prof. José Marcelo Martins Proença, não apenas por todos os ensinamentos desde os primeiros anos da minha graduação e pela oportunidade de dar continuidade ao desenvolvimento acadêmico, aceitando-me como orientando, mas sobretudo pela amizade e por ter-me transmitido a paixão pela docência. Estas representam certamente alguns dos mais importantes legados desses anos de academia.

Ao Prof. Francisco Satiro de Souza Júnior, agradeço pelos importantes apontamentos realizados na banca de qualificação, que foram essenciais para o desenvolvimento deste trabalho. Ao Prof. Rodrigo Octávio Broglia Mendes, que compôs tanto a banca de qualificação, como a banca de defesa da dissertação, trazendo grandes contribuições para o resultado deste trabalho, consigno meus mais sinceros agradecimentos. Ao Prof. Mario Engler Pinto Júnior, que também integrou a banca de defesa da dissertação, agradeço pelas excelentes provocações que possibilitaram o aprimoramento das discussões aqui propostas.

À Faculdade de Direito da Universidade de São Paulo só tenho a agradecer por todas as oportunidades. Após quase uma década, considero-a como minha segunda casa.

Ao Prof. André Antunes Soares de Camargo, agradeço não apenas pela confiança e pela amizade, mas também pelo inestimável incentivo para a divulgação das ideias aqui expostas e para a atuação no mundo da docência.

Ao escritório Ramunno Alcalde Advogados, verdadeiro projeto de vida, e aos meus amigos Paco e Gunkel, agradeço muito pela compreensão pelos momentos de ausência e pelo apoio irrestrito a todos os passos da longa caminhada que representou esta obra. Não teria sido possível sem isso.

À minha família, em especial aos meus pais – Fernando e Lucia – e meu irmão – Franco –, agradeço por terem propiciado todas as oportunidades que tive, certamente decorrentes do incessante incentivo aos estudos, e por sempre acreditarem em mim.

A uma pessoa especial, Bárbara, meu agradecimento mais profundo pelo incondicional apoio, principalmente nos momentos difíceis desta jornada. Sou grato por cada gesto carinhoso, cada sorriso e cada olhar.

APRESENTAÇÃO

Na qualidade de Coordenador Geral do Insper, tenho como atribuição, dentre outras, a representação institucional da Escola. Apresentar professores, palestrantes e eventos em geral faz parte da nossa corrida e deliciosa rotina profissional. Nem sempre tal missão é trivial, pois sempre precisamos ter o espírito aberto para conhecer a pessoa e o assunto em questão, na maioria das vezes mais aprendendo mais do que ensinando (aliás, o "segredo milenar" de quem é professor). Sempre temos um pequeno temor de que, quando finalizada a apresentação em questão, a expectativa de quem está do outro lado (e do "apresentado") não esteja totalmente alinhada à nossa.

Quando conheci o Pedro, autor desta obra, eu já o "conhecia". Como um dos fundadores da Revista Comercialista – Direito Comercial e Econômico" (http://comercialista.ibdce.com/), em 2011, e atualmente membro de seu Conselho Editorial, ele nos impressionou com uma capacidade de inovação junto com outros colegas da Faculdade de Direito da USP ("FADUSP"), lançando, à época, uma publicação independente, fomentando o debate sobre temas ligados às áreas do direito comercial e econômico. As matérias, entrevistas e textos da Revista sempre contam com professores, alunos e expoentes sobre os assuntos tratados, sempre com uma abordagem diferente, incluindo uma visão multi e interdisciplinar tão carente no mundo jurídico.

Vim a conhecer pessoalmente o Pedro só tempos depois. Ele vem trilhando uma carreira na advocacia e no mundo acadêmico bastante interessante. Sempre elogiado em palestras e aulas ministradas em algumas instituições de ensino (dentre as quais o Insper), ele concluiu recentemente o seu Mestrado pela FADUSP, cuja dissertação representa a origem da obra que você tem em mãos neste momento. O "mestre" Pedro, cheio de ideias e desafiando temas tortuosos, brinda-nos com o produto de sua longa e cuidadosa pesquisa e analisa a atuação e a influência do Estado brasileiro, em diversas modalidades de investimento representativas do Capitalismo de Estado, desmembrando essa "influenciação" sob os prismas do controle societário e do controle empresarial.

Para tanto, a obra está dividida em três grandes partes. A primeira delas, com uma função preparatória às discussões subsequentes, trata da segmentação do poder de controle (societário e empresarial), com considerações introdutórias, conceituais e sobre seus principais efeitos práticos. A atuação do Estado brasileiro, em diversas modalidades de investimento representativas do Capitalismo de Estado, a exemplo da titularidade de ações de classe especial (*golden shares*) e da participação direta em companhias abertas, como titular do controle societário, ou não, é trazida no segundo capítulo. Observa-se, claramente, a preocupação do Pedro em discutir em detalhes relevantes (e *sui generis*) formas pelas quais tal atuação ocorre de fato no Brasil. Por fim, no terceiro capítulo, Pedro trata das implicações práticas do tema, buscando prover comentários, críticas e soluções para uma melhor regulação e até interpretação da problemática levantada.

Destaco o esforço hercúleo do Pedro na análise das informações sobre as companhias abertas objeto da sua pesquisa empírica que sustenta muito bem sua linha argumentativa. Não se faz ciência sem investigar a realidade também! Em tempos em que precisamos melhorar a regulação (e seu *enforcement*), especialmente nos casos em que há a participação do Estado diretamente na atividade econômica, a obra vem em bom momento e com ótimas conclusões (não vamos adiantá-las propositadamente).

Bem, tenho certeza de que vocês, que estudam (e se preocupam com) o mundo empresarial e a sua regulação, não irão se arrepender de ter investido em quem tanto está contribuindo, de fato, com uma melhor produção acadêmica em nosso carente mercado editorial especializado. Parabéns e obrigado ao Pedro pela contribuição à ciência jurídica como um todo. Boa leitura a todos!

André Antunes Soares de Camargo

PREFÁCIO

Recebi e aceitei, alegre e imediatamente, do Mestre e Doutorando em direito comercial pela Faculdade de Direito da Universidade de São Paulo, o convite para apresentar a sua obra.

A tarefa é simples. O Pedro, a quem tive e tenho o prazer de orientar em seus estudos acadêmicos, faz parte do grupo que a Universidade Pública tem o prazer, e o dever, de receber. Não economiza e é assíduo nas pesquisas, atende aos chamados para compartilhar conhecimento e demonstra à sociedade sua produção. Dedicação aos estudos, pesquisa séria, visão multidisciplinar de institutos são predicados comuns ao Pedro, que está sempre presente na Academia, auxiliando-a a atingir a sua robusta e nobre função.

O livro ora apresentado, fruto de sua dissertação de mestrado, defendida publicamente em 2016 na Faculdade de Direito da Universidade de São Paulo e aprovada com sonoros elogios pela Rigorosa Banca Examinadora composta pelos festejados Professores Rodrigo Octávio Broglia Mendes e Mario Engler Pinto Júnior, examina, com detalhes, as relações de poder no âmbito da sociedade anônima, promovendo estudo crítico sobre o controle e tendo como ponto de partida os ensinamentos contidos na importante e festejada obra do Professor Fábio Konder Comparato, "O Poder de Controle na Sociedade Anônima".

No capítulo inicial, o Autor, com seu caráter inovador, defende ser necessária a segmentação do controle em duas estruturas – o controle societário e o controle empresarial. Esta segmentação se justifica em razão da existência de diversas situações em que o tratamento uno do controle, tal como propugnado pela doutrina majoritária, mostra-se insuficiente, bem como por possibilitar a análise precisa da hipótese de influenciação sobre o controle empresarial.

A influenciação sobre o controle empresarial, na visão do Autor, refere-se à situação, objeto de lacuna legislativa, em que há influência por terceiros, principalmente não detentores de participação societária direta ou indireta na companhia, sobre o poder de destinação em sentido amplo sobre os bens e direitos de titularidade da companhia, em especial, mas não se limitando a, aqueles integrantes do estabelecimento empresarial. Essa relação existente entre a companhia e os bens e direitos de sua titularidade, a qual se denomina controle empresarial, como é analisado criticamente no decorrer do trabalho, não se confunde com o poder do sócio consubstanciado pelas prerrogativas contidas no artigo 116 da Lei das Sociedades por Ações, ou seja, com o denominado controle societário.

Em decorrência dessa segmentação, no capítulo 2, Pedro analisa experiências de investimentos realizadas por braços de participação do Estado brasileiro, um dos principais exemplos do chamado Capitalismo de Estado, cujas conclusões são também aplicáveis a estruturas de investimento similares de *private equity* adotadas por participantes privados. A escolha do cenário envolvendo os braços de participação do Estado brasileiro, no contexto do chamado Capitalismo de Estado brasileiro, deveu-se ao fato de a participação do Estado brasileiro nas relações econômicas configurar um tema de extrema relevância para o desenvolvimento econômico e social do país, bem como em razão de as modalidades de investimentos adotadas pelos braços de participação do Estado serem plurais e em número suficiente para composição de amostra adequada para condução de uma análise empírica elucidativa. Utilizando-se do método indutivo, foram analisadas diversas experiências de investimento, tais como a emissão de ação de classe especial em companhias brasileiras (as chamadas *golden shares*), como casos de participação direta de braços de participação do Estado em companhias brasileiras listadas nos segmentos especiais da BM&F Bovespa (Nível 1, Nível 2 e Novo Mercado), associadas a disposições de acordos parassociais.

No capítulo 3, o Autor trata das consequências derivadas da possibilidade de atribuição de prerrogativas encerradas pelo controle empresarial e pelo controle societário para os braços de participação do Estado, mais especificamente do caso de influenciação sobre controle empresarial. Nesse contexto duas questões relevantes, tanto para a academia, como para a prática jurídica, são enfrentadas: (i) a obrigatoriedade de realizar oferta pública de aquisição (OPA) quando da configuração da hipótese de

PREFÁCIO

influenciação sobre o controle empresarial, bem como (ii) a possibilidade e, em caso positivo, a forma e o fundamento para a responsabilização do titular das prerrogativas que possibilitam a influenciação sobre o controle empresarial, quando do seu abuso.

A conclusão trazida pelo Pedro é no sentido da ausência da possibilidade de incidência das regras que impõem a obrigatoriedade de realização de OPA quando da atribuição das prerrogativas que possibilitem a configuração da hipótese de influenciação sobre o controle empresarial pelo terceiro não titular do controle societário. Além disso, o Autor também concluiu pela inexistência de regras especificas que fundamentem eventual pedido de responsabilidade pelo abuso das prerrogativas que possibilitem a influenciação sobre o controle empresarial na Lei das Sociedades por Ações, devendo-se recorrer às regras de responsabilidade civil aplicáveis à espécie de negócio jurídico que deu origem à atribuição dessas prerrogativas, cuja efetividade, como tratado no decorrer do trabalho, é muito questionável, sendo remota a probabilidade de responsabilização desse terceiro que abusa de suas prerrogativas, valendo-se dos instrumentos previstos na legislação.

Nas linhas finais do seu trabalho, defendeu o Autor a existência de importante lacuna no que tange à regulação da hipótese de influenciação sobre o controle empresarial, em especial quando exercido por terceiro não titular do controle societário, independentemente da detenção de ações representativas do capital social da companhia, ao passo que as soluções presentes no ordenamento jurídico, de *lege lata*, embora sejam dogmaticamente adequadas, mostram-se insatisfatórias do ponto de vista prático. Essa lacuna deriva do não reconhecimento da segmentação entre controle societário e controle empresarial pelo ordenamento jurídico brasileiro, especialmente pela Lei das Sociedades por Ações.

Diante do sério trabalho desenvolvido pelo Pedro e da sua preocupação e constante atenção à nossa Academia, aproveito a oportunidade para reescrever (já que o fiz em outras oportunidades) palavras do Professor Goffredo da Silva Teles Júnior, em uma das suas entrevistas à imprensa, palavras essas que, além de influenciarem a postura do Pedro, foram por mim guardadas e que eu gostaria de dividir. Perguntado ao Saudoso Professor Goffredo qual o conselho que ele daria à juventude, *declamou* com a sua constante simpatia e invejável inteligência: "Não são conselhos, propriamente. São apelos, creio; apelo do fundo do meu coração. São apelos de um estudante mais velho, que já andou pelos caminhos da vida, a estudantes moços, que se acham no começo dos caminhos. O primeiro apelo é este: Amem a beleza! Não tenham jamais vergonha de proclamar seu amor pela beleza – pela beleza de hoje, pela beleza de ontem, pela beleza simplesmente, seja com que forma, em que situação, com que data a beleza se apresente. O segundo apelo é este: Tenham como lema: Seriedade e competência! Não acreditem, jamais, que a chamada 'modernidade' possa ser biombo da ignorância e incultura. E o terceiro apelo é este. Não permitam que a aspereza da vida emudeça o sonho. Conservem a pureza, apesar de tudo. Não envelheçam, no espírito e no coração".

E, de outro lado, considerando nossas atuais condições, pemito-me repetir: **Não permitam que a aspereza da vida emudeça o sonho. Conservem a pureza, apesar de tudo!**

E de tudo isso temos o brilho do Pedro, destacado na banca avaliadora da sua dissertação de mestrado, pois bons jovens têm sonhos ou disciplina e jovens brilhantes têm sonhos e disciplina. É nesse sentido que ressalto a erudição e o arrojo das ideias do Pedro.

Enfim, não serei eu, certamente, quem terá a aptidão para despertar a curiosidade na leitura da presente obra. Independentemente da singeleza deste prefácio, todas as linhas do Autor, desde as primeiras, até as derradeiras, conduzirão ao exercício verdadeiramente fascinante de refletir sobre um tema que reclamava posições acadêmicas inovadoras.

Boa leitura a todos.

José Marcelo Martins Proença

SUMÁRIO

INTRODUÇÃO   19

CAPÍTULO 1 – A SEGMENTAÇÃO DO PODER DE CONTROLE:
CONTROLE SOCIETÁRIO E CONTROLE EMPRESARIAL   23
1.1. Considerações introdutórias sobre o poder de controle   23
1.2. Controle societário e controle empresarial: conceito   31
1.3. Consequências da segmentação na classificação controle interno
     – controle externo   43

CAPÍTULO 2 – AS FORMAS DE ATUAÇÃO DO ESTADO NO CONTEXTO DO CAPITALISMO DE ESTADO BRASILEIRO, A IDENTIFICAÇÃO DO DETENTOR DO CONTROLE E A VERIFICAÇÃO EMPÍRICA DA HIPÓTESE DE INFLUENCIAÇÃO SOBRE O CONTROLE EMPRESARIAL   47
2.1. Plano deste Capítulo   47
2.2. Contextualização da análise empírica: breves considerações sobre o
     Capitalismo de Estado brasileiro e as formas de atuação do Estado nas
     relações econômicas   49
2.3. Análise empírica para validação das considerações relacionadas à segmentação entre controle societário e controle empresarial. A atuação direta do Estado na modalidade equity – a adoção das golden shares e a participação direta associada a acordos parassociais. A hipótese de influenciação sobre o controle empresarial por terceiro não titular do controle societário   59
    2.3.1. A adoção das golden shares, a identificação do detentor do controle e a hipótese de influenciação sobre o controle empresarial   59
        2.3.1.1. Possibilidade de atribuição de prerrogativas encerradas pelo controle societário e/ou pelo controle empresarial por meio da golden share e a hipótese de influenciação sobre o controle empresarial pelo titular da golden share   61
        2.3.1.2. Conclusão parcial   71

2.3.2. A participação direta dos braços de participação do Estado associada aos efeitos de acordos parassociais, a identificação do detentor do controle e a hipótese de influenciação sobre o controle empresarial ... 74
    2.3.2.1. Breves notas sobre alguns dos principais veículos de investimento do Estado em sua atuação direta na modalidade equity: o BNDES Participações S.A. – BNDESPAR e as entidades fechadas de previdência complementar de empresas estatais – EFPC (fundos de pensão) ... 76
        2.3.2.1.1. Um necessário parêntese: sumária menção ao processo de privatização (ou desestatização) brasileiro ... 76
        2.3.2.1.2. BNDES Participações S.A. – BNDESPAR, o braço de participação do BNDES ... 77
            2.3.2.1.2.1. Considerações gerais ... 77
            2.3.2.1.2.2. Considerações sobre o investimento pelo BNDES por meio de detenção de participação direta em sociedades. O BNDES-acionista. ... 89
        2.3.2.1.3. As Entidades Fechadas de Previdência Complementar (EFPC) e a relevância dos "fundos de pensão" de empresas estatais ... 91
    2.3.2.2. Análise empírica: as empresas inseridas nos segmentos especiais de negociação da BM&F Bovespa investidas por braços de participação do Estado, a identificação do controlador e a hipótese de influenciação sobre o controle empresarial ... 95
        2.3.2.2.1. Considerações iniciais e método ... 95
        2.3.2.2.2. Resultados ... 99
    2.3.2.3. Conclusões parciais ... 108

CAPÍTULO 3 – IMPLICAÇÕES PRÁTICAS DA CONFIGURAÇÃO DA HIPÓTESE DE INFLUENCIAÇÃO SOBRE O CONTROLE EMPRESARIAL ... 111
3.1. Plano deste Capítulo ... 111
3.2. A obrigatoriedade ou não de realização de oferta pública de aquisição de ações (OPA) quando da atribuição de prerrogativas que configurem a hipótese de influenciação sobre o controle empresarial por terceiro não titular do controle societário ... 112

3.2.1. O suporte fático abstrato das normas disciplinadoras da OPA: artigo 254-A da LSA e a Seção VIII do Regulamento do Novo Mercado   113
    3.2.1.1. Artigo 254-A da LSA   113
    3.2.1.2. Seção VIII do Regulamento de Listagem do Novo Mercado   117
3.2.2. A impossibilidade de incidência do artigo 254-A e da Seção VIII do Regulamento do Novo Mercado quando da atribuição de prerrogativas que configurem a hipótese de influenciação sobre o controle empresarial por terceiro não titular do controle societário   119
3.2.3. Conclusão parcial: crítica à (falta de) solução trazida pelo ordenamento jurídico e a função da OPA   120

3.3. A possibilidade e a forma de responsabilização do terceiro não titular do controle societário quando do exercício abusivo das prerrogativas atribuídas que configurem a hipótese de influenciação sobre o controle empresarial   126

3.3.1. O suporte fático abstrato da norma que regula a responsabilidade do "acionista controlador": artigo 117 da LSA   126
3.3.2. A possibilidade de aplicação analógica do artigo 117 da LSA quando do uso abusivo das prerrogativas que configurem a hipótese de influenciação sobre o controle empresarial por terceiro não titular do controle societário   129
3.3.3. Conclusão parcial: crítica à ausência de previsão específica para a responsabilização do terceiro não titular do controle societário que abuse das prerrogativas que possibilitem a influenciação sobre o controle empresarial. A solução de contingência presente no ordenamento jurídico brasileiro   132

CONSIDERAÇÕES CONCLUSIVAS   137
REFERÊNCIAS   141
ANEXO   149

INTRODUÇÃO

O estudo das relações de poder envolvendo a sociedade anônima é, sem dúvida, merecedor de especial destaque no Direito Comercial, mais especificamente, no Direito Societário. Classicamente, na doutrina brasileira, o tema é quase que imediatamente associado à importante obra de Fábio Konder Comparato, *O Poder de Controle na Sociedade Anônima*.

Dentre as inúmeras contribuições trazidas pela obra de F. K. Comparato, encontram-se em posições de relevo a própria conceituação de "controle" e a sempre lembrada dicotomia apresentada pelo autor entre "controle interno" e "controle externo". As contribuições insertas nessa obra, muito embora – e não à toa – sejam comumente referidas como a melhor doutrina nacional sobre o tema, não apresentam resposta satisfatória para um fenômeno específico e de extrema importância para as relações societárias e para as estruturações de investimentos contemporaneamente adotadas, inclusive quando se tem como protagonista os braços de participação estatais brasileiros, certamente relevantes representantes do rol de principais atores do sistema econômico adotado no Brasil.

Refere-se à situação, objeto de lacuna legislativa, em que há influência por terceiros, principalmente não detentores de participação societária direta ou indireta na sociedade por ações, sobre o poder de destinação em sentido amplo dos bens e direitos de titularidade da própria companhia, em especial, mas não se limitando a, aqueles integrantes do estabelecimento empresarial. Essa relação existente entre a companhia e os bens e direitos de sua titularidade, a qual se denomina *controle empresarial*, como será analisado criticamente no decorrer deste trabalho, não se confunde com o poder do sócio consubstanciado pelas prerrogativas contidas no artigo 116 da Lei nº 6.404/1976 ("Lei 6.404" ou "LSA"), ou seja, com o denominado *controle societário*.

Como pode ser desde logo percebido, este trabalho, partindo das considerações trazidas por F. K. Comparato, sugere interpretação diversa da propugnada pela doutrina brasileira tradicional exatamente por se apoiar na necessidade de segmentação do controle, em *controle societário* e *controle empresarial*, em busca de resposta adequada para a situação fática descrita acima, ou seja, para a hipótese de *influenciação sobre o controle empresarial*, principalmente por terceiros não detentores de participação societária direta ou indireta na companhia. Essa perspectiva, essencial para a compreensão da possibilidade de transferência de posições jurídicas elementares encerradas por essas estruturas, por meio das técnicas societárias analisadas no decorrer deste trabalho, é justamente o objeto de análise do Capítulo 1. Ainda no Capítulo 1, faz-se uma introdução preliminar e teórica da hipótese motivadora e justificadora deste trabalho, qual seja, a *influenciação sobre o controle empresarial*, em especial por terceiros que não detém participação societária direta na companhia.

Em seguida, no Capítulo 2, partindo da segmentação entre *controle societário* e *controle empresarial*, estuda-se a sua importância por meio da verificação da ocorrência da hipótese de *influenciação sobre o controle empresarial* em casos concretos. Afinal, não houvesse a confirmação empírica dessa hipótese, a interpretação aqui proposta configuraria mera opinião, perdendo eventual relevância prática.

Para tanto, utiliza-se como plano de fundo os investimentos realizados pelos braços de participação do Estado brasileiro (entes federativos, entidades fechadas de previdência complementar e BNDES Participações S.A.), quando de sua atuação *direta* sob a modalidade *equity*, e a transferência de prerrogativas encerradas pelo *controle empresarial* e pelo *controle societário* para esses braços de participação. Importante destacar que a conformação das estruturas de investimento adotadas em alguns dos casos analisados, não obstante envolvam a participação dos braços de participação estatais, é similar àquelas adotadas por participantes privados em outras estruturas de *private equity*.

A escolha do cenário envolvendo os braços de participação do Estado brasileiro, no contexto do chamado Capitalismo de Estado brasileiro, deve-se, em primeiro lugar, pelo fato de a participação do Estado brasileiro nas relações econômicas configurar um tema de extrema relevância para o desenvolvimento econômico e social do país. Não à toa, essa atuação estatal é recorrentemente objeto de estudo dos mais variados ramos da ciência do Direito, tomando como ponto de partida questionamentos relacionados a inúmeros aspectos dessa atuação.

Em segundo lugar, a escolha desse plano de fundo se deve ao fato de as modalidades de investimentos adotadas pelos braços de participação do Estado serem plurais e em número suficiente para composição de amostra adequada para condução de uma análise empírica elucidativa. Utilizando-se do método indutivo, pode-se analisar diversas experiências de investimento, tanto presentes dentre os mais importantes casos de emissão de ação de classe especial em companhias brasileiras (as chamadas *golden shares*), como decorrentes de casos de participação direta de braços de participação do Estado em companhias brasileiras listadas nos segmentos especiais da BM&F Bovespa (Nível 1, Nível 2 e Novo Mercado), associadas a disposições de acordos parassociais, sendo que nessa segunda modalidade há a maior aproximação aos investimentos feitos pelos entes não estatais em estruturas de *private equity*, conforme destacado anteriormente.

Ambas as modalidades de investimentos analisadas, que integram a atuação *direta* do Estado sob a modalidade *equity* – como será devidamente apresentado no Capítulo 2 – servem como base para extração de padrões de atribuição de prerrogativas encerradas pelo *controle empresarial* e pelo *controle societário* para os braços de participação do Estado, sobretudo no que diz respeito à hipótese de *influenciação sobre o controle empresarial*, comprovando a tese proposta neste trabalho.

Cumpre destacar que as considerações formuladas sobre esses padrões, bem como a própria padronização, por mais que sejam extensíveis, a depender do caso, a outros contextos de *private equity*, só são possíveis devido ao fato de os investimentos realizados pelos braços de participação do Estado apresentarem número adequado – como já destacado – e estruturações similares, identificação que seria muito mais árdua não fosse a utilização do cenário escolhido para a realização da análise empírica. Por tal razão, faz-se importante abordar, ainda que brevemente, a formação desse contexto de investimentos pelos braços de participação estatais, estudo realizado igualmente no Capítulo 2.

O Capítulo 3, por sua vez, trata das consequências da possibilidade empiricamente observada e comprovada, diante do plano de fundo adotado, da atribuição de prerrogativas encerradas pelo *controle empresarial* e pelo *controle societário* para os braços de participação do Estado, mais especificamente do caso de *influenciação sobre controle empresarial*. Dessa forma, duas questões relevantes, tanto para a academia, como para a prática jurídica, são enfrentadas: a obrigatoriedade de realizar oferta pública de aquisição (OPA) quando da configuração da hipótese de *influenciação sobre o controle empresarial*, bem como a possibilidade e, em caso positivo, a forma e o fundamento para a responsabilização do titular das prerrogativas decorrentes da *influenciação sobre o controle empresarial*, quando do seu abuso.

Por fim, baseando-se na análise desenvolvida nos três capítulos anteriores, são traçadas algumas considerações conclusivas com o intuito de consolidar o que foi estudado e evidenciado no decorrer deste trabalho.

Capítulo 1
A Segmentação do Poder de Controle: Controle Societário e Controle Empresarial

1.1. Considerações introdutórias sobre o poder de controle
A dissociação entre a propriedade das riquezas produtivas e o comando da atividade empresarial exercida pela companhia não configura, definitivamente, uma novidade. Essa distinção, destrinchada por uns e reproduzida por tantos outros, foi abordada por Adolf A. Berle e Gardiner C. Means no hoje clássico trabalho *The Modern Corporation and Private Property*[1-2].

Observando a realidade do mercado de capitais norte-americano, com base em dados estatísticos datados de 1929, Berle e Means trataram do fenômeno da dissociação entre a propriedade das riquezas produtivas e o poder de comando empresarial[3-4]. Os autores, partindo da observação

---

[1] BERLE JR., Adolf A.; MEANS, Gardiner C. The Modern Corporation and Private Property. New York: The Macmillan Company, 1933.

[2] Essa dissociação, conforme destacado por Fábio Konder Comparato, já havia sido percebida por Karl Marx no Livro III de *O Capital* (COMPARATO, Fábio Konder; SALOMÃO FILHO, Calixto. O Poder de Controle na Sociedade Anônima. 6ª edição revista e atualizada. Rio de Janeiro: Ed. Forense, 2014. pp. 43-44).

[3] "(...) *in the corporate system, the "owner' of industrial wealth is left with a mere symbol of ownership while the power, the responsibility and the substance which have been an integral part of ownership in the past are being transferred to a separate group in whose hands lies control.*" (BERLE JR., Adolf A.; MEANS, Gardiner C. Op. cit. p. 68).

[4] Não à toa, esse fenômeno observado por Berle e Means tende a ser a contribuição mais lembrada pela doutrina. Exemplifica-se a afirmação por meio do seguinte excerto: "(...) *O real mérito do trabalho está mesmo na identificação da sociedade anônima como o instrumento de dissociação entre a propriedade da riqueza produtiva (os bens de produção) e o seu controle, no interior da organização empresarial capitalista; dissociação que, lembra bem Comparato (1977:33/34), já havia sido anotada por Karl Marx, nos esquemas para o Livro III de O capital (1894:332). Para Berle e Means, a*

empírica de que, quanto maior a dispersão acionária[5], menor a concentração de riquezas e de controle em uma mesma pessoa[6], chegam à pertinente conclusão de que o referido "controle" (*control*) não pode ser confundido nem com a propriedade (*ownership*), nem com a administração ou gestão (*management*)[7]. Trata-se de consequência decorrente das distintas funções plasmadas em cada um desses conceitos, os quais podem igualmente ser analisados por diferentes espectros.

Nesse sentido, para Berle e Means, uma vez que o *direcionamento das atividades da companhia* – o que coincide com o conceito de *controle* (*control*) por eles adotado – é exercido, nas companhias analisadas pelos autores, *via de regra*, pelo conselho de administração (*board of directors*), pode-se afirmar que o *controle* é detido pelo indivíduo ou grupo de indivíduos que tem o poder de selecionar a totalidade, ou ao menos a maioria, dos membros do conselho de administração (*board of directors*), seja por meio da mobilização da companhia para que realize essa escolha – o que se dá por meio do exercício do direito de voto –, seja por meio do exercício de influência ou pressão daqueles responsáveis por essa decisão[8]. Em certas hipóteses, vale destacar, o controle pode ser exercido não pela escolha dos membros do

---

sociedade anônima teria tornado passiva a propriedade da riqueza produtiva, na medida em que permitiu a desproporção entre o capital aportado numa atividade e o poder de dirigir essa mesma atividade. Em outros termos, a sociedade anônima possibilita ao empreendedor organizar e controlar uma atividade econômica sem dispor dos recursos necessários à sua implementação, nem mesmo da maior parte destes" (Cf. COELHO, Fábio Ulhoa. Curso de Direito Comercial: direito de empresa. v. 2. 17ª edição. São Paulo: Editora Saraiva, 2013. p. 306).

[5] O estudo desenvolvido por Berle e Means data da primeira metade do século XX. Baseando-se em dados estatísticos da economia norte-americana, entre as décadas de 1920 e 1930, observou-se que havia nos Estados Unidos quantidade reduzida de companhias, que concentravam ativos em montante elevado, além de aferirem elevada margem de receitas (Cf. BERLE JR., Adolf A.; MEANS, Gardiner C. *Op. cit.* pp. 19 e ss). As pesquisas identificaram que dentre os acionistas dessas companhias, poucos eram aqueles que detinham um percentual significativo das ações representativas do capital social das empresas (BERLE JR., Adolf A.; MEANS, Gardiner C. *Op. cit.* p. 47).

[6] Confira, nesse sentido, o seguinte excerto: "*As the ownership of corporate wealth has become more widely dispersed, ownership of that wealth and control over it have come to lie less and less in the same hands. Under the corporate system, control over industrial wealth can be and is being exercised with a minimum of ownership interest. Conceivably it can be exercised without any such interest. Ownership of wealth without appreciable control and control of wealth without appreciable ownership appear to be the logical outcome of corporate development.*" (BERLE JR., Adolf A.; MEANS, Gardiner C. *Op. cit.* p. 69).

[7] BERLE JR., Adolf A.; MEANS, Gardiner C. *Op. cit.* p. 69.

[8] BERLE JR., Adolf A.; MEANS, Gardiner C. *Op. cit.* p. 69.

conselho de administração (*board of directors*), mas pelo *direcionamento da administração* – o que ocorre, por exemplo, quando uma instituição financeira influencia as decisões empresariais de uma sociedade endividada[9]. Dessa análise, exsurgem algumas conclusões particularmente importantes:

(i) O *controle*, para Berle e Means, é um conceito amplo e configura uma situação de fato, que se traduz no *direcionamento das atividades da companhia*, ou seja, no *direcionamento das atividades sociais*;

(ii) Uma vez que as decisões sociais, no contexto analisado por Berle e Means, são, em tese e primordialmente, determinadas pelo conselho de administração (*board of directors*), presume-se que o *controle* é exercido pelo indivíduo ou grupo de indivíduos titulares de direitos de voto que, pelo exercício de tais prerrogativas, determinam a escolha de ao menos a maioria dos membros do conselho de administração (*board of directors*);

(iii) O *controle* pode igual e excepcionalmente ser exercido pelo indivíduo, ou grupo de indivíduos, que, não sendo acionista ou titular de direitos de acionistas, em especial do direito de voto, exerce influência determinante capaz de direcionar as atividades empresariais desenvolvidas pela companhia[10]. Trata-se, assim, de situação diversa da mencionada no item (ii), acima, mas com consequência similar: o *direcionamento das atividades da companhia*.

(iv) Dessa forma, justifica-se a dissociação entre a propriedade (a *ownership*, referida por Berle e Means) das riquezas produtivas e o *controle* sobre a atividade empresarial desenvolvida pela companhia. Enquanto a primeira – propriedade das riquezas produtivas – é de titularidade da companhia e encerra as posições jurídicas elementares (ativas e passivas) em que ela figura, o segundo – *controle* – é uma situação de fato, podendo ser exercido tanto pelos acionistas, pela administração ou mesmo por terceiro estranho à estrutura interna organizativa da companhia, ou estrutura orgânica;

---

[9] BERLE JR., Adolf A.; MEANS, Gardiner C. *Op. cit.* pp. 69-70. Essa hipótese configura o *controle externo* conceituado na obra de Comparato, conforme será abordado adiante.

[10] Essa diferença, como será visto abaixo, consiste em um dos pilares da obra de Comparato, *O poder de controle na sociedade anônima*, sendo determinante para a distinção entre o *controle interno* e o *controle externo*.

(v) E ainda, justifica-se a dissociação lógica, derivada das considerações de Berle e Means, entre a propriedade das ações representativas do capital social da companhia, detidas, via de regra, pelos acionistas, e o *controle* sobre a atividade empresarial desenvolvida pela companhia.

Da análise de Berle e Means, da qual decorre a definição de *controle* tratada acima – qual seja, o *direcionamento das atividades da companhia* –, extraem-se algumas modalidades ou formas por meio das quais o *controle* pode ser identificado e exercido. São elas: (i) controle com quase total propriedade acionária, (ii) controle majoritário, (iii) controle mediante expedientes legais (*through legal device*), (iv) controle minoritário, e (v) controle administrativo ou gerencial (*management control*)[11].

Os ensinamentos de Berle e Means foram internalizados no direito brasileiro, por sua vez, pela renomada obra de Fábio Konder Comparato, *O Poder de Controle na Sociedade Anônima*[12-13], referência pátria na matéria do controle e do poder de controle. Partindo da análise semântica, com a definição do termo "controle" como *poder de dominação*[14], F. K. Comparato

---

[11] É de se destacar que as formas de identificação e exercício do controle expostas por Berle e Means decorrem da propriedade das ações representativas do capital social, de expedientes legais (o que ocorre nos casos de controle por meio de estruturas piramidais, por meio da emissão de ações sem direito de voto, as referidas *non-voting stock*, ou por meio de *voting trusts*) ou de arranjos extra jurídicos (*extra-legal in character*), a exemplo do traço característico do controle gerencial, que é marcado pela dispersão acionária e a utilização de técnicas de pedidos de procurações para o exercício do controle (*proxy machinery*). Para detalhamento de cada uma dessas modalidades de identificação e exercício do controle, v. BERLE JR., Adolf A.; MEANS, Gardiner C. *Op. cit.* pp. 70-90.

[12] A obra de Comparato, a partir de sua 5ª edição, em 2008, passou a ser atualizada por Calixto Salomão Filho. As referências feitas neste trabalho baseiam-se, via de regra, na 6ª edição da obra, salvo expressa menção em contrário.

[13] Cf. COMPARATO, Fábio Konder; SALOMÃO FILHO, Calixto. *Op cit.* p. 44

[14] *"Ora, a evolução semântica, em português, foi influenciada tanto pelo francês como pelo inglês, de tal sorte que a palavra "controle" passou a significar, correntemente, não só vigilância, verificação, fiscalização, como ato ou poder de dominar, regular, guiar ou restringir. (...)*
No entanto, a influência inglesa faz sentir-se, hoje, de modo preponderante nesse particular, e, aos poucos, as nossas leis passam a usar "controle" sobretudo no sentido forte de dominação, ou na acepção mais atenuada de disciplina ou regulação. (...)
Pois bem, é no sentido forte de poder de dominação, e não apenas no significado fraco de poder regulamentar, ou na acepção francesa de fiscalização, que a palavra "controle" passará a ser usada doravante nesta dissertação. É esta, para nos servirmos da expressão consagrada pela semiótica anglo-saxônica, a nossa

identifica o poder de controle como sendo o de *disposição sobre bens de terceiros*. Trata-se, é importante salientar, de conceito substancialmente diverso daquele embutido na obra de Berle e Means[15].

A visão propugnada por F. K. Comparato, em que o *controle* configura o *poder de disposição sobre bens de terceiros*, no caso sobre os bens da própria companhia, foi bastante influenciada pela doutrina estrangeira, em especial pela obra do francês Claude Champaud[16-17]. Confira-se, nesse sentido, a seguinte passagem de F. K. Comparato:

definição estipulativa preliminar de controle." (COMPARATO, Fábio Konder; SALOMÃO FILHO, Calixto. *Op cit.* pp. 25-26).

[15] Note-se que a definição de *controle* trazida por Comparato – *poder de dominação* – não equivale à definição de *control* de Berle e Means – *direcionamento das atividades da companhia* –, sendo certo, como se pretende demonstrar no decorrer deste capítulo, que além de não haver uma identificação entre eles, o segundo não pode ser necessariamente considerado englobado ou compreendido no primeiro.

[16] Champaud, na obra de *Le Pouvoir de Concentration de la Société par Actions*, enfrentou a até então indefinição doutrinária acerca do conceito de controle, concluindo tratar-se do poder de disposição sobre bens de terceiros. V., nesse sentido, CHAMPAUD, Claude. Le pouvoir de Concentration de la Société par Actions. Paris: Sirey, 1962 – em especial pp. 161 e seguintes.

[17] Note-se, contudo, que não há uma identidade entre os posicionamentos de Comparato e de Champaud. Não obstante ambos defendam tratar-se de um poder de disposição sobre bens de terceiros, existem alguns aspectos discordantes: para o doutrinador francês, o *controle* configura necessariamente uma situação de fato, tal como propugnado por Tullio Ascarelli. Para Comparato, por sua vez, o *controle*, a depender da hipótese em concreto, pode configurar tanto uma situação de fato, como uma situação jurídica, como será visto em diversas passagens deste trabalho. Sobre a visão de Champaud e de Ascarelli, Comparato comenta: *"Claude Champaud que, em sua estupenda tese sobre o poder de concentração da sociedade por ações, criticara essa indefinição doutrinária, acaba reconhecendo, mais recentemente, que o fenômeno pertence, realmente, àquilo que os juristas franceses sempre denominaram domain du fait. E adverte que o seu reconhecimento só pode provir de indícios e presunções, e não de regras fixas e imutáveis, que constituiriam uma rede de malhas muito largas para recolher todas as manifestações do controle. Opinião semelhante já fora expressa por Ascarelli em artigo publicado em 1952. Para ele, enquanto a participação de uma sociedade no capital de outra constitui uma relação jurídica típica, o controle não corresponde a uma situação jurídica determinada, mas a uma situação de fato, que pode derivar de várias relações jurídicas, levando-se em consideração não só o tipo de relação, como também as modalidades de fato correspondentes à situação comparativa dos diferentes interessados na vida em sociedade. Tal não significa, para Ascarelli, que o controle é uma noção juridicamente irrelevante, ou meramente econômica, pois, enquanto situação de fato, pode constituir o pressuposto de aplicação de determinadas normas (uma condicio juris, diríamos nós). De qualquer modo, não estaríamos em presença de uma noção unitária, mas, ao contrário, de um termo suscetível de diversas acepções, conforme a multiplicidade das fattispecie."* (COMPARATO, Fábio Konder; SALOMÃO FILHO, Calixto. O Poder de Controle... p. 40)

> *"Atividade empresarial e estabelecimento constituem, portanto noções complementares. Da mesma forma, **o controle sobre a atividade empresarial implica, necessariamente, o controle dos bens empresariais e vice-versa**. Por isso, Champaud **afirmou, corretamente, que controlar uma empresa significa dispor dos bens que lhe são destinados**, de tal sorte que o controlador se torna o senhor de sua atividade econômica."* [18] (grifos nossos)

E, ainda, mais adiante:

> *"**Os bens sociais pertencem à sociedade, mas quem detém sobre eles o poder de disposição é o empresário, ou seja o titular do controle**. Não se pode deixar de reconhecer aí, como já tivemos ocasião de assinalar, o ressurgimento do fenômeno de multiplicação dos direitos reais concorrentes sobre os mesmos bens, característico do feudalismo. **O titular do poder de controle exerce, efetivamente, como sustentou Champaud, a disposição dos bens alheios e, por isso mesmo, essa "propriedade, sob a forma de empresa" não somente tem uma função social, mas é uma função social** (...)"*[19] (grifos nossos)

Partindo da análise dos excertos destacados, sob a ótica de F. K. Comparato, há uma implicação causal que leva à sobreposição de dois conceitos distintos: o *controle societário* e o *controle empresarial*. Nesse sentido, partindo de uma análise bastante pragmática, finalista, a detenção do *controle societário* pelo controlador implicaria, necessariamente, a detenção do poder de destinação (em sentido *latu*) dos bens e direitos de titularidade da companhia, normalmente integrantes de seu estabelecimento empresarial. Esse poder de destinação, por sua vez, que configura o *controle empresarial*. Ou seja, o *controle empresarial*, partindo da interpretação proposta por F. K. Comparato, estaria contido pelo *controle societário*. Trata-se de consequência lógica da adoção do conceito de *controle* como sendo o *poder de disposição sobre bens de terceiros* – no caso, da própria companhia[20].

---

[18] COMPARATO, Fábio Konder; SALOMÃO FILHO, Calixto. O Poder de Controle... p. 106
[19] COMPARATO, Fábio Konder; SALOMÃO FILHO, Calixto. O Poder de Controle... p. 110
[20] Como já destacado, o conceito de controle como *poder de disposição sobre bens de terceiros* não é unanimidade na doutrina tradicional, sendo sempre pertinente destacar o posicionamento de Giuseppe Ferri, para quem o *controle* representa um poder sobre a atividade empresarial, e não sobre bens de terceiros. Nesse sentido, confira-se a passagem de Comparato sobre o conceito de Ferri: *"Há, pois, quem conceba o controle não como um direito sobre bens, mas como um poder sobre a atividade empresarial. "Controle de uma sociedade por outra", escreveu Giuseppe Ferri, "significa, substancialmente, que a ação da sociedade controlada pode ser, concretamente, determinada*

Esse posicionamento, não obstante a frequente identificação empírica de ambos os conceitos pela doutrina, não dá resposta adequada e satisfatória a diversas situações observadas na prática[21], principalmente quando aplicado ao ordenamento jurídico brasileiro tal como configurado, em especial à Lei nº 6.404/1976. Por essa razão, defende-se a necessidade de tratar os dois conceitos – *controle societário* e *controle empresarial* – de modo independente. Com o intuito de justificar o porquê da defesa de posicionamento distinto da doutrina tradicionalmente propugnada e difundida no Brasil[22], faz-se necessário desenvolver algumas considerações sobre a

pela sociedade ou ente controlador. O controle exprime uma particular situação, em razão da qual um sujeito é capaz de marcar com a própria vontade a atividade econômica de uma determinada sociedade"." (COMPARATO, Fábio Konder; SALOMÃO FILHO, Calixto. O Poder de Controle... p. 105). Para maior detalhamento, v. FERRI, Giuseppe. Le Società. Turim: UTET, 1971, em especial nº 252.

[21] Conforme análise realizada nos Capítulos 2 e 3.

[22] Com o objetivo de tão somente exemplificar a assertiva, seguem alguns posicionamentos: "*Trata-se* [o controle] *de uma definição eminentemente centrada na realidade material, portanto apenas considera controlador quem tem a maioria dos votos nas assembléias e, ao mesmo tempo, usa essa maioria para comandar a sociedade. Quem tem a maioria e não a utiliza é sócio majoritário, mas não é controlador. As maiorias eventuais também não caracterizam o controle, pois para tanto exige a lei um poder permanente.*" (BORBA, José Edwaldo Tavares. Direito Societário. 3ª ed. rev. aum. e atual. Rio de Janeiro: Freitas Bastos, 1997. pp. 253-254); "*Controle societário pode ser entendido como o poder de dirigir as atividades sociais. Essa noção tem um sentido material ou substancial e não apenas formal. Assim, o controle é o poder efetivo dos negócios sociais. Não se trata de um poder potencial, eventual, simbólico ou diferido. É controlador aquele que exerce, na realidade, o poder. Internamente, mediante o prevalecimento dos votos. Externamente, por outros fatores extra-societários. Controlar uma companhia, portanto, é o poder de impor a vontade nos atos sociais e, via de consequência, de dirigir o processo empresarial que é o seu objeto.*" (Cf. CARVALHOSA, Modesto. Comentários à Lei de Sociedades Anônimas. 3ª edição. v. 2. São Paulo: Saraiva, 2003. p. 486); "*O poder de controle interno é fático e consiste na dominação efetiva das ações de uma sociedade ou, em outras palavras, na capacidade do agente de orientar amplamente as suas atividades e de decidir sobre a sua forma de atuação no mercado em que estiver inserida. Não há norma legal que assegure esse poder de mando, devendo o controle ser verificado no caso concreto, no exercício efetivo do direito de voto e na indicação dos administradores. Segundo a definição do art. 116 da LSA, controlador é aquele que, sendo titular de direitos de sócio que lhe assegurem, de modo permanente, a maioria dos votos nas deliberações da assembleia geral e o poder de eleger a maioria dos administradores, usa efetivamente esse poder para dirigir as atividades sociais e orientar o funcionamento da companhia.*" (CUNHA, Rodrigo Ferraz Pimenta da. O Poder de Controle na Nova Lei de Falência e Recuperações Judiciais. *In*: CASTRO, Rodrigo R. Monteiro de; MOURA AZEVEDO, Luís André N. de (Coord.). Poder de Controle e Outros Temas de Direito Societário e Mercado de Capitais. São Paulo: Quartier Latin, 2010. pp. 326-327); "*A figura do controlador, o mais das vezes, identifica-se com a do empresário, aquele que dirige os negócios sociais. Na moderna sociedade anônima, conforme vem sendo observado doutrinariamente, o acionista controlador afirma-se como novo "órgão", como titular de um novo "cargo" social, em sua acepção jurídica mais ampla, ou seja, como*

necessidade dessa segmentação e a sua função[23]. Para tanto, deve-se iniciar essa análise pelo conteúdo encerrado por cada um desses conceitos, o que será objeto da seção 1.2., a seguir.

*um centro de competência, envolvendo funções próprias e necessárias. Tais funções – e deveres – existem vinculados à figura do acionista controlador, resumindo-se, no direito societário, ao poder de orientar e dirigir, em última instância, as atividades sociais; ou, na dicção do artigo 116, alínea "b" da Lei das S.A., no poder de "dirigir as atividades sociais e orientar o funcionamento dos demais órgãos da companhia". O legislador de 1976, ao invés de manter tais prerrogativas funcionais diluídas no corpo acionário, como ocorria no passado, preferiu localizá-las na figura do controlador. (...) Assim, a Lei das S.A. reconheceu a existência do **poder de controle acionário**, definindo-o em função da titularidade da maioria dos votos e do exercício efetivo da direção dos negócios sociais"* (grifos no original) (EIZIRIK, Nelson; GAAL, Ariádna B.; PARENTE, Flávia; HENRIQUES, Marcus de Freitas. Mercado de Capitais – regime jurídico. 3. ed. revista e ampliada. Rio de Janeiro: Renovar, 2011. pp. 387-388); *"A Lei nº 6.406/1976 reconheceu a existência do poder de controle nas sociedades anônimas, definindo-o não em função da titularidade da maioria do capital votante, mas essencialmente em virtude do efetivo exercício da direção das atividades sociais. (...) Como se verifica, a identificação do acionista controlador pressupõe a presença cumulativa de três requisitos: a) a predominância de votos nas assembleias gerais, com a eleição da maioria dos administradores; b) a permanência dessa predominância; e c) o uso efetivo do poder de dominação."* (EIZIRIK, Nelson. Aquisição de Controle Minoritário. Inexigibilidade de Oferta Pública. *In*: CASTRO, Rodrigo R. Monteiro de; MOURA AZEVEDO, Luís André N. de (Coord.). Poder de Controle e Outros Temas de Direito Societário e Mercado de Capitais. São Paulo: Quartier Latin, 2010. p. 179); *"O acionista controlador, portanto, é aquele que dispõe de direitos de sócio que lhe assegurem, em caráter permanente, a maioria dos votos nas assembleias e o poder de eleger a maioria dos administradores e que, além disso, usa efetivamente de seu poder para dirigir as atividades e orientar o funcionamento dos órgãos da companhia."* (FRANÇA, Erasmo Valladão Azevedo e Novaes. Alteração de Controle Direto e Indireto de Companhia. *In*: CASTRO, Rodrigo R. Monteiro de; MOURA AZEVEDO, Luís André N. de (Coord.). Poder de Controle e Outros Temas de Direito Societário e Mercado de Capitais. São Paulo: Quartier Latin, 2010. p. 269); *"(...) o Controle é o poder exercido por pessoa física ou jurídica que, isoladamente, ou por meio de acordo de acionistas, é titular de ações que lhe assegurem, de modo permanente, a maioria dos votos nas deliberações da assembleia geral e o poder de eleger a maioria dos administradores da companhia, usando efetivamente este poder para dirigir as atividades sociais e orientar o seu funcionamento."* (LEITE, Leonardo Barém. Governança Corporativa – Considerações sobre sua Aplicação no Brasil (Das "Limitadas" às Sociedades Anônimas de Capital Pulverizado). *In*: CASTRO, Rodrigo R. Monteiro de; MOURA AZEVEDO, Luís André N. de (Coord.). Poder de Controle e Outros Temas de Direito Societário e Mercado de Capitais. São Paulo: Quartier Latin, 2010. p. 515); *"(...) parece-nos importante como primeiro passo rumo ao reconhecimento, em nosso ordenamento jurídico, de que é absolutamente defeituosa a assertiva de que 'a relação controlador/controlada pressupõe titularidade de direitos de sócio".* (MACEDO, Ricardo Ferreira de. Controle não societário. Rio de Janeiro: Renovar, 2004, p. 28). Como pode facilmente ser percebido, embora existam diferenças pontuais acerca da conceituação de acionista controlador e controle, não é difundido na doutrina o posicionamento que segmenta o controle entre *controle empresarial* e *controle societário*.

[23] Valendo-se dos ensinamentos de Ascarelli, *"Non sarà possibile intendere um istituto giuridico senza rendersi conto della funzione che è destinato a compiere, nè valutarlo criticamente senza rendersi*

1.2. Controle societário e controle empresarial: conceito

O *controle societário* é um poder do sócio e que envolve as atribuições descritas no artigo 116, *caput*, da Lei nº 6.404/1976[24], sujeitando seu titular aos deveres (art. 116, parágrafo único da LSA) e às responsabilidades (art. 117 da LSA) atinentes ao acionista controlador[25]. Em outras palavras, detém o *controle societário* a pessoa natural ou jurídica, ou o grupo de pessoas vinculadas por acordo de voto, ou sob controle comum, que (i) é titular de direitos de sócio que lhe assegurem, de modo permanente, a maioria dos votos nas deliberações da assembleia geral e o poder de eleger a maioria dos administradores da companhia; e (ii) usa efetivamente esse poder para dirigir as atividades sociais e orientar o funcionamento dos órgãos da companhia[26]. Trata-se, assim, de poder exercido e manifestado preci-

---

conto dela funzione efetivamente compiuta." (ASCARELLI, Tullio. Funzione economiche e istituti giuridici nella tecnica dell'interpretazione. *In*: Studi di diritto comparato e in tema di interpretazione. Milano: Dott. A. Giuffrè Editore, 1952. p. 59)

[24] Muito embora o artigo 116 da Lei 6.404/1976 defina diretamente apenas o "acionista controlador", não tratando expressamente da definição de *controle* (mais precisamente, no caso, do *controle societário*), pode-se inferir a sua definição. Confira-se, *in verbis*: "Art. 116. Entende-se por **acionista controlador a pessoa, natural ou jurídica, ou o grupo de pessoas vinculadas por acordo de voto, ou sob controle comum, que: a) é titular de direitos de sócio que lhe assegurem, de modo permanente, a maioria dos votos nas deliberações da assembléia-geral e o poder de eleger a maioria dos administradores da companhia; e b) usa efetivamente seu poder para dirigir as atividades sociais e orientar o funcionamento dos órgãos da companhia.** | Parágrafo único. (...)" (grifos nossos).

[25] O conceito de acionista controlador, relacionado ao *controle societário*, trazido pelo art. 116 da Lei 6.404/1976 é praticamente reproduzido pelo segundo parágrafo do art. 243 do mesmo diploma legislativo, que define "sociedade controladora" por meio da definição de "sociedade controlada", sem menção do requisito presente na alínea "b" do mesmo art. 116.

[26] Interessante destacar o embate doutrinário sobre o fato de o exercício efetivo do poder de controle ser elemento integrativo da definição de acionista controlador (cf. alínea *b* do artigo 116 da Lei 6.404/1976) e da sociedade controladora (art. 243 da Lei 6.404/1976), ou ser um atributo inerente a quem detenha a maioria das ações votantes. Sobre o tema, há, basicamente, três posicionamentos: (i) aqueles que entendem que o uso do poder de controle é indispensável à caracterização do acionista controlador e da sociedade controladora (existindo omissão legislativa no art. 243 da Lei 6.404/1976), a exemplo do posicionamento de Tavares Borba (BORBA, José Edwaldo Tavares. *Op. cit.* p. 367) e de Modesto Carvalhosa (CARVALHOSA, Modesto. Comentários à lei de sociedades anônimas. v. 2. São Paulo: Saraiva, 1997. p. 431); (ii) aqueles que entendem que a prova do efetivo poder de controle só é necessária para identificar o acionista controlador pessoa física, sendo que no caso de sociedade controladora se presume o uso efetivo do poder de controle; e, posição partilhada pelo autor, (iii) aqueles que julgam necessária a comprovação do uso efetivo do poder de controle apenas no caso

puamente nas deliberações assembleares da companhia[27], relacionado, via de regra, às questões societárias que decorrem justamente da própria propriedade acionária.

Além disso, o *controle societário* não apenas configura um poder exercido pelo sócio sobre a sociedade, como vincula o seu exercício à observância justamente do melhor interesse da companhia, e não o de seu titular. Por tal razão, tem natureza jurídica de *poder-dever* ou *poder funcional*.

Essa categoria jurídica – *poder funcional* – não se confunde com a noção de *direito subjetivo*, que visa à tutela de um interesse do próprio titular. Trata-se, em realidade, de um poder conferido a um titular para a tutela de um interesse alheio[28], ou seja, o exercício do *controle societário*, embora

---

de controle minoritário, tal como F. K. Comparato, uma vez que a detenção da maioria das ações votantes pressupõe o *status* de acionista controlador ou de sociedade controladora ou de comando, cabendo prova em contrário, sendo pertinente a sugestão trazida por Mauro Rodrigues Penteando no sentido de se inverter o *onus probandi*, para que o detentor da maioria das ações votantes se exima da responsabilidade atribuída pela lei ao acionista controlador se provar que outro, e não ele, exercita efetivamente o poder de comando. Sobre a temática, v. PENTEADO, Mauro Rodrigues. Apontamentos sobre a alienação de controle de companhias abertas. *In*: Revista de Direito Mercantil, Industrial, Econômico e Financeiro. nº 76, ano XXVII. out/dez 1989. pp. 15-25 (em especial páginas 15-17) e, no mesmo sentido, PELA, Juliana Krueger. As *Golden Shares* no Direito Societário Brasileiro. São Paulo: Quartier Latin, 2012. pp. 170-171. Ademais, para críticas sobre a insuficiência da interpretação literal do dispositivo, que levaria à necessidade de estarem presentes, concomitantemente, ambos os requisitos das alíneas "a" e "b", v. MACEDO, Ricardo Ferreira de. *Op. cit.* pp. 75-78.

[27] Embora não promova a segmentação entre o *controle societário* e o *controle empresarial*, essa linha de pensamento encontra-se presente no trabalho de Tavares Borba: *"O controle é um fenômeno de poder. Controla uma sociedade quem detém o poder de comandá-la, escolhendo os seus administradores e definindo as linhas básicas de sua atuação. Este poder funda-se no voto e se manifesta, basicamente, nas assembléias-gerais, onde se exerce de forma ostensiva."* (Cf. BORBA, José Edwaldo Tavares. *Op. cit.* p. 251)

[28] Trata-se da mesma lógica utilizada pelos doutrinadores que defendem que o poder familiar ou pátrio poder configura um *poder-dever* ou *poder funcional*. Destacam-se, nesse sentido, as seguintes passagens: *"O direito subjetivo seria um poder conferido pela ordem jurídica para tutela dum interesse do próprio titular. Não se confundiria portanto com aquelas situações ou posições jurídicas que, como o poder paternal (segundo certa corrente), se traduzem num poder conferido para tutela dum interesse alheio (o do filho, no exemplo apontado)."* (ANDRADE, Manuel A. Domingues de. Teoria da Relação Jurídica. Vol. 1. Sujeitos e Objeto. reimpr. Coimbra: Livraria Almedina, 2003. p. 10, em especial nota de rodapé nº 1); *"(...) quando considerações de ordem funcional justificam a exclusão de certas hipóteses do domínio dos direitos subjetivos (p. ex., o poder jurídico está a serviço de um interesse de outrem, como sucede no poder paternal), este aspecto funcional repercute-se na estrutura do direito, pois não se trata de poder de livremente exigir um comportamento, mas de poderes-deveres."*

seja realizado pelo titular de direitos de sócio, deve ser orientado no sentido de tutelar o melhor interesse da companhia.

Necessário destacar que o fato de o *controle societário* ser exercido principalmente nas deliberações assembleares da companhia, em especial pelo exercício do direito de voto, não implica definitivamente na obrigatoriedade de exercício do direito de voto[29], que é facultativo. Posicionamento diverso iria, inclusive, em desencontro com os fundamentos da sociedade anônima. Isso, contudo, não afasta a possibilidade de existirem dúvidas sobre o tema, o que se procura enfrentar neste momento.

Em uma primeira hipótese, o titular do *controle societário* quando o exerce comissivamente, por meio da manifestação de seu voto, afirmativo ou negativo, na assembleia, deve, indubitavelmente, orientá-lo com intuito de tutelar o melhor interesse da companhia. Trata-se de consequência direta da aplicação da LSA[30], bem como da efetivação do *controle societário* enquanto *poder funcional*.

(MOTA PINTO, Carlos Alberto da. Teoria Geral do Direito Civil. 3ª ed. 4ª reimpr. Coimbra: Coimbra Editora, 1990. pp. 170-171). Pontes de Miranda, por sua vez, embora não classifique o "pátrio poder" como *poder-dever* ou *poder funcional*, define-o como *"o conjunto de direitos que a lei concede ao pai, ou à mãe, sôbre a pessoa e bens do filho, até a maioridade, ou emancipação dêsse, e de deveres em relação ao filho."* (PONTES DE MIRANDA, F. C. Tratado de Direito Privado – Parte Especial. Tomo IX. 3ª Ed. Rio de Janeiro: Borsoi, 1971. p. 110) Além disso, na doutrina nacional especializada, v. COMPARATO, Fábio Konder; SALOMÃO FILHO, Calixto. O Poder de Controle... p. 267, nota de texto nº 58).

[29] Esse posicionamento encontra-se desenvolvido, sobretudo, por Renato Ventura Ribeiro (Cf. RIBEIRO, Renato Ventura. Direitos de Voto nas Sociedades Anônimas. São Paulo: Quartier Latin, 2009, em especial pp.177-183), que defende a obrigatoriedade do direito de voto, por meio da modificação da configuração tradicionalmente sustentada pela doutrina e jurisprudência, com o enquadramento do voto na categoria jurídica de *dever legal*. Para o autor, *"como, no Brasil, a lei do anonimato adota uma concepção institucionalista e o direito de voto, quando exercido ou não, deve submeter-se ao interesse social, seria coerente a instituição da obrigatoriedade do exercício do direito de voto"* (RIBEIRO, Renato Ventura. *Op. cit.* p. 178).

[30] Trata-se, em especial, da aplicação do *caput* do art. 115 da Lei 6.404/1976, *in verbis*: *"Art. 115.* ***O acionista deve exercer o direito a voto no interesse da companhia****; considerar-se-á abusivo o voto exercido com o fim de causar dano à companhia ou a outros acionistas, ou de obter, para si ou para outrem, vantagem a que não faz jus e de que resulte, ou possa resultar, prejuízo para a companhia ou para outros acionistas."* (grifos nossos). Sobre a interpretação do conceito de "interesse da companhia" quando da aplicação do art. 115 da Lei nº 6.404/1976, v. FRANÇA, Erasmo Valladão Azevedo e Novaes. Conflito de interesses nas assembleias de S.A. (e outros escritos sobre conflito de interesses). 2ª ed. São Paulo: Malheiros, 2014.

Em uma segunda hipótese, quando diante de evidências que indiquem que determinada deliberação irá manifestamente em desencontro (ou em prejuízo) aos interesses da companhia, deve o titular do *controle societário* exercer o seu poder para evitar esse desfecho negativo. Se, para tanto, é necessário que exerça seu direito de voto, deve votar, não em razão de o exercício do voto ser obrigatório (o que não seria plausível, já que o exercício do direito de voto configura uma faculdade), mas pelo fato de ser titular de um *poder funcional*. Nesse caso específico, a omissão possibilita a apuração de responsabilidade do controlador societário, pois a facultatividade do voto não pode servir de escusa para a efetivação do *controle societário* enquanto *poder funcional*.

O *controle empresarial*, por sua vez, é um poder de titularidade da companhia e que encerra o poder de destinação (em sentido amplo) dos bens e direitos de sua titularidade, os quais normalmente integram o estabelecimento comercial (ou empresarial)[31-32]. Essa concepção relaciona-se à

---

[31] Considera-se estabelecimento o conjunto de bens e direitos organizado para exercício da atividade empresarial, conforme arts. 1142 e seguintes do Código Civil. Importante destacar que, por força do art. 1146 do Código Civil, o estabelecimento se afirma não apenas como universalidade de fato, como comumente descrito pela doutrina tradicional, mas como universalidade híbrida (de fato e de direito), razão pela qual o estabelecimento é, sim, composto pelo conjunto de bens e direitos organizado para exercício da atividade empresarial. Sobre o tema, WARDE JR., Walfrido Jorge. Os Poderes Manifestos no Âmbito da Empresa Societária e o Caso das Incorporações: a Necessária Superação do Debate Pragmático-Abstracionista. *In*: CASTRO, Rodrigo R. Monteiro de; MOURA AZEVEDO, Luís André N. de (Coord.). Poder de Controle e Outros Temas de Direito Societário e Mercado de Capitais. São Paulo: Quartier Latin, 2010. p. 80; PRANDINI JR., Alex. Trespasse e Cisão Parcial – Similitudes. In: CASTRO, Rodrigo R. Monteiro de; ARAGÃO, Leandro Santos de (coord.). Reorganização Societária. São Paulo, Quartier Latin, 2005. pp. 362-382; e, principalmente, BARRETO FILHO, Oscar. Teoria do estabelecimento comercial: fundo de comércio ou fazenda mercantil. São Paulo: Saraiva, 1988. De todo modo, pode-se citar como exemplo da doutrina tradicional – que não é aqui partilhada – o seguinte posicionamento: *"(...) a doutrina tem convergido na opinião de que o estabelecimento empresarial constitui-se em uma universalidade de fato (universitas facti). É um complexo de bens, cada qual com individualidade própria, com existência autônoma, mas que, em razão da simples vontade de seu titular, encontram-se organizados para a exploração da empresa, formando, assim, uma unidade, adquirindo um valor patrimonial pelo seu todo. O Código Civil, em seu artigo 90, ao definir universalidade de fato, bem demonstra o enquadramento do estabelecimento nessa categoria. Segundo a dicção legal, constitui universalidade de fato a pluralidade de bens singulares que, pertinentes à mesma pessoa, tenham destinação unitária, podendo, entretanto, ser objeto de relações jurídicas próprias."* (Cf. CAMPINHO, Sérgio. O Direito de Empresa à luz do Código Civil. 12ª Ed. rev. E atual. Rio de Janeiro: Renovar, 2011. p. 339)

própria separação, ao menos formal, entre os interesses da companhia e os individuais de seus sócios[33], guardando relação com as matérias relacionadas à gestão da companhia. O fato de ser um poder originariamente de titularidade da companhia[34] não impede que a destinação de seus bens e direitos possa ser influenciada determinantemente por terceiros (inclusive pelo próprio detentor do *controle societário*). Nesses casos, é possível que ocorra a hipótese de *influenciação sobre o controle empresarial* por esse terceiro, independentemente de se tratar de acionista titular do *controle societário*, acionista não titular do *controle societário*, ou mesmo de pessoa

---

[32] Note-se que o conceito de *controle empresarial* aproxima-se de certa forma daquele proposto por Ferri, para quem o controle estaria relacionado a um *direito sobre a atividade empresarial* da companhia. Sobre o tema, v. nota de rodapé nº 20.

[33] Esse posicionamento já havia sido há muito acertadamente abordado por Ascarelli ao tratar do contrato plurilateral, em crítica à teoria dos atos de fundação: *"Patrimônio separado e pessoa jurídica são, afinal, instrumentos jurídicos para disciplinar a responsabilidade das partes pelos atos que praticarem como sócios e para distinguir, assim, os interesses sociais e os interesses individuais dos sócios."* (ASCARELLI, Tullio. O Contrato Plurilateral. *In*: Problemas das Sociedades Anônimas e Direito Comparado. 1a edição. Campinas: Bookseller, 2001. P. 383).

[34] Essa visão guarda íntima relação com um dos principais fundamentos do direito societário e com sua própria análise crítica: a existência de uma pessoa com patrimônio e personalidade jurídica distintos dos seus acionistas, proprietários de ações representativas do capital social da companhia, de forma a impedir que credores dos acionistas atingissem o patrimônio da pessoa jurídica para satisfazerem seus créditos. Não à toa, é recorrente na doutrina a reiterada defesa dessa divisão, dessa especialização dos bens e direitos de titularidade da companhia, destinados, sim, pela própria companhia por meio do exercício do *controle empresarial*. Nesse sentido, confira-se o seguinte trecho do clássico trabalho *The Anatomy of Corporate Law*: "(...) because **these assets are conceived as belonging to the firm, rather than the firm's owners, they are unavailable for attachment by the personal creditors of these persons**. *The core function of this separate patrimony has been termed "entity shielding", to emphasize that it involves shielding the assets of the entity – the corporation – from the creditors of the entity's owners*" (grifos nossos) (Cf. ARMOUR, John; HANSMANN, Henry; KRAAKMAN, Reinier. What is corporate law? In: The Anatomy of Corporate Law: A Comparative and Functional Approach. 2ⁿᵈ Edition. Oxford University Press. p. 2). No mesmo sentido, é possível estender essa justificativa para afirmar que referida especialização dos bens e direitos da companhia dirige-se inclusive para seus próprios acionistas, que não podem destinar, por si, os bens e direitos de titularidade da companhia, ou seja, não podem se apropriar indevidamente do *controle empresarial*. Essa interpretação pode ser igualmente extraída das consequências da *"entity shielding"* trazida por Armour, Hansmann e Kraakman: *"The second rule of entity shielding – a rule of "liquidation protection" – provides that the* **individual owners of the corporation (the shareholders) cannot withdraw their share of firm assets at will, thus forcing partial or complete liquidation of the firm**, *nor can the personal creditors of an individual owner foreclose on the owner's share of firm assets."* (grifos nossos) (Idem ao anterior, p. 7)

que não detenha participação societária na companhia. Essa *influenciação sobre o controle empresarial*, vale destacar, pode ocorrer em diversos graus, envolvendo influência sobre uma ou algumas posições jurídicas subjetivas componentes do *controle empresarial*[35].

Nesse sentido, cumpre ressaltar que a segregação e ausência de identidade entre aquele que exerce *influenciação sobre o controle empresarial* e a companhia decorrem, inclusive, da forma normalmente utilizada para a destinação de bens e direitos de sua titularidade. Ora, atualmente e já há bastante tempo, a forma precípua para a circulação de bens e riquezas (dentre as quais se incluem os bens e, é claro, os direitos integrantes do estabelecimento empresarial) é o *contrato*[36]. E quem figura como parte da

---

[35] Embora não configure objeto de estudo do presente trabalho, é importante destacar que a assertiva faz referência à possibilidade de ocorrer não apenas a *influenciação*, mas a efetiva transferência de algumas dessas posições jurídicas para terceiros, que não a companhia. Essa possibilidade guarda relação com o reconhecimento de que o *controle empresarial* – tal qual o direito de propriedade – é um direito subjetivo composto por inúmeros feixes de direito, cada qual relacionado a uma ou a um conjunto de posições jurídicas subjetivas elementares. Nesse sentido, esses feixes de direitos poderiam ser alocados, inclusive por critérios de geração de maiores eficiências, aos diversos *stakeholders* afetados pelo exercício da empresa e pela destinação, em sentido amplo, dos seus bens e direitos (pelo *controle empresarial*). Trata-se de uma clara alusão ao trabalho desenvolvido por Elinor Ostrom, socióloga agraciada pelo Prêmio Nobel de Economia por seu trabalho desenvolvido sobre os bens comuns (*common pool resources*). Sobre o assunto, v. OSTROM, Elinor. Beyond Markets and States: Polycentric Governance of Complex Economic Systems. Prize Lecture, December 8, 2009 (Disponível em: <http://www.nobelprize.org/nobel_prizes/economic-sciences/laureates/2009/ostrom_lecture.pdf>. Acesso em: 31.03.2016) e OSTROM, Elinor. Governing the Commons: the evolution of institutions for collective action. California: Cambridge University Press, 1990.

[36] Essa concepção do contrato como um dos principais motores para o desenvolvimento da atividade empresarial contemporânea é recorrente na doutrina e acompanha a própria evolução do direito comercial. Nesse sentido, relevantes são a concepção de Enzo Roppo que define o contrato nesse momento contemporâneo como sendo "mecanismo funcional e instrumental da empresa" ("*Se o contrato adquire relevância cada vez maior com o progressivo afirmar-se do primado da iniciativa da empresa relativamente ao exercício do direito de propriedade, é também porque este constitui um instrumento indispensável ao desenvolvimento profícuo e eficaz de toda a atividade econômica organizada. Poderia assim dizer-se, para resumir numa fórmula simplificada a evolução do papel do contrato, que de mecanismo funcional e instrumental da propriedade, ele se tornou mecanismo funcional e instrumental da empresa.*" (grifos nossos), Cf. ROPPO, Enzo. O Contrato. Coimbra: Almedina, 2009. p. 67); e a concepção coaseana de sociedade (*firm*), pautada na análise econômica do direito, como um "feixe de contratos" relacionado à redução dos custos de transação envolvidos na organização e desenvolvimento da atividade econômica (Cf. COASE, Ronald H. The Nature of The Firm. *In*: Economica, New Series, Vol. 4,

relação contratual quando os objetos envolvidos são aqueles afetados pelo *controle empresarial* é a própria companhia, e não terceiros, mesmo que a influenciem determinantemente. Afinal, os diretores da companhia são seus *presentantes*[37].

Uma vez que o *controle empresarial* é exercido pela companhia sobre os seus próprios bens e direitos, ou seja, sobre posições jurídicas integrantes de sua esfera jurídica, não há de se falar na existência de um *poder funcional* (ou *poder-dever*) nesse caso. Diferentemente daquilo que ocorre no *controle societário*, o *controle empresarial* configura um *direito subjetivo*[38] de

No. 16. Nov., 1937. pp. 386-405). No mesmo sentido, destacam-se os excertos de Armour, Hansmann e Kraakman, no clássico trabalho *The Anatomy of Corporate Law*: "*It is perhaps more accurate to describe a firm as a "nexus for contracts", in the sense that a firm serves, fundamentally, as the common counterparty in numerous contracts with suppliers, employees, and customers, coordinating the actions of these multiple persons through exercise of its contractual rights. The first and most important contribution of corporate law, as of other forms of organizational law, is to permit a firm to serve this role by permitting the firm to serve as a single contracting party that is distinct from the various individuals who own or manage the firm. In so doing, it enhances the ability of these individuals to engage together in joint projects.*" (Cf. ARMOUR, John; HANSMANN, Henry; KRAAKMAN, Reinier. *Op cit.* p. 6); e de Jensen e Meckling: "*[The firm] is a legal fiction which serves as a focus for a complex process in which the conflicting objectives of individuals (...) are brought into equilibrium within a framework of contractual relations.*" (JENSEN, Michael C.; MECKLING, William H. Theory of the firm: managerial behavior, agency costs and ownership structure. *In*: Journal of Financial Economics, Amsterdam, v. 3, n. 4, out., 1976. pp. 311).

[37] A assertiva faz referência à diferenciação entre *representação* e *presentação*. Enquanto na representação há sempre dois sujeitos de direito, um representante, que age em nome do representado, e um representado, formando uma relação jurídica (e.g. o preposto em relação à pessoa jurídica), na presentação tem-se uma relação orgânica, pois quando o presentante age, quem age é o presentado. Trata-se justamente da relação entre o diretor (órgão) e a companhia. Sobre o tema, leciona Pontes de Miranda: "*O órgão da pessoa jurídica não é representante legal. A pessoa jurídica não é incapaz. O poder de presentação, que êle tem, provém da capacidade mesma da pessoa jurídica; por isso mesmo, é dentro e segundo o que se determinou no ato constitutivo, ou nas deliberações posteriores [...]. Se as pessoas jurídicas fôssem incapazes, os atos dos seus órgãos não seriam atos seus. Ora, o que a vida nos apresenta é exatamente a atividade das pessoas jurídicas através de seus órgãos: os atos são seus, praticados por pessoas físicas. [...] Os atos dos órgãos, que não se confundem com os mandatários das pessoas jurídicas, são atos das próprias pessoas jurídicas: têm elas vontade, que se exprime; daí a sua responsabilidade pelos atos ilícitos deles, que sejam seus.*" (PONTES DE MIRANDA, F. C. Tratado de Direito Privado – Parte Geral – Tomo I – Introdução. Pessoas Físicas e Jurídicas. 4ª Ed. São Paulo: RT, 1974. p. 412).

[38] Sobre a diferenciação entre o *direito subjetivo* e o *poder funcional* (ou *poder-dever*), além das considerações destacadas anteriormente, sobretudo na nota de rodapé nº 28, convém mencionar o estudo analítico desenvolvido por Giuseppe Lumia, acerca da estrutura da relação jurídica (LUMIA, Giuseppe. Lineamenti di teoria e ideologia del diritto. 3ª ed. Milano:

Giuffrè, 1981. pp. 102-123, trecho traduzido, com adaptações e modificações, pelo Prof. Alcides Tomasetti Jr. – versão revista e alterada em abril de 1999 –, disponibilizada aos alunos de graduação da Faculdade de Direito da Universidade de São Paulo). No trecho destacado, Lumia analisa a relação jurídica, principal fenômeno do plano da eficácia, sob o prisma de cada um de seus elementos (sujeitos, polos e partes, e posições jurídicas subjetivas).
Nesse sentido, Lumia descreve 8 (oito) posições jurídicas elementares (ou seja, *"o lugar que cada um dos sujeitos ocupa no contexto da relação jurídica"*). Cada posição jurídica elementar implica um modo de estar de um sujeito da relação jurídica perante o outro, sob um determinado aspecto na relação jurídica na qual figuram como parte. Tem-se, assim, alguns pares conceituais, que podem ser relacionados de acordo com os polos da relação jurídica, *ativo* e *passivo*: pretensão e dever comportamental; faculdade e falta de pretensão (esses derivados das normas de comportamento ou primárias); imunidade e falta de poder; poder formativo e sujeição (esses derivados das normas de competência ou secundárias).
Levando esses pares conceituais em consideração, para Lumia, o *direito subjetivo* configura um *"complexo unitário (e unificante) de posições jurídicas subjetivas* [ativas] *elementares"* (cf. p. 9 da versão traduzida), ou seja, uma posição jurídica subjetiva complexa, formada tão somente por posições jurídicas subjetivas *ativas* elementares. Já o *poder funcional* (ou *poder-dever*) também configura uma posição jurídica subjetiva complexa, embora o seu titular, diferentemente daquilo que ocorre com o *direito subjetivo*, detém juntamente com as posições jurídicas subjetivas *ativas* que decorrem das normas secundárias (poder formativo e imunidade), uma posição jurídica subjetiva *passiva* derivada das normas primárias (dever comportamental).
Sobre essa diferenciação, destaca-se a seguinte passagem de Lumia: *"dos direitos subjetivos distinguem-se nitidamente os poderes funcionais* (potestà, no original)*, que implicam uma outra e diversa categoria de posição jurídica subjetiva complexa. O conceito de poder funcional decorre da conjunção entre um poder formativo e um dever comportamental* (obbligo, no original)*. Realmente, nos poderes funcionais, determinadas posições jurídicas são atribuídas a um sujeito para a satisfação de interesses que não são estritamente seus, como, por exemplo, ocorre com o poder funcional conferido ao pai sobre os filhos menores: com os poderes funcionais atribuídos aos órgãos públicos no interesse da coletividade; com os poderes funcionais que caracterizam a atuação dos órgãos das pessoas jurídicas, etc. As pessoas investidas nesses poderes não são livres de exercitá-los, ou não, de modo que a perseguição daqueles interesses não fica confiada ao mero arbítrio do titular de uma faculdade, mas à prudente discricionariedade vinculada do sujeito investido numa posição jurídica ativa, que ele tem o dever de exercitar, no sentido de modificar a situação jurídica do sujeito passivo."* (LUMIA, Giuseppe. *Op cit.* versão traduzida. pp. 15-16)."
O tema também encontra guarida na doutrina comercialista, destacando-se o seguinte trecho de Erasmo Valladão, que faz alusão aos doutrinadores italianos Francesco Santoro-Passarelli e Francesco Carnelutti: *"A distinção entre poder e direito subjetivo está em que aquele consiste na prerrogativa e no dever de tutelar interesses alheios, enquanto que este consiste na prerrogativa e na faculdade de tutelar os próprios interesses (Cf.* FRANCESCO SANTORO-PASSARELLI, *Dottrine generali del diritto civile, 9a ed., Jovene, Nápoles, Itália, 1986, p. 74,* FRANCESCO CARNELUTTI, *Teoria generale del diritto, 3a ed., Soc. Ed. Del "Foro Italiano", Roma, 1951, p. 152-153, e* SANTI ROMANO, *Frammenti di um dizionario giuridico, Giuffrè, Milão, Itália, 1947, p. 179/180).* "O acionista controlador", diz o parágrafo único do art. 116, da Lei de S/A, *"deve usar o poder com o fim de fazer a companhia realizar o seu objeto e cumprir sua função social, e tem deveres e responsabilidades para com os demais acionistas*

titularidade da companhia, podendo-se manifestar por meio de diferentes modalidades de *direitos subjetivos*[39].

Uma vez estabelecido o conceito do *controle empresarial*, é relevante esclarecer que, neste caso, o termo "controle" não guarda relação com o domínio de uma terceira pessoa sobre a companhia e, consequentemente, sobre os bens e direitos de sua titularidade, mas sim de uma relação entre a companhia e esses bens e direitos. Essa ressalva se justifica, pois, o termo "controle", caso interpretado à luz do conceito do *controle societário*, poderia dar a entender que existiria uma relação de domínio imposta por um outro sujeito de direito, que não a companhia, no caso do *controle empresarial*. Nitidamente não é esse o caso quando se analisa essa segunda estrutura – *controle empresarial*.

Esse posicionamento conceitual acerca do *controle empresarial*, vale destacar, independe da concepção de interesse social adotada, tema de intenso debate doutrinário e que afronta, contemporaneamente, a defesa entre o *contratualismo*[40] e o *institucionalismo integracionista* ou *organizativo*[41], no que

---

da empresa, os que nela trabalham e para com a comunidade em que atua, cujos direitos e interesses deve lealmente respeitar e atender" (Cf. FRANÇA, Erasmo Valladão Azevedo e Novaes. Alteração de Controle Direto e Indireto de Companhia... p. 269)

[39] Trata-se de uma questão de ordem: o *direito subjetivo* comporta diversas categorias, podendo se tratar de *direitos subjetivos absolutos* (que se exercita, eficazmente em face de todos os outros sujeitos, ou, em outras palavras, *erga omnes*), nos quais se inserem, por exemplo, os *direitos reais*, ou de *direitos relativos* (que atribuem ao seu titular, o credor, a pretensão de obter, da parte de outro sujeito, o devedor, uma pretensão, que já exigível do sujeito passivo), categoria constituída sobretudo pelos *direitos de crédito*. Sobre o assunto, v. LUMIA, Giuseppe. *Op cit.* versão traduzida. pp. 11-13.

[40] Nas palavras de Erasmo Valladão Azevedo e Novaes França, acerca da percepção dos contratualistas, "(...) seus partidários recusam-se a ver na sociedade anônima uma instituição, configurando-a, ao revés, como uma relação contratual, que não envolve outro interesse senão o das partes contratantes [, seus sócios]." (FRANÇA, Erasmo Valladão Azevedo e Novaes. Conflito de interesses nas assembleias de S.A. São Paulo: Malheiros, 1993, pp. 35-36).

[41] Em linhas gerais, o *institucionalismo organizativo* ou *integracionista* impõe a formulação teórica e a tutela de um interesse social não redutível ao interesse do grupo de sócios, devendo-se procurar integrar na sociedade feixes de interesses dos demais centros de imputação que são influenciados pela atividade empresarial. Destaca-se que essa concepção do interesse social, que marca o organicismo, não se confunde com a concepção publicista do interesse social, que remete ao institucionalismo publicista ou clássico desenvolvido sobretudo por W. Rathenau (Cf. COMPARATO, Fábio Konder; SALOMÃO FILHO, Calixto. O Poder de Controle... pp. 117-118). Para uma apresentação pormenorizada das concepções de interesse social, sobretudo do contratualismo e do institucionalismo (publicista e organizativo), v. SALOMÃO FILHO, Calixto.

tange às consequências do exercício do *controle empresarial* para os demais interesses – que não dos acionistas ou da própria companhia – afetados pela destinação, em sentido amplo, dos bens e direitos de sua titularidade. Nesse sentido, se adotada, por um lado, a concepção de interesse social pautada no *contratualismo*, o *controle empresarial* será exercido pela companhia, sendo que os demais interesses afetados pela destinação dos bens e direitos de titularidade da companhia serão protegidos pela legislação específica, bem como pelas cláusulas gerais de direito privado aplicáveis concretamente, a exemplo do abuso de direito civil e da função social da propriedade. Por outro lado, se adotada a concepção de interesse social pautada no *institucionalismo organizativo*, o *controle empresarial* continua sendo exercido pela própria companhia e os demais interesses terão sido considerados e internalizados quando da composição do próprio interesse social. Em ambos os casos o *controle empresarial* continuará apresentando características de *direito subjetivo*.

Ora, não obstante a flagrante diferença entre os dois conceitos – *controle societário* e *controle empresarial* –, caso fosse adotado o (bem fundamentado) posicionamento de F. K. Comparato, o titular do *controle societário* necessariamente seria titular do *controle empresarial*. Ou seja, o *controle empresarial* estaria englobado pelo *controle societário*. Por essa razão que F. K. Comparato, ao se referir ao controle, trata-o como sendo uno em relação a esse critério, não abordando essa diferenciação, tal como se existisse uma iden-

---

Interesse Social: A Nova Concepção. *In*: O Novo Direito Societário. 4ª ed. rev. e ampl. São Paulo: Malheiros Editores, 2011. pp. 27-52; e PROENÇA, José Marcelo Martins. Função social da sociedade – convivência entre interesse público e interesse privado. *In*: FILKENSTEIN, Maria Eugênia. PROENÇA, José Marcelo Martins (coords.). Direito Societário: gestão de controle. São Paulo: Saraiva. 2008. Série GVlaw. pp. 3-19. Na doutrina estrangeira, v. DODD, JR., E. Merrick. For whom are corporate managers trustees?. Harvard Law Review, Cambridge, v. 45, n. 7, mai., 1932, pp. 1145-1163. Além disso, cumpre destacar que não é de surpreender a existência de outros posicionamentos acerca do interesse social e da finalidade social, mais amplos ou restritos que os apresentados até então. A título meramente exemplificativo, há a concepção ampla de Armour, Hansmann e Kraakman, extraído da concepção da finalidade da *"corporate law"* como sendo a perseguição de uma eficiência social generalizada, envolvendo todos interesses afetados pela companhia e pela atividade empresarial: *"(...) the appropriate goal of corporate law is to advantage the aggregate welfare of all who are affected by a firm's activities, including the firm's shareholders, employees, suppliers, and customers, as well as third parties such as local communities and beneficiaries of the natural environment. This is what economists would characterize as the pursuit of overall social efficiency."* (ARMOUR, John; HANSMANN, Henry; KRAAKMAN, Reinier. *Op cit.* p. 28)

tidade entre o *controle societário* e o *controle empresarial*, referidos pelo autor simplesmente como "controle".

No entanto, por mais que a detenção do *controle societário* possa implicar na possibilidade de determinar a destinação dos bens e direitos de titularidade da companhia, com a potencial *influenciação sobre o controle empresarial*, não se pode definitivamente afirmar que o *controle empresarial* esteja contido no *controle societário*, ou mesmo que exista uma identidade subjetiva entre eles, não obstante o titular do *controle societário* possa exercer, a depender do caso, como mencionado, *influenciação sobre o controle empresarial*. Como visto, referem-se a objetos distintos, principalmente quando se leva em consideração o suporte fático abstrato presente no art. 116 da LSA, além de apresentarem natureza jurídica igualmente distinta. Interpretação em outro sentido configuraria uma ficção jurídica.

Importante destacar, nesse sentido, a opção do legislador de 1976 por delimitar o detentor do *controle societário* em função dos parâmetros presentes nas alíneas "a" e "b" do art. 116 da LSA, ao invés de propor conceituação distinta e relativamente mais ampla. Para ilustrar, exemplo desse tipo de conceituação mais ampla é a legislação alemã de 1937, que propõe identificar a situação de controle naquele que exerce "influência dominante" (*beherrschender Einfluss*) sobre a sociedade[42], que poderia – a depender de sua regulação – englobar tanto o conceito de *controle societário* como o conceito de *controle empresarial*.

Não obstante outras possibilidades, a exemplo da referida identificação do detentor do controle pelo critério da "influência dominante", a escolha adotada pelo legislador brasileiro caminha em sentido diverso. Com base na opção do legislador pátrio, há, justamente, a sustentação da segmenta-

---

[42] A opção pelo critério da "influência dominante", típico de ordenamentos europeus continentais, tal como ocorre com o critério adotado pela Lei 6.404/1976, é igualmente criticável em razão justamente da vagueza do critério de "influência dominante". Nesse sentido, pondera Viviane Muller Prado que a "*doutrina estrangeira encontra dificuldade de delimitar o significado de influência dominante em razão da infinidade de situações onde ela pode ocorrer. O legislador estrangeiro preferiu deixar a cargo do julgado, quando da análise do caso concreto, o entendimento da existência ou não da 'influência dominante', configurando assim, uma cláusula geral. Desta forma, é importante o papel da doutrina e da jurisprudência para determinar, objetivamente, as situações onde se pode identificar a dominação, mesmo que desvinculada da titularidade de participação acionária.*" (PRADO, Viviane Muller. Noção de grupo de empresas para o direito societário e para o direito concorrencial. *In*: Revista de Direito Bancário e Mercado de Capitais. n. 2, mai.-ago., 1998. p. 151).

ção proposta, entre *controle societário* e *controle empresarial*, o que não implicaria, em hipótese alguma, a retirada ou redução de operacionalidade ou praticidade de aplicação desses conceitos.

Cumpre-se destacar, ainda, que não se afasta a possibilidade, diante do suporte fático abstrato constante do art. 116 da LSA, de proposição de soluções de *lege lata* acerca do conceito presente neste dispositivo, qual seja, o *controle societário*, com o objetivo de também prever a incidência desse dispositivo para o caso de "*controle societário externo*", como será tratado na seção posterior. Contudo, tentativas interpretativas de ampliar o conceito presente no art. 116 da LSA para abarcar também o *controle empresarial*, ou mesmo a hipótese de *influenciação sobre o controle empresarial*, não implicam, em princípio, respostas técnicas às situações apresentadas pela realidade a partir da lei, mas uma forma de subjugar a legislação às respostas doutrinárias previamente emolduradas.

Não obstante em muitos casos exista uma relação de determinação entre os interesses do *controlador societário* e os da companhia, o que justificaria, com ressalvas e de forma eventual, a união do *controle societário* e do *controle empresarial* em um único conceito, esse fenômeno não pode ser tratado como regra, sendo que essa interpretação simplificaria drástica e prejudicialmente a realidade, configurando uma ficção jurídica. Nesses cenários o que se observa, reforça-se, é a hipótese de *influenciação sobre o controle empresarial* em razão do exercício do *controle societário* pelo seu titular, mas não a transferência do poder de destinação, em sentido amplo, dos bens e direitos de titularidade da companhia para o titular do *controle societário*.

Trata-se, afinal, de consequência lógica do reconhecimento da personalidade jurídica da companhia, que é distinta da de seus sócios. Nesse sentido, cumpre ressaltar desde logo que exemplos práticos nos quais a diferenciação entre *controle societário* e *controle empresarial* é salutar e se justifica serão abordados no Capítulo 2.

Em suma, a segmentação entre *controle societário* e *controle empresarial*, somado às características de cada uma dessas estruturas, tem como consequência imediata o próprio reconhecimento da divisão e ausência de identidade entre os interesses do *controlador societário*, decorrente da incidência da norma do art. 116 da LSA, e os interesses da companhia, titular do *controle empresarial*.

Por ora, diante dessas considerações teóricas, discorrer-se-á acerca das consequências da segmentação entre *controle societário* e *controle empresarial* em face da clássica dicotomia concebida por F. K. Comparato entre *controle interno* e *controle externo*, com o intuito de verificar a sua compatibilização e aprofundar a hipótese motivadora deste trabalho, qual seja, a *influenciação sobre o controle empresarial*.

1.3. Consequências da segmentação na classificação controle interno – controle externo

A diferenciação entre o *controle societário* e o *controle empresarial*, além de implicar em importantes consequências práticas e acadêmicas, contribui para a categorização do *controle*. Explica-se. Com o reconhecimento dessa segmentação, integra-se uma nova variável classificatória à clássica e muito pertinente dicotomia trazida por F. K. Comparato, que diferencia o *controle* em *controle externo* e *controle interno*. Esses fenômenos são assim conceituados por F. K. Comparato:

> *"(...) Não se pode, a nosso ver, recusar a **distinção básica entre controle interno e controle externo**. No primeiro caso, o titular do controle atua no interior da sociedade (ab intus), lançando mão dos mecanismos de poder próprios da estrutura societária, notadamente a deliberação em assembleia. No segundo, o controle pertence a uma ou mais pessoas, físicas ou jurídicas, que não compõem quaisquer órgãos da sociedade, mas agem de fora (ab extra). Essa distinção é importante, sobretudo naquela parte da análise jurídica que chamaríamos de dinâmica, e que constituirá objeto da terceira parte deste estudo. Tratando-se, com efeito, de definir os deveres e responsabilidades do controlador, tanto nas relações internas da sociedade como no seu relacionamento externo, não é indiferente saber se se está diante de um fenômeno de controle interno ou externo."*[43] (grifos nossos)

O *controle societário*, enquanto poder de sócio encerrado pelas prerrogativas constantes do art. 116 da LSA, pode ser detido, em uma primeira análise, pelo acionista, majoritário ou minoritário[44]. Esse acionista pode ser detentor de tantas ações representativas do capital social da compa-

---

[43] COMPARATO, Fábio Konder; SALOMÃO FILHO, Calixto. O Poder de Controle... p. 41.
[44] A segmentação entre controle societário *minoritário* e controle societário *majoritário* guarda relação com o percentual de ações detidas pelo titular dessa modalidade de controle. Nesse sentido, o controle majoritário se caracteriza quando o seu titular detém a maioria do capital votante, ao passo que o controle minoritário se configura *"quando, dada a dispersão das ações da companhia no mercado, um acionista ou grupo de acionistas exerce o poder de controle com menos da metade do capital votante, uma vez que nenhum outro acionista ou grupo está organizado ou detém*

nhia quantas as que lhe permitam ser titular de direitos de sócio que lhe assegurem, de modo permanente, a maioria dos votos nas deliberações da assembleia geral e o poder de eleger a maioria dos administradores da companhia, bem como usar efetivamente tal poder para dirigir as atividades sociais e orientar o funcionamento dos órgãos da companhia[45]. Trata-se da hipótese de *controle societário interno*.

A partir do momento que essas prerrogativas – maioria dos votos nas deliberações assembleares, eleição da maioria dos administradores da companhia e uso efetivo desse poder para dirigir as atividades sociais e orientar o funcionamento dos órgãos da companhia – podem ser influenciadas determinantemente por terceiros estranhos ao capital social da companhia, sem participação direta ou indireta em seu capital social, normalmente credores da companhia, é possível que se configure a hipótese de *controle societário externo*. Como pode ser percebido, essa hipótese não configura propriamente a previsão do art. 116 da LSA, tratando-se, como destaca F. K. Comparato, de um *"processo de influenciação sobre o controle"*[46], no caso, sobre o *controle societário*.

Já no que tange ao *controle empresarial*, a situação é bastante diferente. O *controle empresarial*, como visto, é um direito subjetivo de titularidade da companhia sobre os bens e direitos integrantes do seu estabelecimento empresarial, não se tratando de uma prerrogativa exercida por órgãos componentes da estrutura organizativa interna da companhia (ou estrutura orgânica). Sendo assim, o *controle empresarial* é, por definição e em princípio, *da* companhia, não havendo de se falar em *"controle empresarial interno"* ou *"controle empresarial externo"*. Desse modo, a classificação *interno-externo* não representa o melhor mecanismo para identificar as modalidades de

---

maior volume de ações com direito de voto." (Cf. COMPARATO, Fábio Konder; SALOMÃO FILHO, Calixto. *Op. cit.* p. 396)

[45] Trata-se, mais uma vez, das prerrogativas constantes do art. 116 da Lei 6.404/1976. Para considerações sobre a interpretação desse dispositivo, v. nota de rodapé nº 26.

[46] Nesse sentido, destaca-se a passagem de Comparato: "*O **controle externo caberia a entidades estranhas ao capital social, basicamente credores da sociedade ou dos acionistas controladores**, às quais, por força de cláusula contratual, se asseguraria o poder de influir em certas deliberações da sociedade. É claro que o acionista, ao se vincular contratualmente a essa espécie de compromisso, não se libera de seus deveres para com a sociedade, aos quais terá que atender precipuamente.* **Quer-me parecer que o chamado controle externo não é propriamente uma forma de controle, mas sim um processo de influenciação sobre o controle**." (grifos nossos) (COMPARATO, Fábio Konder; SALOMÃO FILHO, Calixto. *Op. cit.* pp. 252-253)

controle empresarial, o que corrobora a inexistência da segmentação proposta – *controle societário* e *controle empresarial* – nos ensinamentos de F. K. Comparato, sem, é claro, afetar a sua pertinência.

Entretanto, conforme verificado em situações descritas no Capítulo 2, nada impede que o *controle empresarial* seja influenciado determinantemente por terceiros, que não a própria companhia, detentores de ações representativas do capital social, ou não. Trata-se justamente da já aludida hipótese de *influenciação sobre o controle empresarial*, que configura não apenas importante lacuna legislativa, como também a hipótese motivadora deste trabalho.

A *influenciação sobre o controle empresarial*, como já mencionado, pode decorrer tanto do exercício do *controle societário*, pelo acionista *controlador societário*, como pelo exercício de prerrogativas atribuídas por outros meios, a exemplo de acordos parassociais. Essas hipóteses serão abordadas no Capítulo 2, que tem como plano de análise os investimentos feitos pelos braços de participação do Estado, no contexto do denominado Capitalismo de Estado, cujas principais características introduzem o Capítulo subsequente.

Capítulo 2
As Formas de Atuação do Estado no Contexto do Capitalismo de Estado Brasileiro, a Identificação do Detentor do Controle e a Verificação Empírica da Hipótese de Influenciação sobre o Controle Empresarial

2.1. Plano deste Capítulo

No Capítulo 1, tratou-se da diferenciação teórica, no contexto da sociedade anônima brasileira, entre duas modalidades de controle, quais sejam, o *controle societário* e o *controle empresarial*. Nesse sentido, o *controle societário* é um *poder funcional* e deve ser entendido como o poder do sócio consubstanciado pelas atribuições descritas no artigo 116 da Lei nº 6.404/1976, ao passo que o *controle empresarial* deve ser entendido como um *direito subjetivo* de titularidade da companhia, que encerra o poder de destinação (em sentido amplo) dos seus bens e direitos, os quais, via de regra, são componentes que integram o chamado estabelecimento empresarial.

Essa segmentação guarda enorme importância para a identificação da categoria jurídica na qual cada um dos fenômenos se insere (*poder funcional* ou *direito subjetivo*), para a análise de aspectos práticos relacionados à transferência das prerrogativas envolvidas pelo *controle societário* e pelo *controle empresarial*, bem como para a apuração de responsabilidade daqueles que exploram indevidamente essas posições jurídicas. Tais consequências merecem especial atenção quando da verificação da hipótese de *influenciação sobre o controle empresarial*, em especial por aquele que não seja detentor do *controle societário*, o que, como será visto no decorrer deste trabalho, configura relevante lacuna legislativa.

Diante da importante hipótese teórica avençada, cumpre-se, em um primeiro momento, verificar a aplicabilidade da segmentação do controle, em *controle societário* e *controle empresarial*, bem como das demais consequências citadas acima, na prática, por meio de uma análise empírica. Como já destacado, a confirmação empírica das hipóteses apresentadas teoricamente no Capítulo 1 é importante para aproximar o tema discutido da prática comercialista.

Para tanto, elegeu-se como espaço amostral dessa análise empírica o ambiente dos investimentos realizados pelos braços de participação do Estado brasileiro, em suas mais variadas modalidades, costumeiramente observadas no Brasil. Importante salientar desde logo que a conformação das estruturas de investimento adotadas em alguns dos casos analisados, não obstante envolvam a participação dos braços de participação estatais, assemelha-se bastante àquelas adotadas por participantes privados em outras estruturas de *private equity*[47].

Nesse contexto, a escolha desse cenário como base para a análise empírica desenvolvida se deu não em razão de uma relação de exclusividade entre os casos concretos e a hipótese apresentada no Capítulo 1, mas, principalmente, em razão de sua importância para o desenvolvimento econômico-social do Brasil, e pelo fato de apresentar quantidade de experiências de investimentos em número adequado para a extração de padrões que permitam, de fato, o cotejamento das hipóteses de segmentação do controle, em *controle societário* e *controle empresarial*, bem como a verificação da hipótese de *influenciação sobre o controle empresarial*, em especial por terceiros que não sejam titulares do *controle societário*.

Dessas considerações preliminares, decorre quase que naturalmente a estrutura proposta para o desenvolvimento do Capítulo 2.

Em um primeiro momento, serão apresentadas as características essenciais da estrutura econômica conhecida como *Capitalismo de Estado*[48], no

---

[47] Nesse sentido, "*a BNDESPAR é importante indutora da indústria de fundos de investimento em private e venture capital no Brasil desde o início da década de 1990 e, em um período mais recente, tem lançado fundos de índice para o desinvestimento de companhias mais tradicionais da sua carteira por meio da distribuição pública secundária a investidores menores, incluindo pessoas físicas.*" (MARINHO, Sarah Morganna Matos. Como são os laços do capitalismo brasileiro? As ferramentas jurídicas e os objetivos dos investimentos por participação da BNDESPAR. Dissertação (mestrado) – Escola de Direito de São Paulo da Fundação Getúlio Vargas, 2015. p. 4)

[48] Por uma questão de ordem, faz-se questão de deixar claro que o objetivo não é defender esse modelo econômico, ou fazer uma apologia à atuação do Estado nas relações econômicas. Como será visto, há aspectos positivos e negativos relacionados ao Capitalismo de Estado, sendo que o principal ponto em comum entre os seus defensores e críticos é justamente a *presença*

que tange às formas de atuação do Estado, tomando por base o caso brasileiro, nitidamente marcado pela incontestável influência e pela participação do Estado na economia, remetendo ao modelo de desenvolvimento econômico adotado pelo país[49]. Essa análise se faz necessária para contextualizar o estudo empírico realizado.

Em um segundo momento, mediante um recorte metodológico que será pormenorizadamente justificado no decorrer deste Capítulo, algumas das modalidades de investimento normalmente observadas no Brasil serão estudadas à luz da segmentação do controle em *controle societário* e *controle empresarial*. Essas modalidades, que configuram exemplos da atuação *direta* do Estado sob a modalidade *equity* – conforme explicado a seguir –, são a adoção de *golden shares* e sua detenção pelo braço de participação do Estado, e a participação direta do braço estatal associada a disposições de acordos parassociais, normalmente instrumentalizadas por meio de acordos de acionistas.

2.2. Contextualização da análise empírica: breves considerações sobre o Capitalismo de Estado brasileiro e as formas de atuação do Estado nas relações econômicas

O *Capitalismo de Estado* pode ser entendido como o sistema econômico caracterizado pela "ampla influência do governo na economia". Diferentemente do que era pregado pelo liberalismo clássico, o Estado deixa de ser mero garantidor de direitos individuais, materializados por meio da proteção da liberdade de contratação e da propriedade privada, e passa a atuar diretamente nas relações econômicas, sendo determinante para o desenvolvimento desse setor. Confira-se, neste sentido, o seguinte excerto de Aldo Musacchio e Sérgio Lazzarini, que pretende delimitar uma definição com base no conceito apresentado[50-51]:

do Estado. Sendo assim, tomar-se-á como fato que o Estado atua nas relações econômicas, não sendo o intuito valorar positiva ou negativamente essa atuação. Além disso, também é de suma importância destacar que não se almeja – e nem é o escopo deste trabalho –, em hipótese alguma, traçar uma classificação das formas de capitalismo que podem existir segundo os inúmeros espectros de análise e o grau de influência do Estado nas relações econômicas.

[49] Sobre o tema, v. TREBAT, Thomas. Brazil's State-Owned Enterprises – a case study of the state as entrepreneur. New York, Cambridge, 1983. pp. 10-29.

[50] Cf. Sérgio G. Lazzarini e Aldo Musacchio, "We define state capitalism as the widespread influence of the government in the economy (...)" (Cf. MUSACCHIO, Aldo; LAZZARINI, Sergio G. Leviathan in Business: Varieties of State Capitalism and their Implications for Economic

*"We define state capitalism as the **widespread influence of the government** in the economy, either by **owning majority or minority equity positions in the companies** or through the **provision of subsidized credit and/or privileges to private companies**."* (grifos nossos)

Embora exista um incontestável ressurgimento do *Capitalismo de Estado* a partir do final dos anos 1990[52-53], é importante notar que o conceito de um capitalismo direcionado pela atuação estatal, de forma direta ou indireta, não é inteiramente novo. Já no início do século XVII, observava-se o surgimento das Companhias das Índias Orientais, por meio das quais os governos britânico, holandês e francês atuariam de modo intenso no âmbito econômico. Além disso, na década de 1920 e 1930, capitaneado pelas ideias de John Maynard Keynes[54], o Estado exerceu papel impor-

---

Performance. Working Paper. JEL codes: P51, L32, L33. jun. 2012. p. 3. Disponível em: <http://papers.ssrn.com/sol3/papers.cfm?abstract_id=2070942>. Acesso em 01.03.2015.

[51] Em ciclo de entrevistas publicada pela Revista *The Economist*, Aldo Musacchio, ao abordar o "retorno" do Capitalismo de Estado, traz a seguinte definição: *"the widespread influence of the government in the economy, either by owning and controlling companies or through the provision of credit and privileges to private companies, seems to be on the rise."* Disponível em: <http://www.economist.com/debate/days/view/802-805>. Acesso em 01.03.2015.

[52] Exemplo das atenções dadas ao tema, sobretudo pela imprensa internacional especializada, foi a edição especial publicada na revista *The Economist*, que abordou o reaparecimento da concepção do Capitalismo de Estado em grandes potências econômicas, a exemplo da China, Rússia e Brasil, bem como os argumentos utilizados pelos defensores do modelo econômico, que justificam sua impressão favorável na possibilidade de o ente estatal proporcionar conjuntamente estabilidade de crescimento econômico. Para detalhamento sobre a publicação mencionada, v. THE ECONOMIST. The rise of state capitalism. Estados Unidos da América. Publicado em 21.1.2012.

[53] Para alguns autores, trata-se da "reinvenção" do Capitalismo de Estado. Sobre esse entendimento e detalhamento sobre a construção desse sistema econômico no Brasil, principalmente sobre o período compreendido entre 1976 e 2009, e em outras regiões, v. MUSACCHIO, Aldo; LAZZARINI, Sergio G. Reinventing State Capitalism – Leviathan in Business, Brazil and Beyond. Harvard University: Harvard University Press, 2014. Destaca-se que a obra encontra-se traduzida para o português (MUSACCHIO, Aldo; LAZZARINI, Sergio G. Reinventando o Capitalismo de Estado – O Leviatã nos negócios: Brasil e outros países. Trad. Afonso Celso C. Serra. São Paulo: Penguin – Porfolio, 2015).

[54] Avelãs Nunes ao abordar a obra de Keynes afirma que *"a necessidade de ultrapassar situações de insuficiência da procura efetiva para combater o desemprego exigia, na óptica de Keynes, uma intervenção mais ampla e mais coordenada do estado".* Para tanto, um dos pilares da atuação estatal deveria ser a *fiscal policy*, baseada no controle das receitas e das despesas do Estado, com o objetivo de estabilizar as flutuações da economia, promover o pleno emprego, a estabilidade dos preços

tante no combate à Grande Depressão. Anos mais tarde, após a Segunda Guerra Mundial, observou-se a intervenção do Estado, de modo bastante intenso, em todos os aspectos da administração, o que configurou um dos principais marcos deste período. Esses são apenas alguns exemplos dessa intensa influência do Estado nas relações econômicas.

Os governos, especialmente nos países emergentes, que são aqueles em que o Capitalismo de Estado teve um desenvolvimento mais verticalizado nas últimas décadas, colocam como justificativa para o aparecimento dessa forma híbrida[55] de capitalismo a tentativa de solucionar falhas de mercado. De acordo com os defensores dessa tese, o Capitalismo de Estado seria capaz de reduzir externalidades negativas encontradas nas relações econômicas, ou mesmo configurar uma verdadeira externalidade positiva para o sistema econômico. Isso, é claro, não significa que inexistam outras concepções[56] ou pensamentos contrários ao Capitalismo de Estado[57], que,

---

e do equilíbrio da balança de pagamentos, bem como a redistribuição dos rendimentos em benefícios aos mais pobres (em sentido favorável à propensão do consumo). Tais objetivos direcionaram os governos à "revolução keynesiana" (Cf. NUNES, António José Avelãs. Uma Introdução à Economia Política. São Paulo: Quartier Latin, 2007. pp. 585-587).

[55] Trata-se, em linhas gerais, de uma forma "híbrida", pois conta tanto com a intervenção do Estado na economia, como com a configuração de um sistema de mercado, sendo que este último se aproxima mais dos modelos econômicos pautados no liberalismo. Nesse sentido, confira-se o seguinte excerto no qual a situação da América Latina é contextualizada: "*In the 1990s economic policies throughout Latin America showed a trend toward growing deregulation, privatization, decentralization and liberalization, which were often accompanied by deepening labor market inequalities. Indeed in most cases reforms have reproduced and exacerbated existing problems. Yet more recently this general trend has been countered by the emergence, in countries such as Chile or* **Brazil***, of an alternative model that combines liberal economic policies with a focus on redistribution and social policies.*" (grifos nossos) (ROYO, Sebastián. Varieties of Capitalism for Latin America? In: Jean Monnet/Robert Schuman Paper Series. Vol. 9. No. 12. November, 2009. p. 15).

[56] A título exemplificativo, pode-se citar o trabalho do cientista político alemão, representante da Escola de Frankfurt, Friedrich Pollock, v. POLLOCK, Friedrich. State Capitalism: Its Possibilities and Limitations. In: Studies in Philosophy and Social Sciences Vol. IX. 1941.

[57] Não se pode negar, é claro, a existência de críticas negativas ao Capitalismo de Estado. Nesse sentido, Ian Bremmer, um dos principais pensadores contrários ao modelo, embora concorde com a existência desse tipo híbrido de capitalismo, afirma que ele representa uma grande ameaça para o capitalismo de mercado. Pelo seu ponto de vista, o Capitalismo de Estado não apresenta como principal objetivo a solução para falhas de mercado, como defendido pelos defensores do modelo, muito menos seria uma externalidade positiva. O Capitalismo de Estado teria como mote, para esse cientista político, o favorecimento político de determinadas lideranças, conforme se verifica no seguinte excerto: "*[...] the ultimate motive is not economic (maximizing growth) but political (maximizing the state's Power and the leadership's chances*

como qualquer modelo econômico, encontra-se sujeito a duras críticas negativas e fraquezas[58].

Sobre a forma de atuação do Estado, no contexto do Capitalismo de Estado, com o intuito de alcançar estabilidade e crescimento econômico, há, em linhas bastante gerais, duas modalidades distintas: *atuação direta* e *atuação indireta*[59].

of survival). *This is a form of capitalism but one in which the state acts as the dominant economic player and uses market primarily for political gain."* (grifos nossos) (Cf. BREMMER, Ian. The End of the Free Market: Who wins the War Between States and Corporations. New York: Portfolio, 2010. p. 4-5). Obviamente, o posicionamento de Bremmer não é isolado, podendo-se destacar a seguinte passagem de Murray N. Rothbard: *"The difference between free-market capitalism and* **state capitalism** *is precisely the difference between, on one hand, peaceful voluntary exchange, and on the other,* **violent expropriation**.*"* (grifos nossos) (Cf. ROTHBARD, Murray N. A future of peace and capitalism. Boston: Allyn and Bacon, 1973. p. 419)

[58] As principais fraquezas do Capitalismo de Estado tendem a ser divididas levando em consideração sua maior proximidade com aspectos políticos ou com aspectos econômicos. Dentre as fraquezas políticas podem ser citados, o cronismo (*crony capitalism*), a corrupção e o nepotismo. Tem-se praticamente uma relação causal, uma vez que o cronismo (*cronysm*) é o mecanismo por meio do qual *"those close to political authorities who make and enforce policies receive favors that have large economic value"* (Cf. HABER, S. Introduction: the political economy of crony capitalismo. In: HABER, S. (ed). Crony capitalism and economic growth in Latin America: theory and evidence: xi-xxi. Standford: Hoover Institution Press). Sobre a relação entre o *cronysm* e a corrupção merece destaque o modelo desenvolvido por Ades e DiTella, referência no tema, que aponta que há maior risco de corrupção quando burocratas são os responsáveis por selecionar os campeões nacionais que receberão apoio do governo, por meio, por exemplo, de créditos subsidiados (Cf. ADES, A. DI TELLA, R. National champions and corruption: some unpleasant interventionist arithmetic. The Economic Journal, 107 (443): 1023-1042).

Por sua vez, dentre as fraquezas econômicas, é recorrente a afirmação de que o Capitalismo de Estado só funciona economicamente de modo eficiente, quando há por trás um Estado igualmente eficiente. Nas palavras de Lazzarini, *"State capitalism works well only when directed by a competent state"* (Cf. LAZZARINI, Sérgio G. Capitalismo de Laços: Os donos do Brasil e suas conexões. Rio de Janeiro: Elsevier, 2011. p. 4-5). Quando isso não ocorre, ou seja, quando se está diante de um Estado pouco eficiente, o Capitalismo de Estado favorece quase que somente aqueles que são bem conectados em relação ao Estado, independentemente dos benefícios gerados para a coletividade, e desfavorece os *outsiders* que, por vezes, podem deter um potencial inovador muito maior, o qual acaba por ser pouco aproveitado e as potenciais melhorias coletivas que poderiam ser implementadas acabam negligenciadas. O resultado é a diminuição da produção tecnológica, o que, em uma segunda instância, tende a comprometer o desenvolvimento industrial de determinado país. Como consequência, há a importação da tecnologia com o posterior escoamento de mercado consumidor.

[59] Sobre a segmentação da atuação estatal no contexto do Capitalismo de Estado, v. RAMUNNO, Pedro A. L. Capitalismo de Estado Brasileiro: Um panorama da intervenção

A primeira delas, a *direta*, ocorre por meio da detenção de participação societária por parte do Estado em sociedades, sobretudo limitadas e anônimas, ou por suprimento, ou seja, por meio da transferência de recursos, sem a existência de vínculo societário manifesto entre a empresa investida e o Estado.

No primeiro caso, trata-se do que será referido neste trabalho como *equity*, que apresenta como pontos de destaque a presença de "braços de participação" do Estado, que podem ser, inclusive, fundos de pensão de empresas estatais, atuando como acionistas ou quotistas de sociedades, diretamente, ou por meio de investimentos em entes intermediários, os quais figurarão como acionistas e/ou quotistas de outras sociedades (seria o caso dos exemplos observados no direito dos fundos de investimento[60], caracterizando exemplo das bastante conhecidas estruturas piramidais). Enquanto isso, na segunda modalidade, o suprimento, encontram-se os empréstimos, instrumentalizados por meio de contratos de mútuo ou financiamento, que apresentam como característica marcante, comumente, o fato de bancos de desenvolvimento figurarem em um dos polos da relação jurídica, que, ao menos em tese, não representam ingerência explícita do Estado nas atividades da empresa investida. Neste trabalho, esta segunda modalidade será referida como *loan*.

Além disso, o Estado também atua na economia de forma *indireta*, sendo um provedor de infraestrutura. Neste contexto que se aborda a ideia de ser possível promover, por meio da atuação do Estado, a redução dos custos de transação não só em relação a aspectos ligados ao desenvolvimento da "infraestrutura pesada" (*hard infrastructure*), como também ao da "infraestrutura leve" (*soft infrastructure*)[61-62].

---

estatal nas relações societárias. Tese de Láurea – Faculdade de Direito da Universidade de São Paulo, Universidade de São Paulo, 2013.

[60] Para a disciplina dos fundos de investimento Brasil, com enfoque na legislação e instrumentos normativos aplicáveis, v. CARVALHO, Mário Tavernard Martins de. Regime Jurídico dos Fundos de Investimentos. São Paulo: Quartier Latin, 2012.

[61] Sobre a segmentação e classificação entre "infraestrutura pesada" e "infraestrutura leve", destacam-se o seguintes excertos: "'*hard' dimension related to tangible infrastructure such as roads, ports, highways, telecommunications, as well as a 'soft' dimension related to transparency, customs management, the business environment, and other institutional aspects that are intangible.*" PORTUGAL-PEREZ, Alberto; WILSON, John S. Export Performance and Trade Facilitation Reform: Hard and Soft Infrastructure. 2011 Bolivian Conference on Development Economics (BCDE 2011), June 2011. p. 4. Disponível em: <http://www.inesad.edu.bo/bcde2011/

Cumpre esclarecer que a "infraestrutura pesada" (*hard infrastructure*) deve ser entendida como o arcabouço de natureza física necessário para o funcionamento e o desenvolvimento das atividades, em especial as econômicas, de uma determinada localidade, como melhorias relacionadas ao transporte e à produção de energia. Já a "infraestrutura leve" (*soft infrastrucutre*) é aquela que se refere às instituições e estruturas que são necessárias para a manutenção e/ou aprimoramento de padrões econômicos, culturais, sociais de determinada região.

Dc2011/27%20Portugal%20Alberto.pdf>; "*Our paper examines whether hard infrastructure in the form of more highways and railroads or soft infrastructure in the form of more transparent institutions and deeper reforms lead to attract multinational corporations to the various parts of China.*" (FUNG, K. C.; GARCIA-HERRERO, Alicia; IIZAKA, Hitomi; SIU, Alan. Hard or Soft? Institutional Reforms and Infrastructure Spending as Determinants of Foreign Direct Investment in China. Department of Economics, UC Santa Cruz. Working Series Paper. Publication Date 04.04.2005. p. 4. Disponível em: < http://eprints.cdlib.org/uc/item/3w23p8c8>.

[62] Interessante notar que a atuação do Estado como provedor de *soft infrastructure* vai de encontro ao proposto por Calixto Salomão Filho, que formula uma crítica à ausência de uma teoria da regulação no Brasil, em razão da ultrapassada concepção do Estado que não tinha a função de regular, devendo tão somente agir diretamente na economia para fornecer serviços públicos e fiscalizar os particulares. Nesse sentido, destaca-se o trecho introdutório da obra de Calixto Salomão Filho: "*No sistema brasileiro jamais houve tentativa de formulação de uma teoria geral da regulação. A razão para tanto é jurídica e simples. Trata-se da tradicional concepção do Estado como agente de duas funções diametralmente opostas: a ingerência direta na vida econômica e a mera fiscalização dos particulares. A prestação de serviços públicos, de um lado, e a vigilância do mercado, através do poder de polícia, de outro, sempre representaram para os administrativistas a totalidade das funções que o Estado poderia exercer. Em um mundo de dicotomia entre a esfera privada e a esfera estatal não havia por que descrer da precisão de tal análise.*" (SALOMÃO FILHO, Calixto. Regulação da atividade econômica (princípios e fundamentos jurídicos). 2ª ed. São Paulo: Malheiros, 2008. p. 19). Além disso, essa mesma noção de *soft infrastructure* dentro do contexto do Capitalismo de Estado, vai de encontro com a análise e crítica proposta pelo "novo estruturalismo jurídico", cujo principal defensor no Brasil é justamente Calixto Salomão Filho. Nesse sentido, o termo "estruturalismo jurídico" se refere à crítica e transformação de estruturas (a exemplo do Estado, da propriedade e da empresa), formadas historicamente, que levam a relações de dominação e de concentração e manutenção de poder econômico, sem se preocuparem com os valores e interesses envolvidos. Sendo assim, a visão do estruturalismo jurídico pressupõe a necessidade de valoração dos interesses envolvidos, que está no cerne da organização jurídica das relações sociais, e afasta-se do funcionamento positivista do direito e da interpretação baseada no racionalismo jurídico, por favorecerem a manutenção das referidas estruturas de poder. Para uma análise aprofundada acerca do estruturalismo jurídico v. SALOMÃO FILHO, Calixto. Novo estruturalismo jurídico: uma alternativa para o direito? *In*: Revista dos Tribunais, vol. 926. Dezembro, 2012.

Dentro da categoria infraestrutura leve (*soft infrastructure*), encontram-se, por exemplo, a regulação do sistema financeiro[63], bem como a regulação das matérias relacionadas ao direito societário, determinantes nas e para as formas de atuação estatal na economia, incluindo, mas não se limitando a, a regulação do *controle societário* e do *controle empresarial*. Ou seja, a regulação, em sentido amplo, integra a *soft infrastructure*, que influencia diretamente as formas de atuação *direta* do Estado.

No caso brasileiro, até por se tratar de um dos principais expoentes do Capitalismo de Estado, existem diversas modalidades de investimento que podem ser arroladas entre as formas de atuação direta e indireta. Essas formas de atuação, por suas vezes, quando analisadas levando em consideração a segmentação entre *controle societário* e *controle empresarial* – que foi proposta e apresentada no Capítulo 1 –, remetem a uma análise crítica do papel e das responsabilidades do Estado nessas modalidades de investimento, cujas consequências, como se pretende demonstrar, são substancialmente diferentes das normalmente propugnadas pela doutrina jurídica. Justamente esse cenário que serve como base para análise empírica proposta para validação das considerações teóricas trazidas pelo Capítulo 1.

Sendo assim, para promover essa validação, propõe-se a adoção do método indutivo. Explica-se: propõe-se partir da análise crítica de uma das modalidades de investimento estatal, aquela que ocorre de forma *direta* na modalidade *equity*, à luz da segmentação do controle (em *controle societário* e *controle empresarial*), para, assim, extrair considerações a essa segmentação.

Note-se, contudo, que o fato de se ter como espaço amostral o contexto do Capitalismo de Estado brasileiro não implica na restrição das conclusões expostas a esse cenário. Como já mencionado, as considerações são extensíveis a outras experiências protagonizadas por outros atores, a exemplo do *private equity* de investidores privados.

---

[63] Ao tratar do caso brasileiro, Vera Helena de Mello Franco e Raquel Sztajn definem como sistema financeiro nacional como sendo o *"conjunto de institutos e instrumentos financeiros adequados para permitir a transferência de recursos dos que têm reservas monetárias estocadas (agentes superavitários) para os que dele necessitam (agentes deficitários). É preciso, ademais, ter condições de garantir a liquidez dos 'instrumentos' (contratos, títulos diversos, etc), utilizados para as mobilizações financeiras feitas (investimentos)"* (Franco, Vera Helena de Mello; Sztajn, Raquel. Manual de Direito Comercial. Vol 2. São Paulo: Revista dos Tribunais, 2005. p.48)

Diante dessas considerações, comporão a análise empírica proposta, as seguintes modalidades de investimento[64]: (i) a detenção de ações de classe especial pelo Estado, normalmente referidas como *golden shares*, as quais tiveram e continuam a ter papel determinante sobretudo no processo de privatização das companhias brasileiras; (ii) a detenção de participação direta (ou indireta, por meio de fundos de investimento) pelos "braços de participação do Estado", em especial entes federados, o BNDES Participações S.A. – BNDESPAR e fundos de pensão de empresas estatais, em companhia brasileiras, o que normalmente é associado à celebração de acordos parassociais no âmbito da empresa investida.

Por fim, com base nessas considerações introdutórias sobre o Capitalismo de Estado e a atuação estatal, apresenta-se a seguir, na Figura 1, de forma esquemática, um modelo estrutural genérico do Capitalismo de Estado, tal como concebido neste trabalho, levando em consideração as peculiaridades do caso brasileiro[65], bem como as modalidades de investi-

---

[64] Ressalta-se o recorte metodológico adotado, uma vez que o estudo realizado neste trabalho, sobretudo a análise empírica, tomará por base a atuação direta do Estado na modalidade *equity*. Sendo assim, a atuação direta do Estado na modalidade *loan*, caracterizada principalmente pela contratação de financiamentos (empréstimos) junto ao sistema BNDES-FINAME, instrumentalizadas normalmente por meio de contratos de mútuo, não foi recepcionada na análise realizada no item 2.3. A justificativa para esse recorte metodológico, embora simples e sucinta, é de extrema importância, pois explica a estrutura adotada neste trabalho: por mais que as consequências e os resultados da análise possam apresentar similitudes, os investimentos na modalidade *equity* operam sobre o *controle interno*, ao passo que os investimentos na modalidade *loan* operam principalmente – mas não exclusivamente – sobre o *controle externo*. Além disso, o estudo da modalidade *loan* demanda uma análise aprofundada do papel desempenhado pelos bancos de desenvolvimento, o que não integra o escopo do estudo proposto.

[65] É extremamente importante destacar que se trata de um modelo genérico que leva em consideração as particularidades do caso brasileiro, já que, embora o Capitalismo de Estado possua características amplas, porém definidas, é possível observar diversos arranjos acerca do modo e das consequências da forma como o Estado interferirá economicamente. Não obstante o objetivo do presente trabalho não seja destrinchar pormenorizadamente toda e qualquer modalidade e variante de Capitalismo de Estado, vale-se da presente menção para apresentar, brevemente, as principais delas. Nesse sentido, uma das possiblidades apresentada por Musacchio e Lazzarini diferencia o Capitalismo de Estado de acordo com o percentual de participação societária detido pelo ente estatal: *"We present a stylized distinction between two broad, general varieties of state capitalism:* **one through majority control of companies** *(e.g. state-controlled SOEs)* **and a hybrid form that relies on minority investments in companies by development banks, pension funds, sovereign wealth funds, and the government itself. We label these two alternative modes Leviathan as a majority investor and Leviathan as a minority*

mento verificadas empiricamente, dentre quais estão inseridas as que servirão como base para a validação das considerações feitas no Capítulo 1, relacionadas à segmentação do controle em *controle societário* e *controle empresarial*.

investor, respectively." (grifos nossos) (LAZZARINI, Sergio G.; MUSACCHIO, Aldo. Leviathan in Business: Varieties... *op cit*. p. 1)

O caso brasileiro, que mais se aproxima do teórico *Leviathan as minority investor*, coexiste com outras variedades ao redor do globo, as quais foram objeto de matéria especial na Revista *The Economist*, componente do *Special Report* já mencionado (*A choice of models. Theme and variations. State Capitalism is not all the same*. Publicada em 21 de janeiro de 2012).

Na **China**, o chamado *"the party state"* exerce enorme influência nas relações econômicas, em grau muito destoante ao observado nas demais variações do Capitalismo de Estado. O Estado chinês detém unidades (*cells*) na maioria das grandes companhias, tanto no setor público, como no setor privado, que são ocupadas por escritórios e arquivos próprios sobre os trabalhadores. Chegam até mesmo a ser responsáveis pela indicação e escolha de funcionários para ocupar cargos de gerência nas empresas. Cumpre salientar que *the party state* exerce seu poder de duas maneiras: por meio da SASAC (*State-Owned Assets Supervision and Administration Comission*), holding que detém participação acionária nas maiores empresas do país, sendo o maior acionista controlador do mundo e a instituição do Capitalismo de Estado por excelência; e por meio da regulação da remuneração a ser paga para funcionários, principalmente os que integram órgãos do governo da companhia. O objetivo dessas atuações, por mais que tentem ser mascarados pela política do *the state party* de criar uma sociedade pautada na harmonia, é aumentar a monta a ser distribuída a título de dividendos para o Estado chinês. O resultado é uma relativa ineficiência das companhias, pois aqueles que ocupam os cargos de gerência têm mais interesse em agradar o partido político do que se preocupar com o mercado global. Do ponto de vista societário, *the party state* vem procurando reforçar sua participação nas empresas com a adoção de uma estrutura vertical, formando grupos econômicos (diferentemente do que ocorre em outros países emergentes a exemplo de Hong Kong em que os grupos econômicos são horizontais). Ou seja, os grupos econômicos chineses focam em determinados setores de atuação econômica, sendo que a SASAC normalmente detém 100% das ações da holding, que, por sua vez, detém uma participação um pouco menor (por volta de 60%), porém ainda majoritária, nas companhias subsidiárias. O resultado é *the party state* exercer o controle de uma cadeia de companhias.

Na **Rússia**, o Kremlin tornou empresas em péssimas condições econômicas (*distressed companies and assets*) em campeões nacionais. O governo russo também re-estatizou empresas que foram privatizadas nos anos 1990, controlando hoje os principais setores da economia russa por meio da detenção de participação acionária. Exemplos de empresas nessa situação são a Transneft (gasodutos e oleodutos), Sukhoi (fabricante de aviões), Rosneft, Sberbank, United Energy Systems (energia), Aeroflot e a gigante Gazprom. Além disso, o governo também se aproximou das oligarquias, controladoras de tradicionais empresas familiares, que passaram a atuar em coordenação com os interesses estatais.

Com efeito, as oligarquias privadas foram substituídas por burocracias públicas nos setores de maior importância econômica, sendo que sua maioria é formada por ex-oficiais do KGB

Figura 1 – *Capitalismo de Estado brasileiro e modalidades de investimento: modelo estrutural genérico*

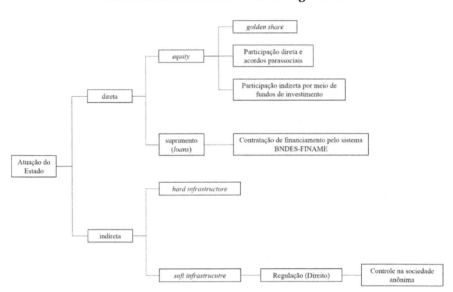

(o Comitê de Segurança do Estado, principal organização de serviços secretos da antiga URSS), muito bem relacionados com Vladimir Putin e que passaram a última década (pelo menos) acumulando poder, embora não detenham diretamente participação nos negócios das empresas. Prática comum é que detentores de altos cargos políticos, normalmente militares e ex-militares que construíram carreira em órgãos de segurança, também atuem em cargos de gerência dos órgãos de governo das companhias. Vale mencionar que os fundos de pensão russos iniciaram há alguns anos a política de adquirir participações de empresas estrangeiras.

Nos países **exportadores de petróleo**, localizados preponderantemente no Oriente Médio, a produção de petróleo e a realeza são os principais pivôs do denominado *petrostate capitalism*, variedade de Capitalismo de Estado. As monarquias do Oriente Médio têm utilizado a produção de petróleo para acumular reservas durante décadas, o que possibilitou que alguns desses monarcas instituíssem um modelo de administração profissional na condução de seus negócios.

Os al-Maktoums, que governam Dubai, criaram, por exemplo, o *Dubai World*, uma holding de enormes dimensões que controla os seus empreendimentos. Na Arábia Saudita, por sua vez, a administração das empresas Aramco e Saudi Basic Industries foi profissionalizada.

Outra característica do *petrostate capitalism* é a tendência de as monarquias financiarem a modernização, patrocinando empreendimentos por meio do Estado. Basta observar nesse sentido a criação de *"silicon centres"* e cidades tecnológicas.

Os problemas enfrentados por essa variedade de Capitalismo de Estado estão bastante relacionados às fraquezas políticas apresentadas (conforme nota de rodapé nº 58: *cronyism* e focos de corrupção, o que não tem sido evitado, mesmo com a administração profissional, em

2.3. Análise empírica para validação das considerações relacionadas à segmentação entre *controle societário* e *controle empresarial*. A atuação direta do Estado na modalidade *equity* – a adoção das *golden shares* e a participação direta associada a acordos parassociais. A hipótese de *influenciação sobre o controle empresarial* por terceiro não titular do *controle societário*

2.3.1. A adoção das *golden shares*, a identificação do detentor do controle e a hipótese de *influenciação sobre o controle empresarial*

Primeiramente, é importante destacar que o termo *golden share* será utilizado, neste trabalho, em sentido amplo, tanto para identificar as ações de classe especial emitidas em companhias objeto de desestatização, originalmente previstas pela Lei nº 8.031/1990, que institui o Plano Nacional de Desestatizações – PND, como para identificar as ações de classe especial emitidas por sociedades anônimas fora do contexto das privatizações[66]. Como pode ser facilmente percebido, as companhias integrantes do primeiro grupo mencionado – objeto de desestatização – evidenciam a ampla influência estatal no contexto do Capitalismo de Estado brasileiro, já que protagonizam uma modalidade de atuação *direta* do Estado, na categoria *equity*, conforme explanado no Subcapítulo 2.2. Sendo assim, deve-se levar em consideração o contexto da adoção dessa estrutura de investimento, para compreender as consequências dela decorrentes.

---

razão da constante e vertical ingerência por parte dos monarcas nas atividades das companhias. Como pode ser facilmente percebido, o tema sobre as variedades de capitalismo, incluindo de Capitalismo de Estado, embora não seja objeto específico deste trabalho, é bastante amplo e sujeito a inúmeras análises. Para detalhamento sobre a matéria com destaque para a América Latina, v. SCHNEIDER, B. R. Hieralchical Market Economies and Varieties of Capitalism in Latin America. *In*: Journal of Latin American Studies, v. 41, 2009. pp. 535-575; e HALL, Peter A.; SOSKICE, David. Varieties of Capitalism: The Institutional Foundations of Comparative Advantage. *In*: Oxford University Press, 2001.

[66] Dentre as companhias incluídas no primeiro grupo, que foram objeto de desestatização prevista no PND, estão incluídas a Companhia Eletromecânica Celma, a Empresa Brasileira de Aeronáutica – Embraer e a Companhia Vale do Rio Doce, ao passo que, no segundo grupo, das companhias que não foram objeto de privatizações, destacam-se a Companhia Brasileira de Liquidação e Custódia – CBLC e a Companhia de Bicicletas Caloi S.A. Note-se, ainda, que a *golden share* pode ser representada no Brasil tanto por classe de ação ordinária, nas companhias fechadas, ou por classe de ação preferencial, nas companhias abertas e fechadas. Para informações detalhadas sobre a utilização das *golden shares* em cada um desses casos, inclusive referências históricas e de direito comparado relacionadas à matéria, v. PELA, Juliana Krueger. *Op. cit.*

Nas companhias emissoras de *golden shares*, a identificação do detentor do controle não apenas encerra uma importante questão teórica, como é dotada de inquestionável apelo prático, uma vez que configura pressuposto para as normas que atribuem deveres e responsabilidades no exercício do *controle societário*[67]. As consequências relacionadas ao *controle empresarial* estão igualmente presentes, o que justifica a necessidade da já mencionada segmentação entre *controle societário* e *controle empresarial*, bem como, a escolha dessa modalidade de investimento como uma das bases para o estudo empírico proposto.

O objetivo deste Subcapítulo é, justamente, validar a pertinência e a adequação das considerações realizadas no decorrer do Capítulo 1, por meio do estudo das consequências da adoção da ação de classe especial, a *golden share*, na alocação de prerrogativas encerradas pelo *controle societário* e pelo *controle empresarial*, inclusive com o objetivo de verificar a possibilidade de sua(s) atribuição(ões) ou transferência(s) para o seu titular.

Para tanto, partindo da segmentação entre *controle societário* e *controle empresarial*, analisa-se a atribuição de posições jurídicas plasmadas na e pela *golden share* para o seu titular, bem como as principais prerrogativas conferidas por tais ações. Isso será realizado por meio de breve estudo indutivo,

---

[67] Trata-se exatamente do conceito apresentado e desenvolvido no Capítulo 1, consubstanciado na norma do art. 116 da Lei nº 6.404/1976. No que tange às responsabilidades do controlador societário, como será visto, deve-se remeter ao art. 117 da referida lei, que dispõe, *in verbis*: "Art. 117. *O acionista controlador responde pelos danos causados por atos praticados com abuso de poder. § 1º São modalidades de exercício abusivo de poder: a) orientar a companhia para fim estranho ao objeto social ou lesivo ao interesse nacional, ou levá-la a favorecer outra sociedade, brasileira ou estrangeira, em prejuízo da participação dos acionistas minoritários nos lucros ou no acervo da companhia, ou da economia nacional; b) promover a liquidação de companhia próspera, ou a transformação, incorporação, fusão ou cisão da companhia, com o fim de obter, para si ou para outrem, vantagem indevida, em prejuízo dos demais acionistas, dos que trabalham na empresa ou dos investidores em valores mobiliários emitidos pela companhia; c) promover alteração estatutária, emissão de valores mobiliários ou adoção de políticas ou decisões que não tenham por fim o interesse da companhia e visem a causar prejuízo a acionistas minoritários, aos que trabalham na empresa ou aos investidores em valores mobiliários emitidos pela companhia; d) eleger administrador ou fiscal que sabe inapto, moral ou tecnicamente; e) induzir, ou tentar induzir, administrador ou fiscal a praticar ato ilegal, ou, descumprindo seus deveres definidos nesta Lei e no estatuto, promover, contra o interesse da companhia, sua ratificação pela assembléia-geral; f) contratar com a companhia, diretamente ou através de outrem, ou de sociedade na qual tenha interesse, em condições de favorecimento ou não equitativas; g) aprovar ou fazer aprovar contas irregulares de administradores, por favorecimento pessoal, ou deixar de apurar denúncia que saiba ou devesse saber procedente, ou que justifique fundada suspeita de irregularidade; h) subscrever ações, para os fins do disposto no art. 170, com a realização em bens estranhos ao objeto social da companhia.*"

levando em consideração alguns dos mais importantes casos de emissão de ação de classe especial em companhias brasileiras. Paralelamente, estuda-se, com base nas prerrogativas observadas, a identificação do controlador nas companhias emissoras de *golden shares*, bem como, a hipótese de *influenciação sobre o controle empresarial*. Pretende-se, assim, formular uma orientação interpretativa, haja vista a necessidade de analisar a questão em cada caso concreto, como será visto no decorrer das próximas seções.

2.3.1.1. Possibilidade de atribuição de prerrogativas encerradas pelo controle societário e/ou pelo controle empresarial por meio da *golden share* e a hipótese de influenciação sobre o controle empresarial pelo titular da *golden share*

Tal como feito em passagens anteriores, o ponto de partida do estudo sobre a possiblidade de atribuição de prerrogativas encerradas pelo *controle societário* e pelo *controle empresarial* ao titular da *golden share* é exatamente o reconhecimento dessa segmentação e de sua pertinência. Sendo assim, o *controle societário* é um *poder funcional* e deve ser entendido como o poder do sócio consubstanciado pelas atribuições descritas no artigo 116 da LSA, ao passo que o *controle empresarial* deve ser entendido como um *direito subjetivo* de titularidade da companhia, que encerra o poder de destinação (em sentido amplo) dos bens e direitos de sua titularidade, os quais integram, via de regra, o estabelecimento empresarial.

Para compreender a relação entre as *golden shares* e a segmentação do controle, é necessário analisar concretamente as prerrogativas conferidas pelas ações de classe especial. Afinal, uma vez que cada *golden share* encerra prerrogativas distintas, seria impreciso e incauto formular uma solução genérica para todo e qualquer caso. Não obstante, embora deva-se promover uma análise concreta e particular a cada caso observado, é possível traçar orientações interpretativas para compreender os fenômenos estudados, o que será feito neste Subcapítulo. Por ora e preliminarmente, as atenções serão dadas à possibilidade de atribuição das prerrogativas encerradas pelo *controle societário* e pelo *controle empresarial* ao titular da *golden share*.

Analisando-se alguns dos principais casos de emissão e aplicação de *golden shares*[68], pode-se perceber que as prerrogativas normalmente con-

---

[68] As hipóteses analisadas são aquelas mencionadas na nota de rodapé nº 66. Considera-se um espaço amostral adequado por conter tanto *golden shares* emitidas por companhias objeto

feridas ao seu titular são posições jurídicas que possibilitam promover ou vetar[69] alterações (ou aplicações, conforme o caso) relativas a matérias determinadas[70]. Essas matérias, por sua vez, podem ser agrupadas e classificadas tomando como parâmetro, justamente, a sua relação com o *controle societário* e/ou com o *controle empresarial*.

Nesse sentido, confira-se a Tabela 1, a seguir[71]:

de desestatização, que têm uma importância particularmente relevante quando associadas à sua aplicação ao Capitalismo de Estado brasileiro, como por companhias privadas. Destaca-se, ainda, que algumas prerrogativas extremamente específicas, a exemplo da possibilidade de veto de alterações que "possibilitem o exercício de opção de ações objeto do Contrato de Gestão Empresarial firmado em 29 de julho de 1997, com a MGDK e Associados S/C Ltda.", como ocorre na Bicicletas Caloi S.A. não são expressamente mencionadas, bem como que o rol que será apresentado a seguir não é taxativo, podendo existir outras ações de classe especial com prerrogativas diversas, mais ou menos favorecidas. Para a análise detalhada das prerrogativas das hipóteses analisadas, v. PELA, Juliana Krueger. *Op cit*. pp. 62-81.

[69] Note-se, aqui, que a forma de exercício das prerrogativas plasmadas na *golden share* variam de caso a caso. Exemplificadamente, observa-se tal exercício por meio de direito de veto ou por meio de direito de voto em separado sobre determinadas deliberações.

[70] Sobre a amplitude e pluralidade das prerrogativas que podem ser conferidas pelas *golden shares*, destaca-se o seguinte excerto: "*Esta intervención restrictiva puede darse a través de distintos medios: autorizaciones previas, derechos de veto, participación en la designación de miembros de los órganos de administración, control de sus decisiones, etc. En este contexto es el Estado quien da la última palabra em operaciones estratégicas de las empresas privatizadas, si bien aunque las golden shares conceden a los gobiernos derechos especiales, ellos pueden no ejercerlos, si no lo juzgan necesario. Tales derechos pueden ser temporales, disponiendo de una fecha de vencimiento para su amortización, o ejercidos en una base permanente*" (Cf. BEZERRA, Helga Maria Saboia. La *golden share* como instrumento de control estatal en empresas privatizadas. *In*: Seqüência, nº 60. jul. 2010. p. 84).

[71] Nesse diapasão, é relevante observar o posicionamento da doutrina estrangeira sobre o tema. Grundmann e Möslein, analisando os casos europeus em que foram emitidas *golden shares*, dividem os direitos que podem ser conferidos (ou retidos, no caso de desestatizações) pelo titular da ação de classe especial em dois grupos: "*On the one hand, there are special rights which relate to the decision process of one body of the company, principally the general meeting. Corporate Governance is changed. Subject matters might concern fundamental decisions, such as the dissolution of the company and other structural changes, but also management decisions of strategic importance, such as the sale of substantial assets or shareholdings for which shareholder approval may be required. (...) On the other hand, there is a second type of rights that can be granted: rights to influence the shareholder structure of the company which is not part of the company's business as such. In these cases, veto rights are given in the event that the shareholding of one person (or group of connected persons) exceeds (or sometimes even falls below) certain thresholds.*" (GRUNDMANN, Stefan; MÖSLEIN, Florian. Golden Shares: State Control in Privatised Companies: Comparative Law, European Law and Policy Aspects. Apr. 2003. Disponível em <http://ssrn.com/abstract=410580>. Acesso em 11/03/2015. p. 3). Como se pode notar, em uma análise superficial, as prerrogativas observadas nos casos brasileiros parecem ser um pouco mais abrangentes.

Tabela 1 – Prerrogativas conferidas ao titular da golden share – baseada em casos brasileiros

(i) Matérias relacionadas com o *controle societário*	(i.1.) Matérias relacionadas diretamente à identificação formal da companhia	(i.1.1.) objeto social da companhia emissora
		(i.1.2.) denominação social da companhia emissora
		(i.1.3.) sede social da companhia emissora
	(i.2.) Matérias relacionadas aos órgãos da administração	(i.2.1.) composição do Conselho de Administração da companhia emissora e forma de indicação de seus membros
	(i.3.) Matérias relacionadas à livre circulação de ações da companhia	(i.3.1.) composição da estrutura acionária da companhia emissora, podendo incluir limites à circulação de ações de sua emissão (e.g. limites para a participação de companhias aéreas no capital da emissora; ou limites à transferência de controle societário da companhia emissora)
	(i.4.) Matérias relacionadas ao favorecimento (político) da *golden share*	(i.4.1.) prerrogativas conferidas pela *golden share*
		(i.4.2.) criação de classe de ação com direitos políticos mais favorecidos que os previstos para a *golden share*
(ii) Matérias relacionadas com o *controle empresarial*	(ii.1.) Matérias relacionadas à destinação (em sentido amplo) de bens e direitos, via de regra integrantes do estabelecimento empresarial	(ii.1.1.) aplicação de recursos da companhia emissora (e.g. uso da logomarca da companhia emissora; ou capacitação de terceiros em tecnologias para programas militares; ou interrupção no fornecimento de peças de manutenção e reposição de aeronaves militares)
		(ii.1.2.) alienação ou encerramento de atividades (consideradas estratégicas) relacionadas ao objeto social da companhia emissora;

(iii) Matérias que guardam íntima relação tanto com o *controle empresarial*, como com o *controle societário*[72]	(iii.1.) Liquidação e/ou operações de reorganização societária da companhia emissora

Analisando-se criticamente os dados da Tabela 1, algumas considerações são necessárias e praticamente naturais. Preliminarmente, ressalta-se que as prerrogativas e vantagens mencionadas não são taxativas, podendo-se emitir outras ações de classe especial com prerrogativas diversas, mais ou menos favorecidas, em especial, politicamente[73]. Além disso, é importante deixar claro que a previsão de matérias relacionadas ao *controle societário* e/ou ao *controle empresarial* não implica necessariamente sua transferência para ou sua apropriação pelo titular da *golden share*, como será visto no decorrer deste Subcapítulo. Exatamente por essa razão que é preciso realizar, conforme já salientado, uma análise casuística.

Sendo assim, com o intuito de estressar as premissas, parte-se de dois exemplos extremos.

Hipoteticamente, uma ação de classe especial que preveja tão somente intervenção em matérias relacionadas ao *controle empresarial*, sujeitando à aprovação (ou à possibilidade de veto) de seu titular a destinação (em sentido amplo) de bens e direitos integrantes do estabelecimento empresarial, não pode, definitivamente e em primeiro lugar, transferir-lhe o *controle societário*. Ou seja, o titular dessa *golden share* não poderia ser identificado como *controlador societário*, pois não haveria a concretização do suporte fático abstrato da norma no art. 116 da LSA, e, por conseguinte, não seria o caso de sua incidência.

Como consequência, não haveria – conforme será detidamente analisado no Capítulo 3 – a possibilidade de se aplicar diretamente as responsabilidades previstas no artigo 117 da LSA ou a incidência do art. 254-A

---

[72] As matérias aqui relacionadas apresentam maior ou menor aproximação com o *controle societário* e com o *controle empresarial*, muito embora, mesmo que indiretamente, afetem ambos. Sendo assim, por questões didáticas, foram agrupadas nessa categoria híbrida, devendo-se analisar casuisticamente os efeitos de sua atribuição ao titular da ação de classe especial.

[73] A possibilidade de concessão de vantagens políticas ao titular da *golden share* encontra-se expressa na Lei nº 6.404/1976, mais especificamente em seu art. 18, que dispõe em seu *caput*: "Art. 18. O estatuto pode assegurar a uma ou mais classes de ações preferenciais o direito de eleger, em votação em separado, um ou mais membros dos órgãos de administração.".

(ou da Seção VIII do Regulamento do Novo Mercado) em caso de alienação dessa *golden share*, uma vez que seu titular não pode ser identificado como *controlador societário*. Em outras palavras, o titular da *golden share* não integraria o bloco de controle (societário), conceito íntima e quase que exclusivamente relacionado ao *controle societário*. Tratar-se-ia, na verdade, de hipótese de atribuição de prerrogativas relacionadas ao *controle empresarial*, ainda que parcial e circunstancialmente[74], originando a mencionada hipótese de *influenciação sobre o controle empresarial*, sendo objeto de infeliz lacuna legislativa na LSA, cujas consequências serão melhor analisadas no decorrer do Capítulo 3[75].

Por outro lado, voltando-se ao outro extremo, ainda se valendo de situação hipotética, nada impede que a *golden share* confira ao seu titular a prerrogativa de eleger a maioria dos administradores da companhia e de votar em separado ou aprovar com exclusividade determinadas matérias, de modo a possibilitar a efetiva orientação das atividades empresariais e a prevalência nas decisões assembleares, independentemente da existência (ou não) de acionista majoritário em dada companhia. É importante lembrar que as prerrogativas das *golden shares* não se restringem ao veto em deliberações pré-determinadas, não obstante seja a hipótese mais comum

---

[74] Essa ressalva é de extrema importância, já que o *controle empresarial* é um *direito subjetivo* de titularidade da *companhia* (empresário) não podendo ser, em princípio, transferido a terceiros. Isso não impede, contudo, que as prerrogativas encerradas pelo *controle empresarial* possam, sim, ser atribuídas a terceiros, como ocorre com o titular da *golden share* na hipótese avençada.

[75] Essa lacuna legislativa na Lei 6.404/1976, que, como afirmado, será melhor abordada no Capítulo 3, não significa que inexistem alternativas para proteção dos interesses dos acionistas (majoritário e minoritários) e *stakeholders* afetados por eventual abuso do exercício do *controle empresarial*, podendo-se valer da teoria do abuso de direito, com base no art. 187 do Código Civil Brasileiro. Sobre a transferência do poder de controle empresarial, contudo, não há, definitivamente, previsão normativa que vise à proteção dos minoritários nessas ocasiões. Aparentemente, poder-se-ia cogitar proposta de *lege ferenda* relacionada à disciplina do trespasse, conforme sugestão contida no seguinte excerto: *"Na medida em que o estabelecimento se afirma, por força da norma do art. 1.146, não apenas como universalidade de fato, como foi descrito pela doutrina tradicional, mas como universalidade híbrida (universalidade de fato e de direito), o que se transfere, no trespasse, são bens e relações jurídicas (posições ativas e passivas) afetados por um fim empresarial. Transfere-se, portanto, ao adquirente, o poder de dispor e de usar essa universalidade híbrida com que se exerce uma dada empresa."* (Cf. WARDE JR., Walfrido Jorge. Os Poderes Manifestos no Âmbito da Empresa Societária e o Caso das Incorporações: a Necessária Superação do Debate Pragmático-Abstracionista. *In*: CASTRO, Rodrigo R. Monteiro de; MOURA AZEVEDO, Luís André N. de (Coord.). Poder de Controle e Outros Temas de Direito Societário e Mercado de Capitais. São Paulo: Quartier Latin, 2010. pp. 79-80)

dentre os casos analisados. Essa situação hipotética – que apresenta remotas, porém possíveis, chances de ser verificada na prática – implicaria na atribuição das prerrogativas nitidamente relacionadas ao *controle societário* para o titular da *golden share*, estando sujeito às normas atinentes ao *controle societário*, incluindo, mas não se limitando a, os artigos 116, em especial seu parágrafo único, o artigo 117 e o artigo 254-A, todos da LSA, conforme o caso. Essas consequências, como já mencionado, serão trabalhadas detidamente no Capítulo 3.

De fato, as duas situações – tal como apresentadas – merecem uma importante ressalva, já que são ou serão dificilmente observadas e identificadas na prática, uma vez que, normalmente, as *golden shares* atribuem ao seu titular uma combinação de algumas das prerrogativas constantes da Tabela 1, acima. Em outras palavras, não necessariamente a disposição das vantagens previstas será feita de forma a garantir a manifesta transferência ou atribuição da totalidade das prerrogativas encerradas pelo *controle societário* e/ou prerrogativas tais que configurem a hipótese de *influenciação sobre o controle empresarial*. Isso não importa em dizer que a elevação ou redução da hipótese aos extremos seja inútil ou inadequada, pois apresenta grande importância para a análise da questão e a validação da tese.

Em primeiro lugar, servem as hipóteses para comprovar que existe, sim, a possibilidade de atribuição de prerrogativas relacionadas ao *controle societário* e/ou ao *controle empresarial* por meio da adoção de *golden shares*, para o seu titular, corroborando a qualificação dessas ações de classe especial como "poderoso instrumento de deslocamento de controle"[76]. Cumpre destacar, contudo, que, se por um lado, a atribuição de prerrogativas relacionadas ao *controle societário* pode levar à sua transferência ao titular da *golden share*, isso não ocorre com a atribuição de prerrogativas relacionadas ao *controle empresarial*, haja vista se tratar de um direito subjetivo de titularidade da companhia. Nada impede, de todo modo, que tais prerrogativas relacionadas ao *controle empresarial* confiram ao titular da *golden share* uma influência determinante sobre o poder de destinação dos bens e direitos de titularidade da companhia, o que caracterizaria a já mencionada hipótese de *influenciação sobre o controle empresarial*.

---

[76] Faz-se referência, aqui, à expressão utilizada por Calixto Salomão Filho ao se referir às potencialidades da *golden share*, cf. SALOMÃO FILHO, Calixto. "*Golden Share*: utilidade e limites". *In*: O Novo Direito Societário. 4ª ed. São Paulo: Malheiros. pp. 141-148.

Em segundo lugar, as hipóteses analisadas reafirmam a necessidade de proceder a uma análise concreta e casuística, que se sugere que seja feita em duas etapas: uma observando os efeitos sobre o *controle empresarial* e outra observando os efeitos sobre o *controle societário*. Cabem, de todo modo, algumas orientações interpretativas.

No que tange ao *controle empresarial*, resta claro que a atribuição de prerrogativas a ele relacionadas para o titular da *golden share*, que guardem aproximação ao poder de destinação (em sentido amplo) dos bens e direitos de titularidade da companhia, via de regra integrantes do estabelecimento empresarial, implica, mesmo que parcial e circunstancialmente, na hipótese de *influenciação sobre o controle empresarial* pelo titular da *golden share*. Isso se dá pelo fato de o *controle empresarial* ser, por definição, um direito subjetivo da companhia, que o exerce sobre os bens e direitos de sua titularidade. Não é possível, assim, a sua transferência para terceiro detentor de *golden share*, ou não.

Já quando o aspecto sob análise diz respeito ao *controle societário*, não obstante a possibilidade teórica de sua transferência, como já abordado, a análise é dotada de maior complexidade, a depender da modalidade de *golden share* analisada[77]. Nesse sentido, analisando-se sob o prisma do *controle societário*, a *golden share*, de acordo com as experiências observadas na prática, pode prever poder de veto sobre determinadas matérias, prerrogativa de votar em separado ou de aprovar unilateralmente determinadas matérias, ou mesmo, uma combinação dessas vantagens – sem prejuízo de outras não necessariamente de cunho político, a exemplo de favorecimento econômico relacionado ao pagamento de dividendos.

---

[77] Ao mencionar as "modalidades" de *golden shares* não se faz referência à divisão entre aquelas emitidas com base no §7º do art. 17 da Lei 6.404/1976 – não obstante a alteração legislativa que introduziu esse §7º, por meio da Lei nº 10.303/2001, ser, em muitos casos, posterior à sua efetiva adoção – e aquelas emitidas com base no art. 18 do mesmo diploma legislativo. Isso porque se considera que inexiste diferença material entre ambas previsões, remetendo-se a alteração promovida pela Lei 10.303/2001 a razões políticas e extra societárias, uma vez que não havia óbices concretos à licitude das *golden shares*, anteriormente à mudança legislativa. Nesse sentido, destaca-se a profunda análise feita por Juliana Krueger Pela, cf. PELA, Juliana Krueger. *Op. cit.* pp. 141-144. Sendo assim, embora haja posicionamentos contrário de relevo (a exemplo de SALOMÃO FILHO, Calixto. *"Golden Share"*... p.145) não existem atribuições exclusivas, tal como o poder de veto, que possam ser previstas tão somente a uma das "espécies" de *golden shares*. Em outras palavras, as "modalidades" mencionadas dizem respeito às atribuições, prerrogativas e vantagens conferidas pela *golden share* ao seu titular.

Quando o titular da *golden share* é atribuído com poder de veto sobre determinadas deliberações que estejam relacionadas à efetiva condução das atividades sociais, tais como a eleição de administradores ou a alteração do objeto social, não se pode negar que esse acionista influencia determinantemente a condução das atividades sociais. Isso, contudo, não implica definitiva e necessariamente na transferência do *controle societário* para o seu titular[78] – salvo se o veto for utilizado *comissivamente* e de forma recorrente, *permanente* nas deliberações assembleares[79] –, ou na composição de um bloco de controle, ou controle compartilhado, do titular da *golden share* com um ou mais acionistas[80].

[78] Sobre o tema, alguns autores (a exemplo de SANTOS, Diogo Jorge Favacho dos. Poder de Controle Societário do Estado nas sociedades privadas. Disponível em: <http://jus.com.br/artigos/20170/poder-de-controle-societario-do-estado-nas-sociedades-privadas>. Acesso em 11/03/2015) consideram que nessas hipóteses está-se diante de "controle (societário) negativo", sendo que o seu titular pode ser considerado controlador para fins do art. 116 e do art. 117, ambos da LSA. Embora se considere possível a existência de um "controle negativo", definitivamente não se pode incluir seu titular nos deveres e responsabilidades previstos nos arts. 116 e 117 da LSA, já que só se pode presumir o uso efetivo do poder de controle no caso de controle majoritário, sendo que, para a configuração do controle minoritário, é necessária a conduta comissiva do acionista (v. nesse sentido nota de rodapé nº 26), mesmo que por meio do exercício do veto. Não à toa, a possibilidade de responsabilização *por omissão*, com base no artigo 117 da LSA, é restrita ao controlador majoritário, presumidamente responsável, não obstante não haja previsão expressa sobre a responsabilidade do controlador por omissão.

[79] Nesta hipótese específica seria possível a aplicação seletiva do art. 117 da LSA, no que couber, ao titular da *golden share*.

[80] Existem defensores de posicionamento diverso, que advogam que o controle compartilhado abrangeria a hipótese de existência de acionista majoritário e acionista minoritário que detenha direito de veto sobre determinadas deliberações sociais. Por essa linha interpretativa, o titular da *golden share* integraria o bloco de controle. Nesse sentido, confira-se a seguinte passagem: "*O controle pode ser exercido individualmente ou em conjunto, sem que o controlador ou controladores detenha(m) a propriedade da maioria das ações representativas do capital, seja através da criação de ações ordinárias de diversas classes, com direitos políticos distintos (Lei 6.404/76, art. 16, III), seja através do estabelecimento de quorum especial de deliberação para determinadas matérias (Lei 6.404/76, art. 129 §1º), seja pela conjugação desses dois mecanismos, seja pelo acordo de voto pactuado em acordo de acionistas com execução específica (Lei 6.404/76, art. 118). Frise-se que a noção de controle compartilhado abrange também a hipótese de convívio entre um acionista majoritário e um minoritário que detenha direito de veto sobre determinadas deliberações sociais.*" (CASTRO, Eduardo Spinola e. Acordo de Acionistas Celebrado no Âmbito de Sociedade Holding, Joint Venture ou Sociedade de Comando de Grupo de Sociedades – Sua Necessária Extensão às Sociedades Controladas ou Operacionais. *In*: CASTRO, Rodrigo R. Monteiro de; MOURA AZEVEDO, Luís André N. de (Coord.). Poder de Controle e Outros Temas de Direito Societário e Mercado de Capitais. São Paulo: Quartier Latin, 2010. p. 425). Esse posicionamento, ao nosso ver, pelas razões

De todo modo, essa situação não afasta a possibilidade de responsabilizar o titular do poder de veto pelo seu uso abusivo[81], nem de considerar a configuração de *controle de fato* pelo titular da *golden share*[82]. Esse *controle de fato*, é importante destacar, não *"permite o controle externo"*, diferentemente do defendido por parte respeitável da doutrina[83], uma vez que seu titular detém ação representativa do capital social da companhia emissora, e, sendo acionista, não pode ser considerado uma esfera estranha aos órgãos da companhia ou titular de interesse alheio à sua estrutura orgânica[84-85].

expostas no decorrer deste trabalho, não pode prosperar, pois representaria um alargamento do conceito de *controle societário*.

[81] A Lei nº 6.404/76 não trata expressamente do abuso do poder de veto, sendo imperativa a aplicação analógica do art. 115 da lei societária, em especial do seu §3º.

[82] Nessa hipótese, parece-nos improvável eventual responsabilização com base no artigo 117 da Lei 6.404/1976, uma vez que o controlador de fato nesse caso não está abarcado pelo conceito do artigo 116 do referido diploma legislativo. Caberia, contudo, ao menos em tese, tal como ocorre com o *controle empresarial*, a responsabilização via exercício abusivo de direito, com base no artigo 187 do Código Civil.

[83] Trata-se da afirmação feita por Calixto Salomão Filho, ao se referir à *golden share* prevista no §7º do art. 17 da Lei 6.404/1976, devendo-se destacar que, para o autor, o poder de veto é exclusivo de ente desestatizante, posição que não é partilhada. Confira-se o seguinte excerto: *"Essa é a primeira forma possível de golden share, a do artigo 17, §7º, que permite o controle externo pelo ente desestatizante. Trata-se de um mecanismo regulatório-societário sem dúvida útil e relevante."* (Cf. SALOMÃO FILHO, Calixto. *"Golden Share"*... p. 146).

[84] Sobre essa crítica, observe-se a seguinte passagem: *"Embora possibilite a internalização do "interesse público", essa ação de classe especial definitivamente não enseja o "controle externo de direito". Essa forma de controle caracteriza-se pelo deslocamento do centro decisório para esfera estranha aos órgãos da companhia. Nessa hipótese, terceiros que não compõem o quadro social ou a administração da companhia (como credores, fornecedores, franqueadores), exercem influência dominante sobre a condução dos negócios sociais. Não é o que se observa com a golden share prevista no artigo 17, § 7º da Lei nº 6.404/76."* (PELA, Juliana Krueger. *Op cit.* p. 167).

[85] Por mais que não tenha consequências na transferência do *controle societário*, a presença da *golden share* decorrente de privatizações aparenta ter consequências importantes no que diz respeito à configuração do interesse social. Para tanto, não obstante não configure tema desenvolvido especificamente neste trabalho, é pertinente atentar à ideia de existirem *dispositivos declaratórios de interesses*, que *"não podem ser genéricos e aplicáveis a uma generalidade de áreas. Dispositivos declaratórios (como de resto os princípios) são tão mais úteis quanto mais específicos e menos genéricos. Versam (...) sobre cada estrutura jurídica que se deve considerar e transformar. Referidos dispositivos tornam-se, na prática, guias de interpretação para o restante da legislação."* (SALOMÃO FILHO, Calixto. Novo estruturalismo jurídico: uma alternativa para o direito? *In*: Revista dos Tribunais, vol. 926. Dezembro, 2012. p. 544). Sob essa ótica estruturalista, o artigo 17, § 7º da Lei 6.404/76 configuraria um *dispositivo declaratório de interesses* no sentido de orientar a seleção dos interesses a serem internalizados na companhia nos casos de desestatização, indicando

Além disso, é curiosa a situação que se configura caso o titular da *golden share* tenha a prerrogativa de vetar a escolha ou substituição dos administradores da companhia pelos demais acionistas[86], somado à concentração de poderes decisórios pelos órgãos da administração. Nesse caso específico, poder-se-ia cogitar estar-se diante de uma modalidade diversa de controle, qual seja, o *controle gerencial de direito*[87-88]. De todo modo, pelas razões já expostas, nem mesmo nessa hipótese, o titular da *golden share* poderia ser responsabilizado em razão da inobservância do art. 117 da LSA[89]. Nesses casos, como será analisado no Capítulo 3, resta a possibilidade de aplicação da teoria de abuso de direito, com base no art. 187 do Código Civil. Os

qual interesse deve prevalecer. De todo modo, vale ressaltar, não se pode negligenciar e tolher a função lucrativa da empresa, desvirtuando de forma inadmissível a sua função social (com todas as ressalvas aplicáveis ao termo, cf. COMPARATO, Fábio Konder. Estado, Empresa e Função Social. *In*: Revista dos Tribunais, Vol. 732. São Paulo: RT, 1996. pp. 38-46).

[86] Isso pode ocorrer quando a eleição e substituição dos órgãos da administração, em especial os membros do Conselho de Administração, dá-se por meio de alteração estatutária, com o titular da *golden share* tendo a prerrogativa de vetar qualquer alteração ao Estatuto Social da companhia emissora.

[87] Nesse sentido, confira-se: *"(...) é efetivamente possível estabelecer uma quinta forma de controle, não redutível a qualquer das quatro identificadas por Berle e Means* [v. nota de rodapé nº 3]. *Trata-se do controle gerencial de direito, que não se confunde com o controle gerencial identificado pelos famosos autores* [o *managerial control*], *que decorre da mera diluição acionária"*. (SALOMÃO FILHO, Calixto. *"Golden Share"*... p. 146). Sobre a perspectiva brasileiro acerca do controle gerencial, v. CASTRO, Rodrigo Rocha Monteiro de. Controle Gerencial – Coleção IDSA de Direito Societário e Mercado de Capitais. 1. ed. São Paulo: Quarter Latin, 2010.

[88] Esse posicionamento é igualmente partilhado por Juliana Krueger Pela: *"Não resta dúvida de que a hipótese (...) é bastante plausível: a emissão da golden share com direito a eleição da maioria dos administradores e veto em alterações estatutárias, associada à centralização de competências deliberativas relevantes nos órgãos administrativos pode resultar no "controle gerencial de direito".* (PELA, Juliana Krueger. *Op cit.* p. 168)

[89] Isso se dá pois não haveria a apropriação do *controle societário* pelo titular da *golden share*. Esse posicionamento não é partilhado por parte da doutrina, que defende a possibilidade de uma aplicação seletiva do artigo 117 da Lei 6.404/1976, mesmo diante da inexistência de direitos permanentes que assegurem a maioria nas deliberações sociais, o que "não descaracteriza o controle" (Cf. SALOMÃO FILHO, Calixto. *"Golden Share"*... p. 147; e PELA, Juliana Krueger. *Op. cit.* p. 172). Parece-nos que o posicionamento ora referido não considera a segmentação entre o *controle societário* e o *controle empresarial*, tratando a atribuição de prerrogativas relacionadas ao segundo (o que ensejaria a hipótese de *influenciação sobre o controle empresarial*) como sendo a apropriação parcial do primeiro. Destaca-se, ainda, que essa hipótese não se confunde com aquela remota descrita na nota de rodapé nº 26, na qual o titular da *golden share* pode ser considerado controlador por fazer uso de seu poder de veto *comissivamente* e de modo *permanente*.

administradores eleitos, por sua vez, estarão sujeitos aos deveres fiduciários previstos em capítulo próprio da lei acionária (artigos 153 a 160 da LSA)[90].

Já quando as prerrogativas conferidas pela *golden share* envolverem a deliberação de matérias intimamente relacionadas ao *controle societário*, por meio de voto em separado, por exemplo, a situação é diversa. Nessas hipóteses, poder-se-ão configurar duas situações relevantes.

Por um lado, a depender da forma como as deliberações forem tomadas, o titular da *golden share* poderá integrar o bloco de controle (societário, por definição) juntamente com o acionista majoritário, ou com outros acionistas minoritários. Isso se dará quando o titular da ação de classe especial votar, de forma *permanente*, em conjunto com outros acionistas, compondo o bloco de controle. Por outro lado, é igualmente possível estruturar um controle minoritário por meio da *golden share*[91], seja em razão da abstinência dos demais acionistas, seja em razão da possibilidade de decidir separada ou unilateralmente deliberações que impliquem na atribuição das prerrogativas que integram o *controle societário*, tal como definido.

2.3.1.2. Conclusão parcial

(1) A atribuição de prerrogativas relacionadas ao *controle societário* e ao *controle empresarial* ao detentor de *golden share* guarda íntima relação com a segmentação do controle apresentada e desenvolvida no Capítulo 1. Nesse sentido, o *controle societário* configura um *poder funcional* de titularidade do sócio e encerra as atribuições previstas no art. 116 da LSA, ao passo que o *controle empresarial* configura um *direito subjetivo* da companhia (empresário) e encerra o poder de destinação em sentido amplo sobre os bens e direitos de sua titularidade, os quais, via de regra, são integrantes do estabelecimento empresarial.

(2) As *golden shares*, quando utilizadas como técnica societária de alocação de poderes nas sociedades anônimas objeto de desestatização, originalmente previstas pela Lei nº 8.031/1990, que institui o Plano Nacional de Desestatizações – PND, podem representar um importante mecanismo de deslocamento de prerrogativas relacionadas ao *controle societário* e/ou ao *controle empresarial* para o seu

---

[90] Cf. SALOMÃO FILHO, Calixto. "*Golden Share*"... p. 147
[91] Cf. SALOMÃO FILHO, Calixto. "*Golden Share*"... p. 148

detentor, no caso o Estado, configurando uma das formas de atuação *direta* do Estado (*equity*) no contexto do Capitalismo de Estado brasileiro.

    (2.i.) Obviamente, as *golden shares* também podem ser adotadas em companhias sem a participação direta do Estado, não estando restritas às sociedades objeto de desestatização, sendo que a adoção dessa técnica societária pode configurar justamente um dos meios de atuação do *private equity*.

(3) As prerrogativas e vantagens conferidas ao titular da *golden share* podem ser qualificadas levando em consideração os efeitos gerados sobre o *controle empresarial* e os gerados sobre o *controle societário*, podendo, inclusive, conjugar atribuições diversas e relacionadas concomitantemente a ambos. Por tal razão, a análise acerca da possibilidade de considerar o titular da *golden share* titular do *controle societário* e/ou a configuração da hipótese de *influenciação sobre o controle empresarial*, em especial por aquele não titular do *controle societário*, deve ser realizada casuística e separadamente, levando em consideração as prerrogativas conferidas por meio da ação de classe especial em questão.

    (3.i.) No que tange à atribuição de prerrogativas relacionadas ao *controle empresarial*, não há de se cogitar a sua apropriação ou transferência pelo titular da *golden share*, sendo apenas admissível a configuração da hipótese de *influenciação sobre o controle empresarial* pelo titular da ação de classe especial. Isso se dá pelo fato de o *controle empresarial* ser um direito subjetivo de titularidade da companhia.

(4) *Golden share* que atribua tão somente prerrogativas relacionadas ao *controle empresarial* não pode implicar na atribuição do *controle societário* para seu detentor, que não estará sujeito aos deveres e responsabilidades previstos no parágrafo único do art. 116 e no art. 117 da LSA, mesmo que as prerrogativas conferidas possibilitem a configuração da hipótese de *influenciação sobre o controle empresarial*. Em caso de abuso decorrente da *influenciação sobre o controle empresarial* deve-se valer da aplicação do art. 187 do Código Civil, com base na teoria do abuso de direito, conforme será abordado no decorrer do Capítulo 3.

(5) *Golden share* que atribua tão somente prerrogativas relacionadas ao *controle societário* para o seu titular não terá relação direta com o *controle empresarial*. Nada impede, contudo, que se tenha como efeito de segunda ordem a *influenciação sobre o controle empresarial* decorrente do exercício do *controle societário*. Nesse cenário, podem-se configurar uma dentre as hipóteses a seguir:

(5.i.) se a golden share atribuir ao seu titular poder de veto sobre determinadas deliberações, que estejam relacionadas à efetiva condução das atividades sociais, não há de se falar em transferência ou apropriação do controle societário para o seu titular, salvo se o veto for utilizado comissivamente e de forma permanente nas deliberações assembleares, o que tem probabilidade remota de ocorrência na prática;

(5.ii.) a atribuição de direito de veto para o titular da golden share pode implicar no exercício do controle de fato, não se tratando de caso de controle externo ou de composição de bloco de controle ou controle compartilhado do titular da golden share com outros acionistas;

(5.iii.) a combinação de direito de eleger a maioria dos administradores da companhia, somada à concentração de atribuições exercidas pelos órgãos da administração, pode implicar, ao menos em tese, na configuração do controle gerencial de direito. Não é possível nessa hipótese responsabilizar o titular da golden share em razão da inobservância do art. 117 da LSA, sendo que os administradores eleitos, por sua vez, estarão sujeitos aos deveres fiduciários previstos nos artigos 153 a 160 da LSA; e

(5.iv.) a previsão de aprovação unilateral de determinadas matérias poderá implicar o fato de o titular da *golden share* integrar o bloco de controle (societário) juntamente com o acionista majoritário, ou com outros acionistas minoritários, ou a possibilidade de se estruturar um controle minoritário por meio da *golden share*, seja em razão da abstinência dos demais acionistas, seja em razão da possibilidade de decidir separadamente deliberações que impliquem na atribuição do *controle societário* ao seu detentor.

2.3.2. A participação direta dos braços de participação do Estado associada aos efeitos de acordos parassociais, a identificação do detentor do controle e a hipótese de *influenciação sobre o controle empresarial*

Tal como observado no Subcapítulo 2.3.1., que tratou dos efeitos das *golden shares* (ações de classe especial) sobre a dinâmica do *controle empresarial* e do *controle societário* das companhias, representando importante exemplo da influência estatal nas relações societárias, voltam-se as atenções a uma segunda modalidade de atuação *direta* do Estado na modalidade *equity* (de acordo com a apresentação estrutural feita no Subcapítulo 2.2.). Trata-se da participação direta do Estado, por meio de seus *braços de participação*[92], nas companhias investidas, pela detenção de ações, ordinárias ou preferenciais, representativas do capital social dessas companhias, associada a disposições constantes de acordos parassociais, normalmente instrumentalizadas por meio de acordos de acionistas.

Aqui, a importância da discussão acerca da identificação do detentor do controle, tanto *societário*, como *empresarial*, também assume papel pro-

---

[92] Apenas para fins de esclarecimento, o termo "braços de participação do Estado", não obstante apresente alguns pontos de intersecção, não pode ser confundido com o conceito de "investidores institucionais". Neste trabalho adotou-se como critérios a influência econômica e a influência política existente entre essas entidades, sendo que o termo "braços de participação do Estado" refere-se, principalmente, às entidades controladas pelos entes federativos ou por empresas estatais, em especial o BNDES Participações S.A. e às entidades fechadas de previdência complementar, estando-se ciente da grande diferença entre esses grupos quanto à organização jurídica e aos objetivos motivadores dos investimentos realizados por cada um deles. Destaca-se, ainda, que o FI-FGTS também foi considerado um "braço de participação do Estado" para os fins do estudo de caso desenvolvido neste trabalho. A expressão "investidores institucionais", por sua vez, admite múltiplas definições, podendo se valer de conceito mais amplo ou mais restrito. A definição adotada pela doutrina norte-americana, por exemplo, disseminada por Bernard Black, considera investidores institucionais *"all person who have direct or indirect responsibility for choosing institutional investments or voting institutional shares (...)"* (BLACK, Bernard. Agents Watching Agents: The Promise of Institutional Investor Voice. *In*: UCLA Law Review. v. 39, No. 4. 1992. p. 814). No Brasil, as definições adotadas tendem a ser mais restritivas, a exemplo de: *"veículos de investimento de recursos de terceiros geridos em caráter profissional, que dependem de registro e estão sujeitos à regulação e fiscalização de autarquias ou órgãos governamentais tais como a Comissão de Valores Mobiliários – CVM, Banco Central do Brasil ou Secretaria de Previdência Complementar."* (MOURA AZEVEDO, Luís André N. de. Ativismo dos Investidores Institucionais e Poder de Controle nas Companhias Abertas de Capital Pulverizado Brasileiras. *In*: CASTRO, Rodrigo R. Monteiro de; MOURA AZEVEDO, Luís André N. de (Coord.). Poder de Controle e Outros Temas de Direito Societário e Mercado de Capitais. São Paulo: Quartier Latin, 2010. p. 219).

tagonista, diante das prerrogativas plurais que podem, eventual e circunstancialmente, ser atribuídas para os braços de participação do Estado. A consequência é o potencial esvaziamento dos poderes e prerrogativas do *controlador societário*, tal como definido em lei, sem, contudo, implicar na transferência dessa qualificação rotular, que traz inúmeras consequências práticas[93], ou então a atribuição de prerrogativas relacionadas ao *controle empresarial* que configurem a hipótese de *influenciação sobre o controle empresarial*, em especial para os não detentores do *controle societário*.

Como poderá ser visto, a análise do deslocamento das posições jurídicas subjetivas elementares relacionadas ao *controle societário* e ao *controle empresarial* é dotada de diversas minúcias, o que justifica a necessidade de essa análise ser realizada casuisticamente, levando em consideração as peculiaridades de cada caso concreto. Essa característica contribuiu para a definição da metodologia de análise e consequente recorte metodológico que pautou as considerações feitas neste Subcapítulo, salientando-se, mais uma vez, que o fato de se ter elegido como espaço amostral para esta análise empírica os investimentos realizados pelos braços de participação do Estado não implica a inaplicabilidade das conclusões chegadas a outras estruturas de investimento, em especial com características de *private equity* e *venture capital*, que sejam protagonizadas por investidores privados.

Dessa forma, com o intuito de contextualizar o estudo de caso realizado, primeiramente, serão apresentados dois dos principais braços de participação do Estado nessas estruturas de investimento, que integram a modalidade *equity*, quais sejam o BNDES Participações S.A. – BNDESPAR e as entidades fechadas de previdência complementar ("EFPC"), em especial de empresas estatais, mais conhecidas como "fundos de pensão"[94]. Em um segundo momento, serão apresentados os dados da pesquisa empírica realizada, que analisou o deslocamento das prerrogativas encerradas

---

[93] Novamente, faz-se referência às normas relativas à responsabilidade do controlador (*societário*), sobretudo com base no art. 117 da Lei 6.404/1976, e das normas relativas à transferência de controle, a exemplo do art. 254-A do mesmo diploma legislativo.

[94] Esse recorte metodológico em hipótese alguma desconsidera a existência e importância de outros atores, a exemplo dos próprios entes federativos (União Federal, Estados e Municípios) e de empresas públicas, tanto é verdade que esses outros atores também foram considerados para a composição da amostra da pesquisa empírica descrita no Subcapítulo 2.3.2.3. Trata-se de um destaque metodológico em razão da importância estratégica do BNDES Participações S.A. – BNDESPAR e das entidades fechadas de previdência complementar, justificando a apresentação específica que se propõe.

pelo *controle societário* e pelo *controle empresarial* nas companhias listadas nos segmentos especiais da BM&F Bovespa, a saber, Novo Mercado, Nível 1 de Governança Corporativa e Nível 2 de Governança Corporativa. Por fim, pretende-se extrair, pautando-se no método indutivo, considerações gerais sobre a atribuição de tais prerrogativas, a identificação do detentor do *controle societário* e do *controle empresarial*, bem como a verificação da hipótese de *influenciação sobre o controle empresarial*, nas companhias investidas por meio dessa técnica de investimento, o que concluirá o Capítulo 2.

2.3.2.1. Breves notas sobre alguns dos principais veículos de investimento do Estado em sua atuação *direta* na modalidade *equity*: o BNDES Participações S.A. – BNDESPAR e as entidades fechadas de previdência complementar de empresas estatais – EFPC (fundos de pensão)

2.3.2.1.1. Um necessário parêntese: sumária menção ao processo de privatização (ou desestatização) brasileiro

Muito embora não seja o objeto deste trabalho avaliar a influência da política nos investimentos realizados pelo Banco Nacional de Desenvolvimento Econômico e Social (BNDES), deve-se levar em consideração que tais investimentos são, indubitavelmente, influenciados e até mesmo determinados politicamente[95]. Isso se dá entre outras razões pelo modo estratégico como a reforma estrutural promovida pelo processo de desestatização (ou privatização), nos anos 1990 e 2000, ocorreu.

Nesse sentido, duas estratégicas adotadas durante o processo de privatização repercutiram no papel central desempenhado pelo Estado brasileiro após a reestruturação (formal) promovida por esse processo de desestatização[96].

A primeira delas foi a eleição do BNDES, um banco público, para ser o motor central do processo de desestatização da economia. Essa medida, por um lado, pretendeu conter a opinião pública, especialmente os contrários à entrada de empresas privadas em determinados setores econômicos, por

---

[95] Nesse sentido, confira-se a redação do artigo 6º do Decreto-Lei nº 1940/1982 que evidencia a subordinação das decisões de investimento ao Presidente da República: *"Art 6º O Fundo de Investimento Social (FINSOCIAL) será administrado pelo Banco Nacional de Desenvolvimento Econômico e Social (BNDES), que aplicará os recursos disponíveis em programas e projetos elaborados segundo diretrizes estabelecidas pelo Presidente da República. Parágrafo único. A execução desses programas e projetos dependerá de aprovação do Presidente da República."*

[96] Cf. LAZZARINI, Sérgio G. Capitalismo de laços... p. 30-33.

se tratarem, via de regra, empresas estrangeiras, o que ameaçaria a soberania econômica nacional. Por outro lado, possibilitou que o BNDES mantivesse a influência do Estado na economia, já que não apenas continuou a deter participação societária nas empresas, como teve papel importante como investidor e financiador dos adquirentes.

A segunda estratégia foi promover a entrada definitiva de novos atores públicos na economia brasileira: as entidades fechadas de previdência complementar (EFPC) de empresas estatais, também conhecidas como fundos de pensão. Sendo assim, intensificou-se de forma pulverizada a influência do Estado nas relações econômicas.

2.3.2.1.2. BNDES Participações S.A. – BNDESPAR, o braço de participação do BNDES
2.3.2.1.2.1. Considerações gerais

Havia pouco mais de uma década da promulgação do então novo diploma legislativo para regular as sociedades anônimas (Decreto-Lei nº 2.627/1940)[97], quando o BNDE (Banco Nacional de Desenvolvimento Econômico) foi fundado, em 1952. O BNDE tinha como principal função prover créditos aos projetos das estatais e autarquias[98], apoiando financeiramente investimentos em infraestrutura (pesada) e nas indústrias de base. Atuava, assim, como provedor indireto de *hard infrastructure* por meio do financiamento de entidades públicas e privadas que desenvolveriam atividades nesses setores.

Nesse primeiro momento, a proposta regulatória para regular as sociedades anônimas não foi suficiente para, de fato, fazer o mercado de capitais[99]

---

[97] Destaca-se que o anteprojeto de Trajano Miranda Valverde foi base da redação do Decreto-Lei nº 2.627/1940.
[98] CRUZ, P.R.D.C Notas sobre o financiamento de longo prazo na economia brasileira do após-guerra. Revista Economia e Sociedade. p. 70. Disponível em: <www.eco.unicamp.br/docprod/downarq.php?id=417&tp=a>. Acesso em 26.09.2016.
[99] Para fins de esclarecimento, o termo "mercado de capitais" refere-se à "oferta e procura de dinheiro passível de investimento monetário e real, incluindo direitos negociáveis, tais como títulos e ações" (Cf. PROENÇA, José Marcelo Martins. Insider Trading: regime jurídico do uso de informações privilegiadas no mercado de capitais. São Paulo: Quartier Latin, 2005. p. 72). Diferentemente do mercado monetário, que se relaciona com os atos de emprestar e tomar dinheiro emprestado em prazos relativamente curtos, o mercado de capitais tem sua atuação voltada para relações de longo prazo, sendo um traço marcante da "desintermediação financeira" (Idem ao anterior, pp. 72-73).

brasileiro iniciar um crescimento relevante[100-101]. Durante pouco mais de uma década, o BNDE funcionou como banco público, financiando projetos nos setores de transportes, energia elétrica e siderurgia[102], em um cenário de ausência de mercado privado de valores mobiliários para financiamento a longo prazo, o que já havia sido apontado pela *Missão Abbink* tantos anos antes, como o principal motivo dessa configuração que se perpetuou até o início dos anos 1960[103].

Esse desenvolvimento do mercado de capitais brasileiro guarda íntima relação, por sua vez, com a necessidade de criação de alternativas para prover recursos para a atividade empresarial. Ou seja, um dos obstáculos à sua ascensão é a existência de outras modalidades de financiamento da empresa, como os empréstimos bancários e o autofinanciamento, por meio da utilização da política de preços e tarifas, conjugada com taxas de juros favoráveis[104-105]. Inexistia, dessa forma, incentivos para o desenvolvimento de mecanismos que possibilitassem o financiamento a longo prazo por meio do acesso à poupança popular, ou seja, para o desenvolvimento de uma estrutura de investimentos pautada no mercado de valores mobiliários.

Sendo assim e justificando a afirmação feita, durante muitos anos o mercado de capitais brasileiro foi cultivado em um estágio embrionário. Afinal, antes dos anos 2000, as empresas não tinham, no mercado de capitais,

---

[100] MUNHOZ, Eduardo Secchi. Aquisição de controle na sociedade anônima. São Paulo: Saraiva, 2013. p. 43.

[101] Nesse sentido, é interessante notar que a *Missão Abbink*, realizada em 1958 e que teve como principal objetivo apontar os "pontos de estrangulamento" da economia brasileira, foi categórica ao apontar como um dos pontos de atenção a ausência de mercado de títulos privados para financiamento da atividade empresarial de longo prazo (Cf. MUNHOZ, Eduardo Secchi. *Op cit.* p. 44-45).

[102] Cumpre destacar que os recursos do BNDE à época eram provenientes de um percentual adicional sobre o imposto de renda, bem como das reservas técnicas das companhias de seguro e de capitalização.

[103] Cf. AZEVEDO, E. BNDES 50 anos de desenvolvimento. Rio de Janeiro: DBA. 2012.

[104] PROENÇA, José Marcelo Martins. Insider Trading... p. 75.

[105] A busca por alternativas de financiamento da atividade empresarial por parte do Estado remete à própria reflexão sobre as formas de intervenção do Estado na economia, conforme desenvolvida por Eros Grau, que indica que o Estado pode vir a substituir o mercado quando a sua dinâmica própria se mostrar frágil, criando justamente novos ambientes de troca para o processo de acumulação, e compensá-lo. Como resultado, o Estado funciona como pivô para mitigar externalidades negativas, apoiando externalidades positivas (Cf. GRAU, Eros Roberto. A ordem econômica na Constituição de 1988. 10ª Ed. Rev. Atual. São Paulo: Malheiros Editores, 2005. pp. 21-22).

uma fonte de captação de recursos estável e confiável. Durantes décadas, o financiamento da vida empresarial se deu por meio de recursos do Estado e por meio do endividamento no exterior. A fonte de recursos privada nacional tinha importância diminuta, sendo utilizada tão somente para linhas de crédito de curto prazo[106] justamente em razão da atuação do BNDE.

Deve-se levar em consideração que essa configuração de alternativas de investimentos é condizente com o cenário no qual o BNDE, e, posteriormente, o BNDES (Banco Nacional de Desenvolvimento Econômico e Social)[107], estava inserido, bem como com a função que se esperava que o banco de desenvolvimento realizasse. Afinal, trata-se de uma empresa pública federal que tinha como principal objeto servir como instrumento de financiamento de longo prazo para a realização de investimentos em todos os segmentos da economia, de acordo com uma política que inclui investimentos em dimensões social, regional e ambiental[108].

Retomando a necessidade de alternativas para financiamento, a relação de solidariedade e apoio entre o BNDE e o setor público foi interrompida em 1964, com o advento do regime militar[109]. Nessa época, o BNDE foi progressivamente deixando de financiar os projetos do setor público – que chegou, à época do II Plano Nacional de Desenvolvimento (II PND), a absorver aproximadamente 90% dos recursos do BNDE – e passou a financiar outros projetos, elaborados pelo setor privado[110]. As atividades das empresas públicas e autarquias passaram a ser financiadas, durante aproximadamente uma década, por meio do autofinanciamento, valendo-se da já conhecida relação entre poupança e taxa de investimento, em razão dos expressivos coeficientes de autofinanciamento dos investimentos que eram realizados[111]. Ou seja, o BNDE enquanto financiador das ativida-

---

[106] Cf. MUNHOZ, Eduardo Secchi. Aquisição de controle na sociedade anônima. São Paulo: Saraiva, 2013. p. 39

[107] O Decreto-Lei nº 1.940/82 institui a contribuição social e criou o Fundo de Investimento Social (FINSOCIAL), estipulando em seu artigo 5º que o BNDE passaria a ser denominado BNDES, bem como que o FINSOCIAL seria administrado e gerido pelo BNDES.

[108] Conforme informações disponíveis no sítio eletrônico institucional no BNDES: <http://www.bndes.gov.br/>

[109] Cf. CRUZ, P.R.D.C. op. cit. p. 70

[110] Cf. NAJBERG, S. Privatização de recursos públicos: os empréstimos do sistema BNDE ao setor privado com correção parcial. Dissertação de Mestrado. Rio de Janeiro: PUC-RJ. Departamento de Economia, 1989.

[111] Cf. CRUZ, P.R.D.C. op. cit. p.70-71.

des empresariais públicas foi substituído pelo instrumento tributário, ou melhor, por uma técnica tributária[112].

Pouco depois, essa estratégia de financiamento das atividades das empresas públicas e autarquias, baseada em uma política de preços e tarifas, foi prejudicada, já que passou a ser utilizada como instrumento anti-inflacionário, perdendo seu potencial remuneratório. A consequência foi, como observado em outros momentos, a necessidade de alternativa para prover recursos para as empresas do setor público. Diante da ausência de um mercado de capitais estruturado, recorreu-se ao capital estrangeiro para financiar as atividades das empresas públicas e autarquias, principalmente no período em que o II PND estava em seu apogeu, o que chama atenção, pois grande parcela das obras do II PND, responsável pela revitalização da economia brasileira pós Plano de Metas[113] (em 1950, no governo JK), foi realizada exatamente pelo setor público[114]. Ou seja, a solução encontrada foi justamente o endividamento externo[115].

[112] MUNHOZ, Eduardo Secchi. *op. cit.* p. 46-47

[113] Para Celso Lafer, o Plano de Metas deve ser considerado a primeira tentativa de sistematizar o planejamento governamental brasileiro: *"(...) o plano de metas, pela complexidade de suas formulações – quando comparado com essas tentativas anteriores – e pela profundidade de seu impacto, pode ser considerado como a primeira experiência efetivamente posta em prática de planejamento governamental. Daí a importância do estudo do Plano de Metas se se deseja conhecer não só a evolução histórica do planejamento no Brasil como também as condições atuais do planejamento no País, as quais resultam em parte em parte de determinadas opções tomadas e desenvolvidas naquele plano e, em parte, do progresso mais recente na aplicação de novas metodologias."* (LAFER, Celso. O Planejamento no Brasil – observações sobre o Plano de Metas (1956-1961). *In*: LAFER, Betty Mindlin. Planejamento no Brasil.3ª Ed. São Paulo: Perspectiva, 1975. p. 30). No mesmo sentido, à luz da chamada nova economia institucional, v. SCHAPIRO, Mario Gomes. Novos Parâmetros para a Intervenção do Estado na Economia: Persistência e Dinâmica na Atuação do BNDES em uma Economia Baseada no Conhecimento. Tese de Doutorado. São Paulo: Faculdade de Direito da Universidade de São Paulo. Departamento de Direito Econômico e Financeiro, 2009. p. 86.

[114] Eduardo Secchi Munhoz trata do financiamento do II PND e de sua importância, ressaltando, inclusive, que os recursos provenientes do BNDE não eram suficientes ou adequadamente estáveis para promover investimentos, por parte do setor privado, para obras do plano nacional de desenvolvimento. Confira-se, nesse sentido, a passagem: *"O II PND teve êxito na reforma estrutural da cadeia produtiva brasileira, representando um segundo ciclo de transformação do parque industrial, depois do período JK, nos anos 1950. Não conseguiu, porém, reduzir a vulnerabilidade externa e levou ao aumento da participação do Estado na economia, em vista dos investimentos terem sido realizados sobretudo por meio de empresas estatais. Novamente, dada a ausência de fontes de recursos estáveis às empresas privadas, os projetos do II PND dependeram de financiamento público (autarquias, empresas públicas e sociedades de economia mista) e externo."* (MUNHOZ, Eduardo Secchi. *Op. cit.* p.52)

Essa opção pelo endividamento externo, contudo, não significa que inexistiram, por parte do Estado brasileiro, iniciativas para tentar promover o desenvolvimento do mercado de capitais doméstico, capaz de prover recursos de médio e longo prazo com estabilidade e efetividade. Foram, na realidade, implementadas no período inúmeras reformas institucionais[116]. Deve-se mencionar, inclusive, que a estruturação do sistema financeiro incentivou o uso do instrumento tributário como método de financiamento da atividade empresarial e acabou, em certos casos, incentivando timidamente o desenvolvimento do mercado acionário[117], como efeito de segunda ordem. Não à toa, muitas empresas optaram por abrir seu capital nesse período, a exemplo da Lojas Renner S.A., em 1967[118].

---

[115] Relevante, nesse sentido, a seguinte passagem da obra de Paulo Roberto Davidoff Chagas Cruz: *"Já a criação de instituições e de instrumentos para o financiamento do capital fixo das empresas não se impunha, naquele contexto, como um requisito de primeira ordem. De um lado, atuavam razões conjunturais, uma vez que a generalização de capacidade ociosa não planejada, que se exsurgiu ao boom de inversões dos anos cinquenta e à crise do início dos anos sessenta, inibia os investimentos em capital fixo. De outro lado, e aqui a razão de fundo, **à medida que era chancelado o padrão industrial anterior, reproduziam-se formas de financiamento que, no limite, prescindiam de um mercado de capitais doméstico**. As grandes empresas industriais, notoriamente as estrangeiras, continuavam a ter no autofinanciamento e no acesso a recursos do exterior a base financeira para a ampliação de sua capacidade produtiva. E, na verdade, as mudanças em curso nas atividades dos bancos no capitalismo central, como **desenvolvimento do euromercado e a internacionalização das operações de crédito, acompanhadas internamente por medidas de estímulo ao endividamento externo, só faziam por reforçar o segundo termo do binômio autofinanciamento-recursos do exterior"* (grifos nossos) (CRUZ, P. R. D. C. *Op. cit.* pp. 73).

[116] Dentre essas iniciativas institucionais, que, vale destacar, integram a atuação estatal *indireta*, em que o Estado atua como provedor de *soft infrastructure*, conforme explanado no Subcapítulo 2.2., merecem destaque dois diplomas legislativos: a Lei nº 4.595/1964, que tinha como objetivo estruturar o sistema financeiro nacional, disciplinando as instituições financeiras e criando órgãos que até hoje são de importância ímpar, a saber o CMN (Conselho Monetário Nacional) e o BACEN (Banco Central); e a Lei nº 5.728/1965, que disciplinou o mercado de capitais.

[117] O Decreto-Lei nº 157/1967, por exemplo, permitia que as pessoas físicas e jurídicas aplicassem, respectivamente, 10% e 5% do imposto sobre a renda na aquisição de ações (ou debêntures conversíveis em ações) emitidas por sociedades de capital aberto, por meio da compra de certificados de compras de ações, comercializadas por bancos de investimentos, sociedades de crédito, financiamento e investimento e sociedades corretoras, membros da bolsa de valores. Posteriormente o mecanismo deu origem aos Fundos DL 157 que poderiam aplicar até um terço de seus recursos na aquisição de ações no mercado secundário (cf. MUNHOZ, Eduardo Secchi. *Op. cit.* pp. 47-49).

[118] Fonte: < www.lojasrenner.com.br/ri>. Acesso em 15.06.2015.

A grande questão é que muitas das empresas que entraram na bolsa não tinham como objetivo original a abertura de capital, ou mesmo o financiamento de suas atividades a longo prazo por meio do mercado de valores mobiliários, e só o fizeram com o intuito de gozar dos benefícios fiscais concedidos pelo governo brasileiro. A consequência foi um aumento na demanda no mercado acionário principalmente a curto prazo[119]. O resultado foi um cenário especulativo, que culminou com a crise nas Bolsas de São Paulo e Rio de Janeiro em 1971, resultado da estrutura jurídica construída pelo Estado brasileiro[120].

Nota-se, assim, que foi por meio de uma manobra regulatória tributária do Estado que o mercado de capitais brasileiro começou as suas movimentações. Não se pode negar que foi um crescimento vertical e intenso, porém temporário, esbarrando na crise especulativa de 1971 que impôs sua brevidade. É igualmente incontestável que essa mesma manobra do Estado brasileiro, acompanhada de suas consequências, levou a um grande aumento das companhias abertas listadas na bolsa[121] e deixou claro a necessidade de uma nova regulação do mercado de capitais e sociedade por ações. Essa regulação veio a ser a Lei 6.404/1976.

---

[119] Isso se deu em razão da necessidade de aquisição de ações para se valer do benefício relacionado ao imposto de renda, somado à urgência pela venda, em prazos curtos, para pagar os investidores que desejavam resgatar suas quotas nos Fundos DL 157 (cf. MUNHOZ, Eduardo Secchi, *op. cit.* p. 48-49).

[120] Sobre essa passagem histórica do mercado de capitais brasileiro, é paradigmático o excerto de Lamy e Bulhões: *"Esta orientação da legislação fiscal conduziu à multiplicação, entre nós, de sociedades anônimas apenas formais, constituídas por empresário individual, ou por pequenos grupos de sócios com alto grau de integração, que vivem permanentemente os problemas da sociedade e ocupam os cargos de direção. As estatísticas disponíveis não permitem distinguir entre as verdadeiras sociedades anônimas e essas sociedades puramente formais, constituídas exclusivamente para auferir vantagens fiscais. Mas a experiência profissional autoriza a estimativa de que, no total das sociedades anônimas em funcionamento no país, a maioria é constituída por sociedades puramente formais. E, nesses casos, é natural que o único acionista, ou o pequeno grupo de sócios, não obstante cumprirem o ritual imposto pela lei para o modelo de S.A., confundam seus patrimônios com o da sociedade, ou se comportem como proprietários dos bens desse patrimônio."* (grifos nossos) (Cf. LAMY FILHO, Alfredo; BULHÕES PEDREIRA, José Luiz. A lei das S.A.: pressupostos, elaboração, aplicação. Rio de Janeiro: Renovar. 1992. p.160)

[121] De acordo com informações constantes do sítio eletrônico da BM&FBovespa, esse número superou 450 companhias listadas, um aumento de mais de 100% (cem por cento) durante o período. Fonte: <http://bmfbovespa.com.br/pt-br/a-bmfbovespa/download./mercado_capitais_desafios.pdf>.

Pretendia-se a criação de fonte de recursos estável e a médio e longo prazo, por meio da criação de um mercado de ações primário, principalmente destinado para as empresas privadas e com o objetivo de reduzir a participação do Estado na economia, o que também serviria como alternativa de investimentos rentáveis para as empresas públicas. Entendia-se (e assim era difundido) que apenas dessa forma seria possível promover o desenvolvimento econômico do país, por meio da criação da macroempresa brasileira, que, em razão das estruturas societárias possíveis, utilizar-se-ia da sociedade anônima. Essa, ao menos, era a proposta, conforme se extrai de comentários e da exposição de motivos do anteprojeto[122].

A estrutura adotada pela Lei nº 6.404/1976, por mais que tivesse inspiração na *corporation* norte-americana, partiu do pressuposto que capital pulverizado, com o controle da companhia realizado pela administração, é sinônimo de mercado de capitais desenvolvido, o que não era o caso brasileiro, cujo estágio de desenvolvimento nessa seara ainda era embrionário. O resultado, assim, foi a adoção da configuração do *"empresário-empreendedor"*[123].

Ou seja, aquele que detinha o capital também deteria o controle das atividades sociais, o que justifica, em partes, a posição doutrinária majoritária tratada no Capítulo 1, pela qual a detenção do *controle societário* implica na detenção do poder de destinação sobre os bens e direitos integrantes do estabelecimento empresarial da companhia, ou seja, do *controle empresarial*, sendo, para os defensores desse posicionamento, desnecessária a segmentação proposta. Não obstante as diversas menções no decorrer deste trabalho, destaca-se que, nesses casos, o que se teria seria a *influenciação sobre o controle empresarial* em decorrência do exercício do *controle societário*, corroborando a necessidade de segmentação entre os dois conceitos.

Embora a estrutura organizacional proposta para o desenvolvimento do mercado de capitais brasileiro[124] tivesse, de fato, *potencial*, não se pode afirmar que atingiu o objetivo almejado. Isso se deu não em razão de uma

---

[122] A passagem publicada no Jornal do Brasil, em 1975, e reproduzida na exposição de motivos por José Luiz Bulhões Pedreira é autoexplicativa: *"A alternativa é simples, clara, óbvia: ou conseguimos criar no País um mercado primário de ações, ou o processo de estatização da economia continuará a se acelerar de modo exponencial"* (Jornal do Brasil, 24/08/1975)
[123] Cf. MUNHOZ, Eduardo Secchi. op cit. p. 54
[124] Composta, basicamente, pela Lei nº 6.404/1976 (Lei das Sociedades Anônimas) e pela Lei nº 6.385/1976 (Lei de Mercado de Capitais).

soft infrastructure inadequada, ou seja, de uma regulamentação inócua, mas sim devido à situação econômica em que as propostas de mudanças estavam insertas, marcada por instabilidade e reviravoltas[125].

Algumas poucas mudanças começaram a ser notadas durante a década de 1990, no governo de Fernando Collor de Mello, baseando-se nas ideias defendidas pelo Consenso de Washington[126]. Essas alterações buscaram estimular a competição e a competitividade e o atraso da indústria nacional, reputado justamente à restrição ao financiamento, ao fechamento da economia e à crise inflacionária da década de 1980. Como consequência, o governo Collor promoveu uma abertura comercial e econômica[127], bem como iniciou o processo de privatizações brasileiro[128].

---

[125] Primeiramente, a política econômica adotada pela Estado brasileiro não promovia o desenvolvimento vertiginoso do mercado de capitais, uma vez que era baseada no par *crescimento-endividamento externo*. Em segundo lugar, o período que acompanhou os primeiros anos da Lei 6.404 e da Lei 6.385 foi marcado por acontecimentos de grande impacto na economia internacional, a exemplo do segundo choque do petróleo, a elevação gradativa das taxas de juros em nível internacional e a recessão mundial do início dos anos 1980 (Cf. MUNHOZ, Eduardo Secchi. *op. cit.* p. 58).

[126] Na primeira metade dos anos 90, os países latino-americanos, incluindo o Brasil, adentraram em uma nova fase, principalmente no âmbito econômico. De um lado, há uma inflexão nas políticas governamentais que sugerem o sepultamento de dois dos pilares do modelo histórico de desenvolvimento adotada por tais países até então: a forte presença, direta e indireta, do setor público na vida econômica e os regimes de proteção comercial e financeira às atividades locais. De outro lado, observa-se uma tendência ao retorno, após quase uma década de restrição externa, a resultados superavitários na conta de capital e ao acúmulo de reservas internacionais. Diante desse cenário, surgem duas correntes teóricas. A primeira propõe uma estreita relação de causalidade entre os fenômenos acima apontados e a adoção, por parte dos países latino-americanos, de políticas reformistas baseadas no chamado "Consenso de Washington". A segunda nega aquela relação de causalidade, sustentando que os países da América Latina necessitam de reformas distintas dessas, especialmente no tocante às relações comerciais e financeiras com o exterior e ao papel da ação estatal no novo modelo de desenvolvimento (Cf. CRUZ, P. R. D. C. Capitais Externos e o Financiamento de Longo Prazo no Brasil. *In*: SZMRECSÁNYI, Tamás. SUZIGAN, Wilson (orgs.). História Econômica do Brasil Contemporâneo. São Paulo: Hucitec / Associação Brasileira de Pesquisadores em História Econômica / Editoria da Univeridade de São Paulo / Imprensa Oficial, 2002. pp.183-200)

[127] Cf. ERBER, Fábio Stefano. e VERMULM, Roberto. Política e desempenho industrial. *In*: ERBER, F. e Vermulm, R. Ajuste estrutural e estratégias empresariais. Série IPEA nº 144. Rio de Janeiro: IPEA, 1993. pp. 267-271

[128] Cabe destacar o processo de privatização/desestatização da economia no Governo Collor se deu por meio da implementação do Programa Nacional de Desestatização (PND), introduzido pela Lei nº 8.031 de 12 de abril de 1990 (revogada pela Lei no 9.491/1997 –

No período posterior, durante os dois mandatos de Fernando Henrique Cardoso (1994-2002) foi observada a contenção da inflação e a estabilização da moeda, promovidas pelo Plano Real. O interessante é notar que esse período também foi acompanhado pela diminuição da participação do Estado na Economia, merecendo destaque o término de monopólios, bem como a continuidade das privatizações, com destaque para as estatais que controlavam as atividades de telecomunicações e geração e distribuição de energia.

Somado a tais acontecimentos, é de extrema relevância ressaltar que houve crescimento exponencial dos fundos de pensão brasileiros. Embora o tema seja tratado em seção específica, cumpre destacar que as carteiras aumentaram mais de 300% entre 1991 e 2000, chegando ao patamar de 80 bilhões de dólares[129]. Esse importante crescimento contribuiu para que os fundos de pensão, que precisavam também de alternativas rentáveis e estáveis para investir os valores que lhes eram confiados, se tornassem importantes atores relacionados aos investimentos de longo prazo no Brasil, juntamente com o BNDES. Uma vez que os maiores fundos de pensão estão notadamente vinculados a empresas estatais, tanto sob a forma de sociedades de economia mista, como de empresas públicas, e o BNDES é um banco público, pode-se afirmar que as transações no mercado de valores mobiliários têm forte relação com o setor público, tanto do ponto de vista da origem dos potenciais recursos a serem investidos, como da formação e manutenção do aparelho regulatório relacionado a tais investimentos.

---

alterou procedimentos relativos ao PND e continua em vigor atualmente). O artigo 1º da Lei 8.031 é elucidativo ao elencar os objetivos do PND: *"Art. 1º É instituído o Programa Nacional de Desestatização, com os seguintes objetivos fundamentais: I – reordenar a posição estratégica do Estado na economia, transferindo à iniciativa privada atividades indevidamente exploradas pelo setor público; II – contribuir para a redução da dívida pública, concorrendo para o saneamento das finanças do setor público; III – permitir a retomada de investimentos nas empresas e atividades que vierem a ser transferidas à iniciativa privada; IV – contribuir para modernização do parque industrial do País, ampliando sua competitividade e reforçando a capacidade empresarial nos diversos setores da economia; V – permitir que a administração pública concentre seus esforços nas atividades em que a presença do Estado seja fundamental para a consecução das prioridades nacionais; VI – contribuir para o fortalecimento do mercado de capitais, através do acréscimo da oferta de valores mobiliários e da democratização da propriedade do capital das empresas que integrarem o Programa."* Esse plano, como visto no Capítulo 2.3.1., foi o responsável pela previsão de algumas das empresas que apresentam *golden shares* na atualidade.

[129] STUDART, Rogério. Financiamento e Desenvolvimento. *In* GAMBIAGI, Fabio *et al.* (Org.). Economia brasileira contemporânea (1945-2004). Rio de Janeiro: Elsevier, 2005. p. 335-354.

De todo modo, não obstante as aparentes condições favoráveis, reputa-se à *soft infrastructure* promovida pelo Estado o não florescimento do mercado de capitais no período[130], em razão da inexistência de proteção legal adequada aos investidores. Pegue-se a título exemplificativo a reforma da Lei das S.A. de 1997[131]. Por meio da revogação do artigo 254 da Lei nº 6.404/1976[132], houve a supressão do direito dos acionistas não controladores de, na hipótese da alienação de controle na companhia, vender a sua participação acionária juntamente com as do acionista controlador[133].

---

[130] O cenário econômico favorável, marcado pela estabilidade da moeda, a abertura comercial e financeira e privatizações, não resultou na criação, de fato, de um mercado de capitais brasileiro nos anos 1990. O que se verificou foi a redução das companhias listadas (de 579, em 1990 para 412, em 2000), bem como um pequeno número de *initial public offers* (IPOs) – apenas 8 na década de 1990 –, sendo importante destacar que uma única companhia, a Telebrás, correspondia, em 1997, a mais da metade do volume de transações realizadas na Bolsa de Valores de São Paulo (Cf. MB ASSOCIADOS – Barros, José Mendonça de; Scheikman, José A.; Cantidiano, Luiz Leonardo. Desafios e oportunidades para o mercado de capitais brasileiro. BOVESPA, 2000. Disponível em: <http://www.bmfbovespa.com.br/pt-br/a-bmfbovespa/download/mercado_capitais_desafios.pdf>

[131] A Lei 6.404 e a Lei 6.385 foram alteradas, em 1997, pela Lei 9.547, promulgada em 5 de maio de 1997. Para a transcrição integral que elenca todas as alterações legislativas realizadas: <http://www.cvm.gov.br/port/atos/leis/leis1.asp>.

[132] O artigo 6º da Lei 9.547 assim dispõe: *"Art. 6º – Revogam-se a Lei nº 7.958, de 20 de dezembro de 1989, o artigo 254 e os §§ 1º e 2º do artigo 255 da Lei nº 6.404, de 15 de dezembro de 1976, e as demais disposições em contrário."* A antiga redação do art. 254 era a seguinte: *"Art. 254. A alienação do controle da companhia aberta dependerá de prévia autorização da Comissão de Valores Imobiliários. § 1º A Comissão de Valores Mobiliários deve zelar para que seja assegurado tratamento igualitário aos acionistas minoritários, mediante simultânea oferta pública para aquisição de ações. § 2º Se o número de ações ofertadas, incluindo as dos controladores ou majoritários, ultrapassar o máximo previsto na oferta, será obrigatório o rateio, na forma prevista no instrumento da oferta pública. § 3º Compete ao Conselho Monetário Nacional estabelecer normas a serem observadas na oferta pública relativa à alienação do controle de companhia aberta."*

[133] Deve-se atentar que à época inexistia a disposição do 254-A da Lei 6.404/1976, introduzida pela Lei nº 10.303/2001, que hoje vigora com a seguinte redação: *"Art. 254-A. A alienação, direta ou indireta, do controle de companhia aberta somente poderá ser contratada sob a condição, suspensiva ou resolutiva, de que o adquirente se obrigue a fazer oferta pública de aquisição das ações com direito a voto de propriedade dos demais acionistas da companhia, de modo a lhes assegurar o preço no mínimo igual a 80% (oitenta por cento) do valor pago por ação com direito a voto, integrante do bloco de controle. § 1º Entende-se como alienação de controle a transferência, de forma direta ou indireta, de ações integrantes do bloco de controle, de ações vinculadas a acordos de acionistas e de valores mobiliários conversíveis em ações com direito a voto, cessão de direitos de subscrição de ações e de outros títulos ou direitos relativos a valores mobiliários conversíveis em ações que venham a resultar na alienação de controle acionário da sociedade. § 2º A Comissão de Valores Mobiliários autorizará a alienação de controle de que trata o caput, desde que*

O interessante é notar que essa reforma foi de encontro aos interesses do próprio Estado[134]. Ora, diversas as privatizações que ocorriam na época e a manutenção da obrigação de realizar a OPA no caso de alienação de controle, impossibilitaria algumas transações. O objetivo do Estado não era, definitivamente, alienar e dispensar todas as ações por ele detidas. Na realidade, procurou-se a venda em bloco, com o intuito de maximizar os lucros com a alienação. Interessava assim ao Estado, então controlador das companhias privatizadas, eliminar a imposição legal de *tag along* conferida aos minoritários[135]. Era necessária, assim, uma reforma na *soft infrastructure* legal que promovesse circunstâncias favoráveis ao desenvolvimento do mercado primário de ações no Brasil. Um dos objetivos seria a concessão de direitos aos investidores, o que ia de encontro ao volume crescente de participação no mercado de capitais por parte dos braços de participação do Estado[136].

verificado que as condições da oferta pública atendem aos requisitos legais. § 3º Compete à Comissão de Valores Mobiliários estabelecer normas a serem observadas na oferta pública de que trata o caput. § 4º O adquirente do controle acionário de companhia aberta poderá oferecer aos acionistas minoritários a opção de permanecer na companhia, mediante o pagamento de um prêmio equivalente à diferença entre o valor de mercado das ações e o valor pago por ação integrante do bloco de controle."

[134] A participação do Estado, após o período de privatizações, deveria, ao menos em tese, diminuir. Isso não foi observado e o que ocorreu foi exatamente o efeito inverso. Nesse sentido: *"A maior abertura econômica, o advento das privatizações e, após 2004, o lançamento de novas empresas em bolsa mudaram a estrutura societária das firmas e trouxeram novos investidores ao país, vários deles estrangeiros. Ao redor do mundo, tais eventos de reestruturação buscaram não apenas reduzir a participação direta do governo em setores produtivos, mas também arejar os mercados por meio da entrada de novas firmas e de um maior acesso a recursos financeiros e tecnológicos internacionais (...). Com a maior abertura da economia e maior fluxo de novos investidores tomando posições nas ex-estatais, as estruturas corporativas prevalecentes poderiam, em tese, mudar de forma substancial. / Observemos então como se comportou o índice de mundo pequeno nas redes de proprietários do Brasil entre 1996 e 2009 [índice de número pequeno é o utilizado para determinar o grau de aproximação entre braços do governo e empresas atuantes no mercado]. De forma oposta à previsão (...), a estrutura de mundo pequeno reforçou-se após todos os eventos de reestruturação que ocorreram no período"* (LAZZARINI, Sérgio G. Capitalismo de laços... p. 25-26).

[135] MUNHOZ, Eduardo Secchi. op cit. p. 62-64.

[136] Esse fenômeno, caracterizado pela crescente participação do Estado e de seus braços de participação no capital social de companhias já havia sido observado por Ascarelli: *"(...) é interessante observar que os* **únicos ou principais acionistas de muitas sociedades se vão tornando cada vez mais o Estado, os municípios, as províncias***. Quem observar a evolução econômica e jurídica no século XX não tardará em notar, de um lado, a interferência mais vasta do direito público no direito privado, de maneira que a discricionariedade das partes tem um campo de aplicação mais restrito; de outro lado, a aplicação, no âmbito público, de institutos elaborados no direito privado. Desde segundo*

A consequência praticamente natural, diante do cenário econômico favorável, foi a promoção de direito aos não controladores, o que se deu, no âmbito da legislação ordinária pela introdução da Lei n° 10.303/2001[137]. Por mais que não tenha impactado muito no que diz respeito às reformas previstas[138], uma das modificações mais importantes no sentido de conferir maior proteção e garantias aos investidores não controladores foi, sem dúvida, a adição do art. 254-A, que reintroduziu a obrigação de realizar oferta pública quando da aquisição de controle[139].

Paralelamente às alterações na legislação ordinária, é importante notar que as propostas de maior impacto certamente foram promovidas pela autorregulação. Nesse sentido, merece destaque a criação, em 2000, dos segmentos diferenciados de listagem da BM&F BOVESPA (Nível 1, Nível 2 e Novo Mercado), cujas regras de proteção dos investidores não controladores demonstraram o pequeno impacto da Lei n° 10.303/2001 nesse quesito, principalmente quando se considera que as primeiras foram editadas um ano antes[140].

---

aspecto oferece um exemplo típico o Estado acionista. Ao assumir diretamente a administração de determinados serviços públicos, ou participar neles juntamente com outrem, o Estado recorre freqüentemente ao instrumento da sociedade anônima, sujeitando-se assim à lei desta. À visão da própria distinção entre a personalidade da sociedade e aquela dos sócios, fica, a sociedade anônima, sempre uma pessoa jurídica de direito privado, apesar de participarem nela entidades de direito público. Visa, esta participação, a conciliar as exigências da participação da entidade de direito público em determinadas empresas com a agilidade dos instrumentos de técnica jurídica elaborados pelo direito privado." (grifos nossos) (Cf. ASCARELLI, Tullio. O Negócio Indireto. *In*: Problemas das Sociedades Anônimas e Direito Comparado. 1a edição. Campinas: Bookseller, 2001. p. 226)

[137] A Lei 10.303 alterou e acrescentou dispositivos na Lei 6.404 e na Lei 6.385. Para a redação integral da Lei 10.303, v. <http://www.planalto.gov.br/ccivil_03/Leis/LEIS_2001/L10303.htm>.

[138] Nesse sentido: SALOMÃO FILHO, Calixto. Direito Societário e novo mercado. *In* SALOMÃO FILHO, Calixto. O novo direito societário. 3ª ed. São Paulo: Malheiros, 2006. pp. 51-57; e MUNHOZ, Eduardo Secchi. *op cit.* p. 65.

[139] A análise sobre a possibilidade de aplicação do art. 254-A no caso de transferência das prerrogativas encerradas pelo *controle empresarial* será objeto de atenção no Capítulo 3.

[140] Apenas a título exemplificativo, o Regulamento do Novo Mercado, em sua seção VIII, aborda o tema da alienação de controle e define que o preço a ser pago pelas ações remanescentes será equivalente a 100% do pago pelas ações componentes do bloco de controle, determinação mais protetiva que os "pelo menos 80%" do artigo 254-A da Lei das S.A. Para acessar o Regulamento do Novo Mercado: <http://www.bmfbovespa.com.br/pt-br/mercados/download/RegulamentoNMercado.pdf>.

O que se observa, então, foi a alteração do perfil do Estado brasileiro enquanto investidor no mercado de capitais: de *acionista controlador* societário majoritário para acionista minoritário, em tese não controlador. Note-se que não se descarta, como será analisado no decorrer deste Subcapítulo, a possibilidade de o braço de participação do Estado, apesar de não ser titular do *controle societário*, ser protagonista em especial quando da verificação da possibilidade de *influenciação sobre o controle empresarial*.

Nesse contexto, os principais braços de participação do Estado passaram a ser justamente o Banco Nacional de Desenvolvimento Econômico e Social – BNDES, por meio do BNDES Participações S.A. – BNDESPAR[141], e as entidades fechadas de previdência complementar de empresas estatais – isso sem contar os próprios entes federativos (União, Estados e Municípios) por meio de suas Secretarias da Fazenda. Passa-se, então, a apresentar brevemente esses dois protagonistas, para, em seguida, apresentar o método utilizado e os resultados da pesquisa empírica desenvolvida.

2.3.2.1.2.2. Considerações sobre o investimento pelo BNDES por meio de detenção de participação direta em sociedades. O BNDES-acionista

Como pode ser percebido pela análise histórica da formação e desenvolvimento do mercado de capitais brasileiro, do ponto de vista econômico, houve uma intensificação das movimentações realizadas pelo BNDES e sua forte relação com o processo de privatizações[142]. Essa atuação do BNDES se deu e se dá, principalmente, por meio dos investimentos realizados pelo

---

[141] De acordo com o artigo 1º do Estatuto do BNDESPAR: *"Art. 1º A BNDES PARTICIPAÇÕES S.A. – BNDESPAR é uma sociedade por ações, constituída como subsidiária integral da empresa pública BANCO NACIONAL DO DESENVOLVIMENTO ECONÔMICO E SOCIAL – BNDES [...]"*. Disponível em: <http://www.bndes.gov.br/SiteBNDES/bndes/bndes_pt/Institucional/O_BNDES/Legislacao/estatuto_bndespar.html>.

[142] Nesse sentido, destaca-se o seguinte excerto de trabalho desenvolvido por Musacchio e Lazzarini: *"The **process of privatization** was accompanied in Brazil by the rise of a new form of indirect state ownership of corporations **via equity purchases by the Brazilian National Development Bank BNDES, through its investment subsidiary, BNDESPAR** (...). BNDESPAR subsequently acquired minority equity positions in a variety of public and private firms such that, by 2004, the market value of BNDES' equity participation totaled US$ 13.5 billion, or 4% of the Brazilian stock market capitalization. **By 2009, BNDESPAR's holdings**, albeit still accounting 4% of stock market capitalization, **were valued at US$ 53.4 billion** (...)."* (grifos nossos) (MUSACCHIO, Aldo. LAZZARINI, Sergio G. Leviathan as a Minority Shareholder: A Study of Equity Purchases by the Brazilian National Development Bank (BNDES), 1995-2003. Working paper. 11-073. 2011. p. 2-3). No mesmo sentido, v. LAZZARINI, Sérgio G. Capitalismo de laços... p. 49.

BNDES Participações S.A. – BNDESPAR[143-144], uma sociedade por ações, constituída como subsidiária integral da empresa pública BNDES[145], constituída em 1982.

Analisando especificamente essa atuação direta do BNDES, via BNDESPAR, por meio da subscrição de ações representativas do capital social de sociedades empresárias, ressalta-se que essa modalidade de investimento do BNDES insere-se dentro da política de atuação em renda variável do banco de desenvolvimento[146]. De acordo com essa política de investimen-

---

[143] Importante destacar que há casos em que o BNDES detém quotas ou ações representativas do capital social de sociedades empresária diretamente, sem a presença do BNDESPAR na estrutura de investimento. Evidências apontam que o BNDES iniciou seus investimentos em *equity* na década de 1970, ao passo que o BNDESPAR só foi criado em 1982, passando a assumir preponderantemente essa função (Cf. MUSACCHIO, Aldo; LAZZARINI, Sergio G; BANDEIRA-DE-MELLO. Rodrigo. What do Development Banks Do? Evidence from Brazil, 2002-2009. April, 2012, Disponível em: <http://ssrn.com/abstract=1969843>, p. 8).

[144] O BNDESPAR foi fundado em 1982 e teve sua origem em uma reorganização societária que ocorreu no BNDES, por meio da qual três de suas subsidiárias foram agrupadas em uma única companhia, o BNDESPAR, que desde então é o responsável pelas operações que envolvam a detenção de participação societária. Essas subsidiárias eram: (i) a EMBRATEC, responsável por operações no setor de bens de capital, (ii) a FIBASE, responsável por operações no setor de insumos básicos, e (iii) a IBRASA, responsável por operações relacionadas a empresas nacionais em geral. Não obstante as operações dessas subsidiárias devessem ser minoritárias e temporárias, em algumas das experiências de investimento dessas subsidiárias, que totalizaram 95 sociedades investidas, essa participação acabou por ser majoritária e perene, alongando-se no tempo. Exatamente por esta razão, que o BNDES foi um dos motores, no início da década de 1990, do processo de desestatização, tendo se tornado gestor do programa nacional de desestatização (Cf. SCHAPIRO, Mario Gomes. *Op. cit.* pp. 98-99).

[145] Conforme extraído do Estatuto Social do BNDESPAR, conforme alterado, que se encontra disponível em: <http://www.bndes.gov.br>. Dentre as informações constantes do Estatuto Social, destaca-se o art. 4º, que aborda o objeto social do braço de participação do BNDES, que tem por escopo a realização de operações visando à capitalização de empreendimentos controlados por grupos privados, observados os planos e políticas do BNDES; o apoio a empresas que reúnam condições de eficiência econômica, tecnológica e de gestão e, ainda, que apresentem perspectivas adequadas de retorno para o investimento, em condições e prazos compatíveis com o risco e a natureza de sua atividade; o apoio ao desenvolvimento de novos empreendimentos, em cujas atividades se incorporem novas tecnologias; a contribuição para o fortalecimento do mercado de capitais, por intermédio do acréscimo de oferta de valores mobiliários e da democratização da propriedade do capital de empresas; bem como a administração de carteira de valores mobiliários, próprios e de terceiros.

[146] Internamente, o BNDES é nitidamente segmentado entre a atuação em renda fixa e a atuação em renda variável. A chamada "Política de Atuação em Renda Variável" visa estabelecer diretrizes de atuação nas operações de renda variável realizadas pelo BNDESPAR,

tos, a subscrição de ações (ou outros valores mobiliários), pelo BNDES-PAR, realiza-se em emissão pública ou privada, sendo que as participações detidas pelo BNDESPAR deverão ter *"caráter minoritário, transitório e com atuação não executiva"*[147-148].

2.3.2.1.3. As Entidades Fechadas de Previdência Complementar (EFPC) e a relevância dos "fundos de pensão" de empresas estatais

As entidades fechadas de previdência complementar, normalmente referidas como "fundos de pensão", apresentam, no Brasil, uma função dúplice: de um lado, de natureza assistencial, e, de outro, de caráter mercadoló-

---

as quais, conforme destacado no próprio sítio eletrônico institucional do banco, *"deverão ter como objetivo o fortalecimento da estrutura de capital de empresas brasileiras, a promoção das melhores práticas de gestão, governança e sustentabilidade, o desenvolvimento do mercado de capitais brasileiro e a criação de valor para a carteira de valores mobiliários da BNDESPAR, reforçando a capacidade do BNDES de cumprir seu papel institucional."* (cf. informações disponíveis em <http://www.bndes.gov.br/SiteBNDES/bndes/bndes_pt/Institucionalhtml>). A atuação do BNDES em renda variável é realizada, por sua vez, por meio das seguintes modalidades de investimento: (a) participação em fundos de investimento, (b) aquisição de ações em pregão na Bolsa de Valores, (c) aquisição de certificados de investimento, e (d) subscrição de valores mobiliários. Como pode ser percebido todas essas modalidades integram a forma direta de atuação do Estado nas relações econômicas. Sobre o tema, v. MARINHO, Sarah Morganna Matos. *Op cit.*
[147] Conforme informações disponibilizadas em: <http://www.bndes.gov.br/SiteBNDES/bndes/bndes_pt/ Institucional/Apoio_Financeiro/Renda_Variavel/BNDES_subscricao_valores_mobiliarios/index.html>. Interessante ainda destacar que a participação do BNDESPAR deve ser limitada a 15% (quinze por cento) da oferta base, nas emissões públicas, salvo se forem realizadas no segmento Bovespa Mais de Governança Corporativa da BM&FBovespa.
[148] Cabe, neste momento, introduzir uma análise crítica do tipo de participação que o BNDESPAR deve deter, o que será detalhado no decorrer deste capítulo em seção específica: de *"caráter minoritário, transitório e com atuação não executiva"*. Iniciando pela *transitoriedade*, de acordo com a política de investimentos adotada, o BNDESPAR deve ter liquidez nos investimentos realizados, o que justifica a constante presença de disposições acerca da transferência de ações dos demais acionistas nos acordos de acionistas das companhias investidas pelo BNDESPAR, sobretudo cláusulas de *tag along*. O *caráter minoritário* e com *atuação não executiva* estão, por sua vez, diretamente relacionados ao *controle societário* e ao *controle empresarial*, respectivamente. Ou seja, o BNDESPAR não deve deter tantas ações quantas as necessárias para que seja considerado *controlador societário majoritário*, nem deve ter uma "atuação executiva", o que significa a participação na gestão do estabelecimento, em outras palavras, do poder de destinação (em sentido amplo) sobre bens e direitos integrantes do estabelecimento empresarial. Como será visto no decorrer deste Capítulo, isso nem sempre ocorre.

gico, uma vez que figuram entre os principais *players* econômicos na atual conjuntura brasileira. São, assim, um dos principais motores do mercado de valores mobiliários brasileiro.

Uma breve análise dos índices envolvidos é suficiente para atestar essa relevância. Os 269 fundos de pensão brasileiros são responsáveis, em conjunto, por investimentos em valor superior a 670 bilhões de reais[149]. Somado a isso, é extremamente importante salientar que a maioria desses recursos provém da poupança do trabalhador, participante da entidade e beneficiário dos seus investimentos, o que corrobora a função de natureza assistencial mencionada.

Para fins de referência, analisam-se as 10 (dez) maiores entidades fechadas de previdência complementar, tomando como base o critério do valor relacionado a investimentos. Os dados estão arrolados na Tabela 2, a seguir[150]:

Tabela 2 – Maiores fundos de pensão brasileiros (Fonte: ABRAPP)

Fundos de Pensão	Investimento (R$ mil)
PREVI	166.593.635
PETROS	68.172.573
FUNCEF	56.145.686
FUNDAÇÃO CESP	22.687.904
FUNDAÇÃO ITAÚ UNIBANCO	19.711.797
VALIA	17.904.327
SISTEL	14.594.611
FORLUZ	12.545.006
REAL GRANDEZA	11.997.429
BANESPREV	11.841.023
	Total 402.193.991

---

[149] De acordo com informações ABRAPP – Associação Brasileira das Entidades Fechadas de Previdência Complementar – dezembro/2014, conforme disponível em <http://www.abrapp.org.br/Consolidados/Consolidado%20Estat%C3%ADstico_12_2014.pdf>.

[150] Idem ao anterior.

Essa enorme quantidade de capital envolvida justifica a intensa regulação sobre a atuação dos fundos de pensão nos mercados, o que não impede que tenham outras regulações específicas trazidas pelo regulamento de cada uma das entidades fechadas de previdência complementar. A principal das regulamentações é a trazida pela Resolução CMN nº 3.792 de 24 de setembro de 2009[151], que contém vedações a alguns tipos de investimento, bem como alguns limites (relacionados aos segmentos de aplicação, à alocação por emissor, à concentração por emissor, às operações com derivativos e às características de fundos de investimentos a serem investidos). Vale destacar que não há qualquer previsão sobre o grau de ingerência que a EFPC pode ou não apresentar na empresa investida, nem em relação ao *controle societário*, muito menos em relação ao *controle empresarial*.

Dentre os limites colocados, para fins do presente trabalho, são destacados o de aplicação no segmento de renda variável, que engloba os seguintes tipos de investimentos: ações de emissão de companhias abertas e os correspondentes bônus de subscrição, recibos de subscrição e certificados de depósito, e os títulos e valores mobiliários de emissão de sociedades de propósito específico (SPE). Exemplos de limitações deste segmento seriam:

(*i*) até 70% em ações de emissão de companhias abertas admitidas à negociação no segmento Novo Mercado da BM&FBovespa;
(*ii*) até 50% em ações de emissão de companhias abertas admitidas à negociação no segmento Bovespa Mais da BM&FBovespa;
(*iii*) até 45% em ações de emissão de companhias abertas admitidas à negociação no segmento Nível 1 da BM&FBovespa; e
(*iv*) até 35% para outras companhias abertas.

O que se percebe, assim, é um incentivo aos fundos de pensão em investir em empresas listadas no Novo Mercado. Tal determinação possibilita duas formas de interpretação. Em uma primeira, haveria favorecimento aos investimentos realizados nesse segmento, uma vez que apresenta, notavelmente, regras mais protetivas aos direitos dos minoritários e níveis mais elevados de governança corporativa que tendem a um maior resguardo dos investidores, incluindo os institucionais brasileiros, blindando as deci-

---

[151] A Resolução CMN nº. 3.792 revogou a Resolução CMN nº. 3.456, de 1º de junho de 2007, a Resolução CMN nº. 3.558, de 27 de março de 2008, e a Resolução CMN nº. 3.652, de 17 de dezembro de 2008.

sões dos diretores de investimento dos fundos de pensão sobre em quais empresas confiar os seus recursos. Em uma segunda abordagem, como será melhor evidenciado com a análise empírica desenvolvida adiante, em diversos casos, esse segmento especial de negociação da BM&F Bovespa apresenta diversas empresas controladas pelo Estado ou fortemente por ele influenciadas, inclusive no que diz respeito à hipótese de *influenciação sobre o controle empresarial*. Há, assim, nessa segunda vertente, um alinhamento de interesses entre fundos de pensão e as empresas "escolhidas" pelo Estado, por meio da regulação (*soft infrastructure*), conjugado a um fato que não se pode negligenciar: do ponto de vista da administração dos fundos de pensão, há (in)questionável influência política[152].

Por fim, cabe destacar que os fundos de pensão têm sido também protagonistas de um enorme ativismo que tem importantes impactos no mercado brasileiro. Em primeiro lugar, é comum a exigência de membros eleitos por fundos de pensão nos Comitês de Investimento normalmente gerenciados por empresas de *private equity*, o que acarreta em sérios conflitos, já que estas empresas não se sentem confortáveis com membros do governo nos comitês que decidem onde investir, ao passo que os diretores de investimentos dos fundos de pensão têm receio de serem responsabilizados pelas escolhas de investimentos realizadas. Em segundo lugar, tem sido cada vez mais comum o movimento dos fundos de pensão na direção de não só proteger seus investimentos, mas também adentrar em iniciati-

---

[152] Sérgio Lazzarini traça relevante panorama nesse sentido: "*A diretoria desses fundos* [de pensão] *é, em geral, composta por representantes eleitos dos funcionários (contribuintes) e executivos indicados pelas empresas patrocinadoras (estatais). Como o alto escalão das estatais normalmente envolve "pessoas de confiança" (leia-se: integrantes da coalizão política reinante), o canal de influência do governo sobre os fundos é facilmente estabelecido. Esse entrelaçamento é ainda maior quando a coalizão política do governo tem penetração junto a sindicatos e associações de trabalhadores*" (LAZZARINI, Sérgio G. Capitalismo de laços... p. 35). A título exemplificativo pode-se citar Sérgio Rosa, ex-presidente da Confederação Nacional dos Bancários e diretor eleito da Previ, indicado por figuras inquestionavelmente componentes do Partido dos Trabalhadores, como Luiz Gushiken e Ricardo Berzoini, para assumir a transição do Governo Lula e, em um segundo momento, a presidência do fundo. Certamente o fato não foge da atenção da oposição e da mídia: <http://www1.folha.uol.com.br/poder/779525-previ-e-fabrica-de-dossie-do-pt-diz-ex-diretor.shtml>. No início de 2013, Sérgio Rosa foi cotado para assumir a Presidência do Conselho de Administração por outro fundo de pensão, a Petros: <http://veja.abril.com.br/blog/radar-on-line/tag/sergio-rosa/>.

vas de fusão e aquisição de empresas[153]. De todo modo, mesmo diante de evidências de formas alternativas de atuação dos fundos de pensão, não seria prudente afastar a possibilidade de eles continuarem a atuar como instrumentos políticos do governo.

2.3.2.2. Análise empírica: as empresas inseridas nos segmentos especiais de negociação da BM&F Bovespa investidas por braços de participação do Estado, a identificação do controlador e a hipótese de *influenciação sobre o controle empresarial*
2.3.2.2.1. Considerações iniciais e método
Nas seções anteriores deste Capítulo 2, teve-se como objetivo apresentar a importância do Estado brasileiro nas relações econômicas, por meio de atuação da forma *direta*, para o desenvolvimento do mercado de capitais brasileiro, bem como dois dos principais protagonistas dessa atuação estatal, a saber o BNDES, por meio de seu mais importante braço de participações, o BNDES Participações S.A. – BNDESPAR, e as entidades fechadas de previdência complementar (EFPC), em especial de empresas estatais, também conhecidas como fundos de pensão de empresas estatais. O intuito não foi, obviamente, esgotar o tema, mas tão somente contextualizar o cenário em que as experiências que servem como base para o estudo de caso realizado se inserem.

Feitas essas considerações, passa-se a analisar a possibilidade de transferência e/ou atribuição de prerrogativas relacionadas ao *controle societário* e ao *controle empresarial* para os braços de participação do Estado, quando dos investimentos feitos sob a ótica da atuação *direta* na modalidade *equity* pelo Estado. Diante das informações colhidas com esse estudo empírico, será possível determinar se há transferência do *controle societário* para o braço de participação do Estado e/ou a configuração da hipótese de *influenciação sobre o controle empresarial*.

Essa análise, tal como ressaltado anteriormente, por abordar hipótese semelhante àquela observada nos investimentos instrumentalizados por meio de *golden shares*, deve ser feita casuisticamente, tomando por base cada

---

[153] Nesse sentido, destaca-se o seguinte excerto: "(...) *diversos fundos de pensão (Previ, Petros, Funcef) e o BNDES ficaram com quase a metade das ações da chamada "supertele". Mais tarde, em 2009, Sadia e Perdigão se juntaram em uma nova empresa, a Brasil Food, com participação ativa da Previ, que já era acionista das duas empresas.*" (Cf. LAZZARINI, Sérgio G. Capitalismo de laços... p. 37).

caso concreto, para, então, procurar extrair considerações gerais aplicáveis à hipótese de estudo, tal como propugnado pelo método indutivo. Para tanto, procedeu-se com a análise empírica de companhias listadas nos segmentos especiais de negociação da BM&FBovespa (Novo Mercado, Nível 1 de Governança Corporativa e Nível 2 de Governança Corporativa), levando em consideração as premissas e o método descritos a seguir:

(i) Os dados utilizados para a realização da análise empírica proposta estão atualizados de acordo com a data-base março/2015. Nesse momento, a distribuição das 191 (cento e noventa e uma) companhias listadas em cada um dos segmentos especiais da BM&FBovespa (Novo Mercado, Nível 1 de Governança Corporativa e Nível 2 de Governança Corporativa, bem como Bovespa Mais e Bovespa Mais – Nível 2)[154] era a disposta na Figura 2, abaixo:

Figura 2 – Quantidade (em números absolutos e percentuais) de companhias listadas nos segmentos especiais da BM&FBovespa – março/2015. Na data-base não havia qualquer companhia listada no segmento especial no segmento especial Bovespa Mais – Nível 2

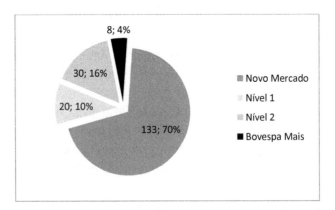

[154] Para fins estatísticos, as 191 (cento e noventa e uma) companhias analisadas devem ser consideradas a *população*, ao passo que as companhias que apresentavam a presença de braços de participação do Estado com participação relevante compõem a *amostra* da pesquisa realizada. Nesse sentido, *"população é o conjunto de todos os elementos ou resultados sob investigação. Amostra é qualquer subconjunto da população."* (Cf. MORETTIN, Pedro A. Bussad, Wilton de O. Estatística Básica. 5ª ed. São Paulo: Saraiva, 2002. p. 256). Ressalta-se que os dados da pesquisa empírica, que possuem como data-base março de 2015, são anteriores à fusão da BM&FBovespa e da CETIP, anunciada em março de 2017, originando a B3.

(ii) Adotou-se o recorte metodológico que considerou apenas as companhias listadas nos segmentos especiais da BM&FBovespa em razão das políticas mais avançadas de divulgação de informações ao mercado em relação às quais tais companhias estão submetidas[155], o que possibilita uma análise mais acurada dos parâmetros selecionados para o estudo empírico.

(iii) Não obstante todas as companhias listadas no segmento especial Bovespa Mais, na data-base, apresentassem participação significativa do BNDESPAR, tais companhias não integram a amostra analisada. Essa opção metodológica se deu em razão do padrão de investimento diametralmente diverso[156], pelo BNDESPAR, nessas companhias, quando comparado com o padrão observado nas companhias investidas listadas nos demais segmentos especiais de negociação.

(iv) A amostra considerou as companhias listadas nos segmentos especiais da BM&FBovespa (Novo Mercado, Nível 1 e Nível 2) que apresentassem algum "braço de participação do Estado" detentor de "participação relevante" na composição do capital social da companhia.

(v) Foram considerados "braços de participação do Estado", para os fins deste trabalho, (a) os entes da federação (União, Estados e Municípios), mormente por meio de suas respectivas Secretarias da Fazenda, (b) o BNDES Participações S.A. – BNDESPAR, (c) as entidades fechadas de previdência complementar (EFPC) de empresas estatais, os fundos de pensão, e (d) em alguns casos específicos, empresas estatais organizadas sob a forma de empresas públicas.

---

[155] Sobre o tema do regime de informações e sua divulgação em companhias abertas e para uma análise crítica, v. PITTA, A. G. O Regime de Informações das Companhias Abertas. São Paulo: Quartier Latin, 2013.

[156] Apenas a título exemplificativo, nas companhias listadas no segmento especial da Bovespa Mais, a participação do BNDESPAR tende a ser maior do que o limite normalmente estabelecido para investimentos desse braço de participação do BNDES. Não à toa, a própria Política de Investimentos em Renda Variável do BNDES excetua do limite de participação de até 15% das ações (representativas do capital social de companhias) ofertadas quando o investimento for em companhias listadas no Bovespa Mais. Além disso, embora se observe uma clara tendência à adoção do modelo de *controle compartilhado*, a quantidade reduzida de empresas nesse segmento não foi considerada como sendo relevante para os fins deste trabalho.

(vi) Foi considerada "participação relevante", para os fins deste trabalho, aquela detida (pelo braço de participação do Estado) (a) que correspondesse a mais de 5% (cinco por cento) das ações, ordinárias ou preferenciais, da companhia analisada, (b) que integrasse bloco de controle, tal como divulgado pelo sistema de acesso à informação da BM&FBovespa, ou (c) que assim fosse considerada e divulgada pela BM&FBovespa, com base nos documentos analisados.

(vii) A análise realizada foi pautada exclusivamente em informações públicas, disponibilizadas no sistema de acesso à informação da BM&FBovespa e/ou nos sítios eletrônicos institucionais das companhias analisadas.

(viii) Foram utilizados como parâmetros para a análise realizada os selecionados e descritos no "Modelo de ficha técnica para pesquisa empírica", reproduzido a seguir como Tabela 3, sendo que os dados coletados na íntegra, considerando todas as companhias analisadas, podem ser consultados no **Anexo**:

Tabela 3 – Modelo de ficha técnica para pesquisa empírica: descrição dos parâmetros adotados

Nome empresarial e nome fantasia	[inserir nome empresarial e nome fantasia, se aplicável]
Nome do pregão	[inserir nome do pregão, conforme negociado na BM&FBovespa]
Código de Negociação	[inserir código de negociação dos valores mobiliários negociados segmento especial analisado]
CNPJ	[inserir número do CNPJ da sociedade]
Sítio eletrônico institucional	[inserir sítio eletrônico da sociedade em que os dados coletados foram acessados]
Setor e subsetor (segmento)	[inserir setor e subsetor da sociedade com base na classificação da BM&F Bovespa]
Segmento de listagem	[inserir segmento especial de listagem da companhia]
Documentos e informações analisados	[listar documentos públicos analisados]
Composição do capital social	[inserir valor do capital social]

Atividades (principais) da companhia	[inserir atividades principais desenvolvidas pela companhia analisada]
Posição acionária	[listar a denominação e o percentual detido pelos principais acionistas da companhia analisada com base nas informações divulgadas; mencionar a existência ou não de acionista controlador ou bloco de controle; identificar os integrantes do bloco de controle]
Estado acionista	[mencionar se o Estado, ou seus braços de participação societária, incluindo-se entidades fechadas de previdência complementar detém participação acionária na sociedade, direta ou indiretamente]
Declaração de existência e espécie de controle acionário	[mencionar se a companhia declara a existência de acionista controlador nas informações divulgadas]
Possibilidade de atribuição do *controle societário* para e/ou de posição jurídica que possibilite a *influenciação sobre controle empresarial* pelo Estado/seus braços de participação	[em caso de resposta positiva para o item anterior, identificar se o Estado é detentor do controle societário ou se promove influenciação sobre o controle empresarial, ou é titular de posições jurídicas subjetivas elementares que são inerentes a tais situações jurídicas. Mencionar quais posições jurídicas elementares seriam essas, se for o caso].
Modo de atribuição do *controle societário* e/ou da posição jurídica que possibilite a *influenciação sobre controle empresarial*	[em caso de resposta positiva para o item anterior, identificar o modo como se dá a transferência para o Estado do controle societário e/ou a atribuição de posição jurídica que possibilite a influenciação sobre o controle empresarial, ou de posições elementares que lhes são inerentes, por exemplo, "acordo de acionistas". Se for por meio de acordo de acionistas, transcrever a cláusula principal que implica nessa transferência].
Investimentos com o Sistema BNDES	[se possível, identificar se houve aprovações para contratar financiamento ou mútuo com entes integrantes do Sistema BNDES]
Observações adicionais	[inserir observações adicionais relevantes, se aplicável]

2.3.2.2.2. Resultados

De acordo com a metodologia mencionada no item anterior, chegaram-se aos resultados descritos neste Subcapítulo 2.3.2.2.2. No decorrer deste Subcapítulo serão apresentados tais resultados juntamente com comentários acerca da identificação do detentor do controle com base na segmentação entre *controle societário* e *controle empresarial,* incluindo considerações sobre a hipótese de *influenciação sobre o controle empresarial,* conforme o caso. Confiram-se as considerações e os resultados a seguir:

(i) Das 183 (cento e oitenta e três) companhias listadas nos segmentos especiais da BM&FBovespa, Novo Mercado, Nível 1 de Governança Corporativa e Nível 2 de Governança Corporativa, 51 (cinquenta e uma) apresentaram ao menos um "braço de participação do Estado" detentor de "participação relevante" na composição de seu capital social. Estas companhias, que compuseram a amostra, representam 22% (vinte e dois por cento), 70% (setenta por cento) e 27% (vinte e sete por cento) das companhias listadas, respectivamente, nos segmentos de listagem Novo Mercado, Nível 1 de Governança Corporativa e Nível 2 de Governança Corporativa, conforme graficamente demonstrado a seguir, na Figura 3:

Figura 3 – Companhias com braços de participação do Estado – análise quantitativa

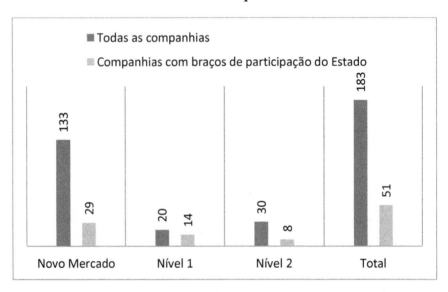

(ii) As companhias que apresentaram o requisito de algum braço de participação do Estado detentor de participação relevante no capital social da companhia são aquelas mencionadas na Tabela 4:

Tabela 4 – Companhias com braços de participação do Estado – identificação das companhias

Nº	Nome empresarial	Segmento
1	ALL AMÉRICA LATINA LOGÍSTICA S.A.	Novo Mercado
2	BRASIL PHARMA S.A.	Novo Mercado
3	BR PROPERTIES S.A.	Novo Mercado
4	BCO BRASIL S.A.	Novo Mercado
5	BRF S.A.	Novo Mercado
6	CIA SANEMENTO DE MINAS GERAIS – COPASA MG	Novo Mercado
7	CPFL ENERGIA S.A.	Novo Mercado
8	CPFL ENERGIAS RENOVÁVEIS S.A.	Novo Mercado
9	DIAGNÓSTICOS DA AMÉRICA S.A. – DASA	Novo Mercado
10	EMBRAER – EMPRESA BRASILEIRA DE AERONÁUTICA S.A.	Novo Mercado
11	ENEVA S.A.	Novo Mercado
12	FIBRIA CELULOSE S.A.	Novo Mercado
13	GAFISA S.A.	Novo Mercado
14	IGUATEMI EMPRESA DE SHOPPING CENTERS S.A.	Novo Mercado
15	INDÚSTRIAS ROMI S.A.	Novo Mercado
16	IOCHPE MAXION S.A.	Novo Mercado
17	JBS S.A.	Novo Mercado
18	LIGHT S.A.	Novo Mercado
19	LINX S.A.	Novo Mercado
20	LOG-IN LOGÍSTICA INTERMODAL S.A.	Novo Mercado
21	LUPATECH S.A.	Novo Mercado
22	MARFRIG GLOBAL FOODS S.A.	Novo Mercado
23	OURO FINO SAÚDE ANIMAL PARTICIPAÇÕES S.A.	Novo Mercado
24	PARANAPANEMA S.A.	Novo Mercado
25	CIA SANEMENTO BÁSICO ESTADO DE SÃO PAULO – SABESP	Novo Mercado
26	TOTVS S.A.	Novo Mercado
27	TPI – TRIUNFO PARTICIPAÇÕES E INVESTIMENTOS S.A.	Novo Mercado
28	TUPY S.A.	Novo Mercado
29	ULTRAPAR PARTICIPAÇÕES S.A.	Novo Mercado
30	ALUPAR INVESTIMENTO S.A.	Nível 2
31	CENTRAIS ELÉTRICAS DE SANTA CATARINA	CELESC	Nível 2
32	CONTAX PARTICIPAÇÕES S.A.	Nível 2

33	ELETROPAULO METROPOLITANA ELETRICIDADE SÃO PAULO S.A.	Nível 2
34	FORJAS TAURUS S.A.	Nível 2
35	KLABIN S.A.	Nível 2
36	MARCOPOLO S.A.	Nível 2
37	RENOVA ENERGIA S.A.	Nível 2
38	BANCO PAN S.A.	Nível 1
39	BANCO ESTADO DO RIO GRANDE DO SUL – BANRISUL	Nível 1
40	BRASKEM S.A.	Nível 1
41	CIA ENERGÉTICA DE MINAS GERAIS – CEMIG	Nível 1
42	CIA ENERGÉTICA DE SÃO PAULO – CESP	Nível 1
43	CIA PARANAENSE DE ENERGIA – COPEL	Nível 1
44	CENTRAIS ELÉTRICAS BRASILEIRAS S.A. – ELETROBRAS	Nível 1
45	FRAS-LE S.A.	Nível 1
46	ITAÚSA INVESTIMENTOS ITAU S.A.	Nível 1
47	OI S.A.	Nível 1
48	RANDON S.A. – IMPLEMENTOS E PARTICIPAÇÕES	Nível 1
49	SUZANO PAPEL E CELULOSE S.A.	Nível 1
50	CIA TRANSMISSÃO ENERGIA ELÉTRICA PAULISTA – CTEEP	Nível 1
51	VALE S.A.	Nível 1

(iii) Não obstante cada uma das companhias analisadas apresente peculiaridades, o que justifica a importância da análise casuística, foi possível identificar alguns padrões no que tange à atribuição de prerrogativas relacionadas ao *controle societário* e ao *controle empresarial* para braços de participação do Estado. Nesse sentido, observam-se 3 (três) padrões, cujas descrições e disposição quantitativa gráfica (conforme Figura 4) seguem abaixo:

Padrão A: controle societário majoritário detido por braço de participação do Estado, em razão de detenção de participação acionária majoritária;
Padrão B: participação minoritária sem a atribuição de prerrogativas relacionadas ao *controle societário* e ao *controle empresarial* para braços de participação do Estado; e
Padrão C: participação minoritária, independentemente da presença de controlador societário majoritário, com a atribuição de prerrogativas relacionadas ao *controle societário* e ao *controle empresarial* para braços de participação do Estado.

Figura 4 – Quantidade (em números absolutos e percentuais) de companhias de acordo com os padrões identificados de participação do Estado (Padrão A, Padrão B e Padrão C)

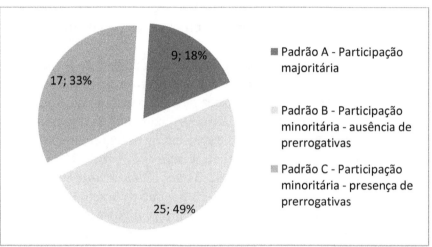

(iv) Levando em consideração exclusivamente o **Padrão A** (controle societário majoritário detido por braço de participação do Estado, em razão de detenção de participação acionária majoritária), as 9 (nove) companhias representativas desse padrão são aquelas que apresentam os seguintes números de referência, com base na Tabela 4, acima: 4, 6, 25, 31, 39, 41, 42, 43 e 44.

(iv.1) Tratam-se de empresas estatais, organizadas sob a forma de sociedades de economia mista, de acordo com o Decreto-Lei nº 200/1967 e com os artigos 235 e seguintes da LSA, que possuem como característica essencial o fato de o ente público ser *controlador societário majoritário*, típico detentor de ao menos a maioria absoluta das ações votantes representativas do capital social da companhia.

(iv.2) Nas companhias integrantes da amostra, não há deslocamento de prerrogativas relacionadas ao *controle societário* ou ao *controle empresarial*, por meio de documentos societários, para outros acionistas. Ou seja, o *controle empresarial* é, via de regra, de titularidade da companhia, sendo diretamente influenciado pelo braço de participação do Estado, titular do *controle societário*. Há, assim, a hipótese de *influenciação sobre o controle empresarial* decorrente do exercício do *controle societário*.

(iv.3) Importante salientar que se trata da hipótese prevista literalmente no art. 116 da LSA, encaixando-se perfeitamente à concepção de controle propugnada pela doutrina majoritária[157].

(v) Levando em consideração exclusivamente o **Padrão B** (participação minoritária sem a atribuição de prerrogativas relacionadas ao *controle societário* e ao *controle empresarial* para braços de participação do Estado), as 25 (vinte e cinco) companhias representativas desse padrão são aquelas que apresentam os seguintes números de referência, com base na Tabela 4, acima: 2, 3, 8, 9, 10[158], 13, 14, 15, 16, 19, 20, 21, 23, 24, 26, 29, 32, 34, 35, 37, 45, 46, 48, 50 e 51.

(v.1.) Tratam-se de companhias em que os braços de participação do Estado detém participação minoritária e não há, de acordo com os documentos societários analisados, a atribuição de prerrogativas relacionadas ao *controle empresarial* e/ou ao *controle societário* para tais acionistas, independentemente da existência, ou não, de *controlador societário majoritário*. Sendo assim, resta tão somente a remota possibilidade de esse braço de participação do Estado integrar o bloco de *controle societário* juntamente com os demais acionistas, por meio da composição de um bloco, hipótese a ser verificada em cada caso concreto por meio da análise dos votos nas últimas deliberações da companhia, de modo a atestar a conferência do critério de permanência[159].

---

[157] Na qual, como visto, insere-se a visão de F. K. Comparato, apresentada no Capítulo 1.
[158] Conforme pode ser pormenorizadamente analisado no **Anexo**, trata-se da EMBRAER –EMPRESA BRASILEIRA DE AERONÁUTICA S.A., uma exceção em razão de apresentar *golden share*, devendo-se atentar para todas as considerações feitas no Subcapítulo 2.3.1.
[159] O critério de permanência é tema bastante difundido e debatido na doutrina, comportando inúmeros posicionamentos. Há doutrinadores que entendem que o critério de *permanência* depende da detenção de participação majoritária, individual ou por meio de bloco – posicionamento que não é, aqui, compartilhado –, a exemplo de Modesto Carvalhosa: "A expressão "de modo permanente", contida nesse dispositivo, quer significar que existe um acionista ou um grupo deles que, possuindo 50% mais uma das ações votantes, não podem ser destituídos do seu direito de eleger a maioria dos administradores por parte de qualquer outro grupo de acionistas – o que reveste a administração por eles eleita do atributo de estabilidade, na medida em que a maioria dos

(vi) Levando em consideração exclusivamente o **Padrão C** (participação minoritária, independentemente da presença de controlador societário majoritário, com a atribuição de prerrogativas relacionadas ao *controle societário* e ao *controle empresarial* para braços de participação do Estado), as 17 (dezessete) companhias representativas desse padrão são aquelas que apresentam os seguintes números de referência, com base na Tabela 4, acima: 1, 5, 7, 12, 17, 18, 22, 27, 28, 30, 33, 36, 38, 40, 47, 49 e 51[160].

(vi.1.) Trata-se da hipótese mais sensível, interessante e justificadora da segmentação trazida no decorrer deste trabalho entre o *controle societário* e o *controle empresarial*, quando analisada a questão do controle aplicada à atuação direta do Estado pela modalidade *equity*, cujas considerações, conforme o caso, podem também ser aplicadas aos investimentos de *private equity* e *venture capital* protagonizados por empresas privadas.

(vi.2.) Partindo da análise exclusiva de documentos societários das companhias componentes da amostra, em especial contratos parassociais (acordos de acionistas), com previsões de acordo de voto ou regras de negócio, verifica-se a possibilidade de transferência ou atribuição de prerrogativas relacionadas sobretudo ao *controle empresarial* para os braços de participação do Estado. Como o *controle empresarial* é, por definição, um direito subjetivo de titularidade da companhia, não é possível a sua transferência para o braço de participação do Estado, estando-se diante da hipótese de *influenciação sobre o controle empresarial* por terceiro não titular do *controle societário*.

(vi.3.) Dentre as principais disposições que podem ser citadas, encontram-se previsões que sujeitam à manifestação prévia ou à prerrogativa de veto o poder de destinação, em

---

seus membros somente poder ser destituída pelos próprios controladores." (CARVALHOSA, Modesto. O desaparecimento do controlador nas companhias com ações dispersas. *In*: Temas de Direito Societário e Empresarial Contemporâneos – *Liber Amicorum* Prof. Dr. Erasmo Valladão Azevedo e Novaes França. ADAMEK, Marcelo Vieira von. São Paulo: Malheiros Editores, 2011. p. 517)

[160] Conforme pode ser pormenorizadamente analisado no **Anexo**, trata-se da VALE S.A., uma exceção em razão de apresentar *golden share*, devendo-se atentar para todas as considerações feitas no Subcapítulo 2.3.1.

sentido amplo, de bens e direitos integrantes do estabelecimento empresarial da companhia. Ou seja, há a atribuição das prerrogativas nitidamente relacionadas ao *controle empresarial* – que por definição é de titularidade da companhia – para o braço de participação do Estado, resultando, assim, na atribuição de posição jurídica para o braço de participação do Estado que possibilita a *influenciação sobre o controle empresarial*, não obstante não se trate de acionista detentor do *controle societário*. Nesse sentido, seguem alguns exemplos:

a) prerrogativa de aprovação das seguintes matérias em reunião prévia: *"fixação das condições gerais de celebração de contratos de qualquer natureza entre a Companhia ou suas controladas, de um lado, e as Partes, suas controladas, controladoras, ou controladas de suas controladoras, de outro, qualquer que seja o valor, ou autorização para a celebração de contratos que não atendam a essas condições"*; *"alienação ou oneração de bens ou direitos da Companhia ou das suas controladas, em uma ou mais operações sucessivas no curso de 12 (doze) meses consecutivos, de valor agregado superior a R$ 100.000.000,00 (cem milhões de reais)"*; e *"suspensão das atividades da Companhia ou de suas controladas"*.

b) prerrogativa de veto sobre as seguintes matérias em manifestação prévia: *"contratação, pela Companhia, de novos financiamentos, empréstimos e/ou passivos que impliquem em um incremento igual ou superior à proporção de 20% (vinte por cento) de capital próprio e 80% (oitenta por cento) de capital de terceiros"*; e *"deliberação para a alienação pela Companhia de participações societárias em outras sociedades superior a 20% (vinte por cento) do patrimônio líquido das referidas sociedades detidas pela Companhia, indicadas no Organograma"*.

(vi.4.) Essencial destacar que a atribuição de prerrogativas relacionadas ao *controle empresarial* não guarda, definitivamente, nenhuma relação com o *controle societário*. Essa assertiva se justifica haja vista a existência de inúmeros casos em que se tem um *controlador societário majoritário* típico, conforme definido no artigo 116 da LSA, ao mesmo tempo em que se tem a referida atribuição de prerrogativas relacionadas ao *controle empresarial* para o braço de participação do Estado[161].

(vi.5.) De todo modo, a despeito da participação minoritária, a depender das prerrogativas atribuídas para o braço de participação do Estado encerradas pelo *controle societário* e da composição acionária da companhia, resta ainda a possibilidade de esse braço de participação do Estado integrar o bloco de *controle societário* juntamente com os demais acionistas, hipótese a ser verificada em cada caso concreto. Se for esse o caso, tratar-se-ia de hipótese de *controle compartilhado*[162].

(vi.6.) Em resumo, os braços de participação do Estado das companhias que apresentam o **Padrão C** ora descrito podem, a depender do caso, assumir prerrogativas relacionadas apenas ao *controle empresarial* (o que configuraria a hipótese de

---

[161] Exemplo paradigmático dessa situação é o caso da ALUPAR INVESTIMENTOS S.A. (nº de referência 30), conforme pode ser pormenorizadamente analisado no **Anexo**. Nesse caso, não obstante a existência de um acionista majoritário, Guarupart Participações LTDA., detentor de 84,04% das ações votantes representativas do capital social da companhia, claramente *controlador societário majoritário*, o braço de participação do Estado FI-FGTS, possuindo tão somente 6,34% das ações votantes representativas do capital social da companhia, possui, em razão de disposições constantes do acordo de acionistas da companhia, prerrogativa de veto em manifestação prévia à realização da Assembleia Geral em relação a inúmeras matérias relacionadas ao *controle societário* e, sobretudo, ao *controle empresarial*, a exemplo de *"contratação, pela Companhia, de novos financiamentos, empréstimos e/ou passivos que impliquem em um incremento igual ou superior à proporção de 20% (vinte por cento) de capital próprio e 80% (oitenta por cento) de capital de terceiros"*; e *"deliberação para a alienação pela Companhia de participações societárias em outras sociedades superior a 20% (vinte por cento) do patrimônio líquido das referidas sociedades detidas pela Companhia, indicadas no Organograma"*.

[162] Cumpre destacar que as disposições contidas em acordos de acionistas configuram técnica societária precípua para a promoção e caracterização do *controle compartilhado*. Nesse sentido, confira-se excerto a seguir: *"O mais das vezes, caracterizam o controle compartilhado as seguintes modalidades de cláusulas constantes do acordo de acionistas: (a) Acordo de voto conjunto para determinadas matérias, que somente podem ser objeto de aprovação, em assembleia geral ou em reunião de conselho de administração, se aprovadas em reunião prévia dos integrantes do acordo de acionistas; (b) Direito de preferência para aquisição das ações do signatário que deseja retirar-se da sociedade; (c) Direito de eleger um número determinado de membros da diretoria e do conselho de administração; (d) Necessidade de aprovação, por parte de todos ou de maioria qualificada dos signatários, para ingresso de novos sócios; e (e) Direito de veto sobre matérias relevantes para o desenvolvimento dos negócios da companhia, como aumento de capital, distribuição de dividendos, investimentos ou empréstimos acima de certo valor, incorporação, fusão e cisão etc."* (EIZIRIK, Nelson; GAAL, Ariádna B.; PARENTE, Flávia; HENRIQUES, Marcus de Freitas. *Op. cit.* p. 395)

influenciação sobre o controle empresarial, a ser verificada casuisticamente) ou tanto ao *controle empresarial*, como ao *controle societário* (o que configuraria hipótese de *controle societário compartilhado*). Essa possibilidade comprovada empiricamente justifica a necessidade da segmentação entre o *controle societário* e o *controle empresarial*, bem como a insuficiência do tratamento propugnado pela doutrina majoritária que trata ambos os conceitos como algo uno, o que contribui para o conceito impreciso presente no ordenamento jurídico brasileiro, uma vez que não há resposta satisfatória para a hipótese de *influenciação sobre o controle empresarial*, tema enfrentado no Capítulo 3.

2.3.2.3. Conclusões parciais

(1) Tal como observado ao se tratar das *golden shares*, a identificação do detentor do *controle societário* e possibilidade de se estar diante da hipótese de *influenciação sobre o controle empresarial* nas companhias que apresentam participação direta dos braços de participação do Estado está relacionada justamente à segmentação, apresentada e desenvolvida no Capítulo 1, do controle em *controle societário*, que configura um poder do sócio e encerra as atribuições previstas no art. 116 da LSA, e *controle empresarial*, que configura um poder da companhia (empresário) e encerra o poder de destinação (em sentido lato) sobre os bens e direitos de sua titularidade, normalmente integrantes do estabelecimento comercial.

(2) Essa participação do Estado nas relações econômicas, que configura uma forma de atuação *direta* do Estado na modalidade *equity*, guarda forte relação com o processo de desenvolvimento institucional econômico do Brasil no passado recente, em especial a partir da década de 1950. Nesse período, observou-se, em especial no âmbito do mercado de capitais brasileiro, uma alteração do papel do Estado, de detentor do *controle societário* majoritário, para acionista minoritário, em tese não controlador. Como visto por meio do estudo de caso proposto, a mudança de estrutura de investimento pelos braços de participação do Estado, em certas experiências, levou à configuração da hipótese de *influenciação sobre o controle empresarial*.

(3) Nesse contexto, destacam-se dois braços de participação do Estado: o BNDES, por meio do BNDESPAR, e as entidades fechadas de previdência complementar (EFPC) de empresas estatais, os chamados "fundos de pensão". Não obstante esse plano de fundo para o estudo empírico, as conclusões aqui dispostas também são aplicáveis a investimentos protagonizados por investidores privados nas modalidades de *private equity* e *venture capital*, sendo plenamente possível a generalização das considerações aqui realizadas.

(4) De acordo com os resultados da pesquisa empírica realizada, as prerrogativas e vantagens conferidas ao braço de participação do Estado, que detém diretamente participação na sociedade investida, podem ser qualificadas levando em consideração os efeitos gerados sobre o *controle empresarial* e os gerados sobre o *controle societário*. Dessa análise, podem ser observados, em suma, 3 (três) padrões para essa participação.

(4.1.) Neste trabalho, esses padrões foram referidos como Padrão A, Padrão B e Padrão C, sendo que o **Padrão A** se refere ao controle societário majoritário detido por braço de participação do Estado, em razão de detenção de participação acionária majoritária; o **Padrão B** se refere à participação minoritária sem a atribuição de prerrogativas relacionadas ao *controle societário* e ao *controle empresarial* para braços de participação do Estado; e o **Padrão C** se refere à participação minoritária, independentemente da presença de controlador societário majoritário, com a atribuição de prerrogativas relacionadas ao *controle societário* e ao *controle empresarial* para braços de participação do Estado.

(4.1.1.) As companhias identificadas com o Padrão C evidenciam a hipótese de *influenciação sobre o controle empresarial* por terceiro não detentor do *controle societário* e justificam a pertinência e a necessidade da segmentação entre *controle societário* e *controle empresarial*, bem como a insuficiência da doutrina recorrentemente difundida no Brasil.

(4.2.) A possibilidade de identificação de diferentes padrões de atuação dos braços de participação do Estado corrobora o fato de que a análise acerca da possibilidade de atribuição de prerrogativas relacionadas ao *controle societário* e/ou ao *controle empresarial* para os braços de participação do Estado deve ser realizada casuística e separadamente.

(5) As principais técnicas para alocação de prerrogativas relacionadas ao *controle societário* e ao *controle empresarial* são as disposições de cláusulas estatutárias e as disposições contidas em acordos parassociais (acordos de acionistas), conforme pode ser analisado em cada caso concreto de acordo com as informações dispostas no **Anexo**.

Capítulo 3
Implicações Práticas da Configuração da Hipótese de Influenciação sobre o Controle Empresarial

3.1. Plano deste Capítulo

As seções anteriores deste trabalho se preocuparam com a apresentação e justificativas para a defesa da segmentação do controle em duas estruturas, quais sejam, o *controle societário* e o *controle empresarial* (Capítulo 1) e com a validação da segmentação proposta por meio de um estudo de caso, que teve como ponto de partida algumas experiências de investimentos realizados pelo Estado brasileiro, no contexto do chamado Capitalismo de Estado. Procurou-se identificar a possibilidade de atribuição de prerrogativas encerradas pelo *controle societário* e pelo *controle empresarial* por meio da atuação *direta* do Estado na modalidade *equity* (Capítulo 2), com o intuito de verificar a existência, na prática, do deslocamento de prerrogativas relacionadas a essas estruturas, mais especificamente para configuração da hipótese de *influenciação sobre o controle empresarial*, em especial por terceiro não titular do *controle societário*.

De acordo com os estudos teóricos e empíricos desenvolvidos, há manifestações práticas incontestáveis da existência da hipótese de *influenciação sobre o controle empresarial* por aquele não titular do *controle societário*. Essas manifestações demonstraram-se possíveis e presentes tanto quando da análise da adoção de *golden shares*, como quando da análise da participação direta de braços de participação do Estado, conjugadas com acordos parassociais, em especial acordos de acionistas.

As passagens anteriores, contudo, e propositadamente, não se preocuparam com as implicações práticas da configuração da hipótese de *influenciação* sobre o *controle empresarial* por terceiro não titular do *controle societário*, independentemente de esse terceiro ser detentor de ações representativas do capital social da companhia, ou seja, ser acionista.

Essa opção metodológica se deu pelo simples fato de ter sido dedicado capítulo específico para a condução dessa análise, que será o objeto de estudo deste Capítulo 3. Cumpre destacar que, por motivos de organização das ideias desenvolvidas, as implicações práticas da hipótese de *influenciação sobre o controle empresarial* por terceiro não titular do *controle societário* dividem-se tomando por base dois aspectos.

Em primeiro lugar, enfrenta-se a obrigatoriedade de realização de oferta pública de aquisição de ações quando da atribuição de prerrogativas que configurem a hipótese de *influenciação sobre o controle empresarial* por terceiro não titular do *controle societário*, ou seja, se essa manifestação jurídica implica a incidência do art. 254-A da LSA (ou da Seção VIII do Regulamento do Novo Mercado, conforme o caso).

Em segundo lugar, enfrenta-se a possibilidade e, em caso positivo, a forma de responsabilização do terceiro não titular do *controle societário*, mas capaz de exercer *influenciação sobre o controle empresarial*, quando do exercício abusivo das prerrogativas que lhe foram atribuídas.

Ao final de cada uma das seções, são feitas críticas à atual configuração do ordenamento jurídico brasileiro, diante da justificada insuficiência dos dispositivos legais para regulação da hipótese de *influenciação sobre o controle empresarial*, em especial quando exercida por terceiro não titular do *controle societário*.

3.2. A obrigatoriedade ou não de realização de oferta pública de aquisição de ações (OPA) quando da atribuição de prerrogativas que configurem a hipótese de *influenciação sobre o controle empresarial* por terceiro não titular do *controle societário*

A obrigatoriedade ou não de realização de OPA quando da atribuição de prerrogativas que configurem a hipótese de *influenciação sobre o controle empresarial* por terceiro não titular do *controle societário* está relacionada à possibilidade de incidência das normas que disciplinam a OPA por alienação de controle[163], quais sejam o artigo 254-A da LSA e a Seção VIII do Regulamento do Novo Mercado, nessas situações.

---

[163] Muito embora não configure objeto de estudo deste trabalho, não se pode olvidar das pertinentes críticas trazidas pela doutrina à restrição da obrigatoriedade de realização de

Partindo dessa premissa, inicia-se esta seção pela análise do suporte fático abstrato de ambos os dispositivos para, então, verificar a possibilidade de aplicação de tais normas à hipótese de *influenciação sobre o controle empresarial* por terceiro não titular do *controle societário*. Após essa verificação, serão feitos comentários críticos sobre o resultado obtido.

3.2.1. O suporte fático abstrato das normas disciplinadoras da OPA: artigo 254-A da LSA e a Seção VIII do Regulamento do Novo Mercado

3.2.1.1. Artigo 254-A da LSA

O artigo 254-A da LSA foi introduzido no ordenamento jurídico brasileiro pela Lei nº 10.303/2001, que, reconhecidamente, trouxe importantes alterações visando à proteção dos acionistas minoritários das companhias brasileiras. Confira-se a redação desse dispositivo:

"Art. 254-A. **A alienação, direta ou indireta, do controle de companhia aberta** somente poderá ser contratada sob a condição, suspensiva ou resolutiva, de que o adquirente se obrigue a fazer oferta pública de aquisição das ações com direito a voto de propriedade dos demais acionistas da companhia, de modo a lhes assegurar o preço no mínimo igual a 80% (oitenta por cento) do valor pago por ação com direito a voto, integrante do bloco de controle.

§ 1º **Entende-se como alienação de controle a transferência, de forma direta ou indireta**, de ações integrantes do bloco de controle, de ações vinculadas a acordos de acionistas e de valores mobiliários conversíveis em ações com direito a voto, cessão de direitos de subscrição de ações e de outros títulos ou direitos relativos a valores mobiliários conversíveis em ações **que venham a resultar na alienação de controle acionário da sociedade**.

§ 2º A Comissão de Valores Mobiliários autorizará a alienação de controle de que trata o caput, desde que verificado que as condições da oferta pública atendem aos requisitos legais.

§ 3º Compete à Comissão de Valores Mobiliários estabelecer normas a serem observadas na oferta pública de que trata o caput.

OPA para os casos de "alienação" de controle. Acertadamente, posiciona-se a doutrina pela alteração do dispositivo para prever a obrigatoriedade de realização de OPA quando da "aquisição" do controle, o que dificultaria a realização de manobras societárias visando à esquiva dessa obrigação. Sobre o tema, v. MUNHOZ, Eduardo Secchi. Aquisição de controle na sociedade anônima. São Paulo: Saraiva, 2013. De toda forma, uma vez que este trabalho tem por foco a legislação tal como atualmente configurada, utilizar-se-á os termos atualmente presentes no ordenamento jurídico.

§ 4º O adquirente do controle acionário de companhia aberta poderá oferecer aos acionistas minoritários a opção de permanecer na companhia, mediante o pagamento de um prêmio equivalente à diferença entre o valor de mercado das ações e o valor pago por ação integrante do bloco de controle.

§ 5º (VETADO)" (grifos nossos)

Por meio da exegese do artigo 254-A da LSA, em especial no que diz respeito à obrigatoriedade de realização de OPA quando da alienação de controle de companhia aberta, verifica-se que o elemento cerne do suporte fático abstrato do dispositivo é, justamente, o conceito do termo "controle", no contexto em que está sendo aplicado. Trata-se, assim, da interpretação do *caput* do artigo 254-A da LSA, conjuntamente com o seu §1º.

Sendo assim, haverá obrigação, pelo adquirente, de realização de OPA quando houver transferência "de ações integrantes do bloco de controle, de ações vinculadas a acordos de acionistas e de valores mobiliários conversíveis em ações com direito a voto, cessão de direitos de subscrição de ações e de outros títulos ou direitos relativos a valores mobiliários conversíveis em ações", que resultem na alienação do *controle societário* da companhia. Esta afirmação demanda alguns esclarecimentos.

Em primeiro lugar, o artigo 254-A da LSA tem por foco o deslocamento das prerrogativas atribuídas pelo voto a um terceiro não titular do *controle societário*. Ou seja, a preocupação da LSA ao regular a OPA prevista no artigo 254-A é, justamente, o deslocamento das prerrogativas decorrentes do próprio *controle societário*, de acordo com disposto no artigo 116 da LSA, associando a incidência desse artigo a existência de uma posição jurídica e não de uma situação de fato[164].

A ausência de previsão expressa ao *controle societário* (valendo-se o legislador tão somente da expressão "controle") se deve justamente à adoção, pelo legislador, da teoria que não aborda a segmentação do controle em *controle societário* e *controle empresarial*, conforme tratado em inúmeras ocasiões neste trabalho.

---

[164] Nesse sentido: *"Diferente deve ser a concepção de controle quando a disciplina, para sua aplicação coerente, requer a consolidação de uma posição jurídica. Exemplo claro é a disciplina da alienação de controle e da oferta pública. Só há sentido em aplicá-la em relação a posições jurídicas que possam ser avaliadas como tal, inclusive do ponto de vista patrimonial."* (COMPARATO, Fábio Konder; SALOMÃO FILHO, Calixto. *Op. Cit.* p. 59).

Em segundo lugar, cumpre destacar que a redação do artigo 254-A da LSA, embora não seja expressa, possibilita a interpretação no sentido de que a OPA por alienação de controle também seria aplicável para o caso de transferência de *controle societário* minoritário. Trata-se de relevantíssimo tema para o direito societário, tendo sido, inclusive, objeto de análise pela Comissão de Valores Mobiliários (CVM), que evidenciou a existência de diversos posicionamentos[165].

Vale salientar, ainda, que a pluralidade de visões sobre a transferência do *controle (societário)* minoritário no Brasil e a obrigatoriedade de realização de OPA está igualmente presente na doutrina. As posições variam daqueles que defendem a própria inexistência do *controle (societário)* minoritário

---

[165] Os dois mais recentes e relevantes casos analisados pela CVM sobre o tema são: (i) o caso TIM (Processo RJ 2007/14334); e (ii) o caso USIMINAS (Processo RJ 2011/13760).
No caso TIM, a CVM analisou um recurso apresentado pela Telco S.p.A., que contestou a decisão da Superintendência de Registro de Valores Mobiliários ("SRE"), que determinou a realização de OPA de ações de emissão da TIM Participações S.A. O colegiado da CVM deu provimento ao recurso da Telco S.p.A. por maioria de votos, sendo que, dentre as principais questões abordadas, tratou-se de enfrentar se o art. 254-A da Lei das S.A. deve incidir sobre a alienação realizada. Sobre o tema, os Diretores Eliseu Martins e Marcos Barbosa Pinto defenderam que o controle minoritário indireto é elemento do suporte fático abstrato das normas dos arts. 116, 243 e 254-A da Lei das S.A. e que a ocorrência de alienação de controle minoritário no caso concreto tornaria obrigatória a realização da OPA. Já os demais Diretores, baseando-se em fundamentos distintos, foram contra a incidência do artigo 254-A: o Diretor Otávio Yazbek ponderou que o controle minoritário poderia estar abarcado pelo referido dispositivo, porém, por entender não haver controlador minoritário indireto no caso concreto, afastou a possibilidade de se tratar de alienação de controle; o Diretor Eli Loria votou no sentido de que o art. 254-A e seu §1º só incide no caso de alienação de controle majoritário; e a Diretora Maria Helena Santana defendeu que seria o caso de aplicação da lei italiana, que, no caso, não previa a realização de OPA.
O caso USIMINAS, por sua vez, tratou da obrigação de realização de OPA no caso de transferência de ações entre acionistas, vinculados por acordo de voto, integrantes do bloco de controle da companhia. No caso, a SRE opinou pela não incidência do artigo 254-A à transação, uma vez que o alienante das ações (Grupo V/C, formado pela VBC Energia S.A. e pela Votorantim Industrial S.A.) não detinha participação majoritária dentro do bloco de controle, nos termos do acordo de acionistas, ao passo que o adquirente das ações (Grupo T/T, formado pelas sociedades Confab Industrial S.A., Prosid Investments S.C.A., Siderar S.A.I.C. e Ternium Investments S.àr.l) também não ultrapassou a participação detida pelo acionista com maior número de ações com direito a voto dentro do bloco de controle. O entendimento da SRE faz referência ao chamado "reforço de controle" ou "consolidação de controle" e guarda relação com alguns precedentes da CVM (a exemplo do caso Pão de Açúcar (Processo RJ 2005/4069) e do caso Copesul (Processo RJ 2007/7230).

no sistema brasileiro, advogando pela não previsão dessa modalidade de controle na *fattispecie* do artigo 116 da LSA[166], a daqueles que admitem a existência do *controle (societário)* minoritário, mas afastam a incidência do artigo 254-A, por ser apenas aplicável na alienação de *controle (societário)* majoritário[167]. Quando a transferência ocorre entre acionistas integrantes do bloco de *controle (societário,* por definição), a questão é tão ou mais controversa, pois a operação pode vir a representar mero reforço ou consolidação de controle[168]. Esses são alguns dos posicionamentos observados na doutrina.

[166] Esse é, por exemplo, o posicionamento de Modesto Carvalhosa: *"O poder de controle, portanto, é autônomo. Daí a razão por que se estabelece o poder-dever de controle somente quando um ou mais acionistas ostentam, ou, então, congregam, via acordo de controle, a maioria do capital votante da companhia (art. 118). Não há, pois, em nosso regime legal a figura do controle minoritário, que vez ou outra é referido nos ambientes leigos do mercado de capitais. Nem cabe invocar, para tanto, a classificação de controle trazido por Berle e Means, por se referir ao contexto legal norte-americano, cuja sistemática é totalmente diversa do direito expresso contido no art. 116, ora comentado."* (CARVALHOSA, Modesto. O desaparecimento do... p. 520).

[167] Esse é, por exemplo, o posicionamento de Nelson Eizirik, que afirma que o *"fato de o artigo 116 não exigir um percentual mínimo de ações para permitir a identificação do acionista controlador, bem como subordiná-la ao efetivo exercício do poder de dominação, evidencia que a Lei das S.A. admitiu implicitamente a existência do controle minoritário"*, afastando, contudo a incidência do art. 254-A devido à *"impossibilidade de se utilizar a regra do artigo 116 da lei societária para se analisar todos os casos de alienação de controle. Tal conclusão é confirmada pelo fato de o §1º do artigo 254-A da Lei no 6.404/1976, ao explicitar o que se deve entender por "alienação de controle", não fazer referência à definição contida no artigo 116 da lei societária ou mesmo à expressão "acionista controlador"* (Cf. EIZIRIK, Nelson. Aquisição de Controle Minoritário... pp. 180-183).

[168] A pluralidade de posicionamentos sobre o tema é muito grande. Nesse sentido, destacam-se alguns: (i) Fábio Ulhoa Coelho defende não existir na LSA a previsão da "alienação parcial de controle", não incidindo, assim, a obrigação de realização de OPA quando a transferência ocorre dentro do bloco de controle, em operações isoladas, sem mudança na orientação anteriormente prevista pelos acionistas que exercem o controle; nesse sentido: *"Não se encontra ao amparo do art. 254-A da LSA a alienação parcial do controle, assim entendida a operação de ingresso de novo ou novos acionistas no bloco de controle, desde que continue predominando, no interior deste, a orientação do anterior controlador. Não se encontra também sujeita à condição da oferta pública referida no dispositivo em foco a venda de ações entre os membros do bloco de controle, exceto se isto significar mudança na orientação geral da companhia. Mas a dispensa da oferta pública de ações minoritárias pelo adquirente do poder de controle só cabe se forem isolados esses negócios jurídicos."* (COELHO, Fábio Ulhoa. Curso de Direito Comercial... p. 317); (ii) Calixto Salomão Filho, em comentário à obra de Fábio Konder Comparato, advoga pela aplicação do 254-A em casos de controle majoritário, devido à necessidade de definição estável de controle, enquanto posição jurídica: *"(...) a disciplina da alienação de controle requerer e utilizar tradicionalmente definições estáveis de poder de controle, como posição jurídica. (...) Na nova regulamentação, os critérios são ainda mais rígidos, exigindo*

Como pode ser percebido, doutrina e jurisprudência não são uníssonas acerca da incidência ou não da norma do artigo 254-A da LSA para os casos de transferência de *controle (societário)* minoritário. Contudo, não obstante a existência desses inúmeros posicionamentos, é incontroverso que o suporte fático abstrato do artigo 254-A da LSA – que não é idêntico ao do artigo 116 da LSA – diz respeito à transferência de prerrogativas englobadas pelo *controle societário*, não abarcando a regulação das hipóteses de *influenciação sobre o controle empresarial*, muito menos quando exercida por terceiro não titular do *controle societário*.

3.2.1.2. Seção VIII do Regulamento de Listagem do Novo Mercado

O Regulamento de Listagem do Novo Mercado, cuja versão original, datada de 2000, antecede a Lei nº 10.303/2001, que introduziu o artigo 254-A da LSA no ordenamento jurídico brasileiro, impõe tratamento mais favorável aos acionistas minoritários, uma vez que determina ao adquirente do *controle societário* das companhias listadas naquele segmento o dever de realizar OPA que assegure aos minoritários tratamento igualitário àquele dado ao alienante do *controle societário*.

A Seção VIII do Regulamento do Novo Mercado[169], em especial nos itens 8.1. e 8.1.1., assim prescreve:

> *"8.1 Contratação da Alienação de Controle da Companhia.* ***A Alienação de Controle da Companhia****, tanto por meio de uma única operação, como por meio de operações sucessivas, deverá ser contratada sob a condição, suspensiva ou resolutiva, de que o Adquirente se obrigue a efetivar oferta pública de aquisição das ações dos demais acionistas da Companhia, observando as condições e os prazos previstos na legislação vigente e neste Regulamento, de forma a lhes assegurar tratamento igualitário àquele dado ao Acionista Controlador Alienante.*
>
> *8.1.1 A oferta pública referida no item 8.1 será exigida, ainda: (i)* ***quando houver cessão onerosa de direitos de subscrição de ações e de outros títulos ou direitos relativos a valores mobiliários conversíveis em ações, que venha a resultar na Alienação do Controle da Companhia;*** *ou (ii)* ***em caso de alienação de controle***

---

o controle majoritário nos exatos e rígidos termos da lei societária (art. 116)." (COMPARATO, Fábio Konder; SALOMÃO FILHO, Calixto. *Op. Cit.* p. 59).

[169] Destaca-se que o Regulamento do Nível 2 de Governança Corporativa apresenta previsões equivalentes às do Regulamento do Novo Mercado, no que tange às normas aplicáveis à transferência de controle e obrigatoriedade de realização de OPA.

de sociedade que detenha o Poder de Controle da Companhia, sendo que, neste caso o Acionista Controlador Alienante ficará obrigado a declarar à BM&FBOVESPA o valor atribuído à Companhia nessa alienação e anexar documentação que comprove esse valor." (grifos nossos)

Paralelamente, o Regulamento do Novo Mercado traz, na Seção II, as seguintes definições:

""Ações de Controle" significa o bloco de ações que assegura, de forma direta ou indireta, ao(s) seu(s) titular(es), o exercício individual e/ou compartilhado do Poder de Controle da Companhia.

"Alienação de Controle da Companhia" significa a transferência a terceiro, a título oneroso, das Ações de Controle.

"Poder de Controle" significa o poder efetivamente utilizado de dirigir as atividades sociais e orientar o funcionamento dos órgãos da Companhia, de forma direta ou indireta, de fato ou de direito, independentemente da participação acionária detida. Há presunção relativa de titularidade do controle em relação à pessoa ou ao Grupo de Acionistas que seja titular de ações que lhe tenham assegurado a maioria absoluta dos votos dos acionistas presentes nas 3 (três) últimas assembleias gerais da Companhia, *ainda que não seja titular das ações que lhe assegurem a maioria absoluta do capital votante."* (grifos nossos)

Não obstante apresente nuances regulatórias diferentes das observadas no artigo 254-A da LSA, a exemplo da possibilidade de interpretação pela determinação de obrigatoriedade de realização de OPA quando da alienação de qualquer ação integrante do bloco de controle ou da expressa possibilidade de realização de OPA quando da transferência do *controle (societário)* minoritário, há como ponto em comum o fato de o regulador ter vinculado a obrigatoriedade de realização de OPA à transferência de prerrogativas relacionadas ao *controle societário*, cujo exercício decorre da titularidade de ações votantes representativas do capital social da companhia.

Essa assertiva decorre da análise conjunta das definições trazidas pelo Regulamento do Novo Mercado às expressões "Alienação de Controle", "Ações de Controle" e "Poder de Controle". Como pode ser percebido, o gatilho para a incidência das normas da Seção VIII do Regulamento do Novo Mercado é a "transferência a título oneroso" de "ação" do "bloco de ações" que assegure "o exercício do Poder de Controle da Companhia".

Importante destacar que, nesse contexto, "Poder de Controle" significa o poder efetivamente utilizado, decorrente da titularidade de ações representativas do capital social, de dirigir as atividades sociais e orientar o funcionamento dos órgãos da companhia, direta ou indiretamente, independentemente da quantidade de ações detida.

Note-se que, embora não apresente uma identidade gráfica ao conceito de *controle societário* consubstanciado no artigo 116 da LSA, a hipótese de alienação de controle regrada pelo Regulamento do Novo Mercado, a partir das definições contidas na Seção II, é plenamente compatível com o conceito de *controle societário*. Afinal, o regulador se preocupou em prever a obrigatoriedade de realização de OPA quando da transferência de prerrogativas decorrentes da titularidade (direta ou indireta) de ações representativas do capital social da companhia, ou seja, preocupou-se em regular a transferência do poder de sócio decorrente da titularidade de ações, em plena sintonia com o conceito de *controle societário* relacionado ao artigo 116 da LSA e analisado sobretudo no Capítulo 1.

Tão importante quanto isso para os fins deste trabalho é que o suporte fático abstrato das normas que versam sobre alienação de *controle* (*societário*, como visto), presentes no Regulamento do Novo Mercado, não engloba as hipóteses de *influenciação sobre o controle empresarial*, muito menos quando exercida por terceiro não titular do *controle societário*.

3.2.2. A impossibilidade de incidência do artigo 254-A e da Seção VIII do Regulamento do Novo Mercado quando da atribuição de prerrogativas que configurem a hipótese de *influenciação sobre o controle empresarial* por terceiro não titular do *controle societário*

No decorrer da seção 3.2.1, acima, objetivou-se apresentar e discorrer sucintamente sobre os suportes fáticos abstratos das normas atinentes à obrigatoriedade de realização de OPA quando da transferência de controle, quais sejam o artigo 254-A da LSA e a Seção VIII do Regulamento do Novo Mercado. Conforme analisado, tais normas regulam a transferência de prerrogativas relacionadas ao *controle societário*, sendo silentes em relação a prerrogativas que possibilitem o exercício de *influenciação sobre o controle empresarial*, principalmente por terceiro não titular do *controle societário*.

Sendo assim, tomando por base o ordenamento jurídico brasileiro tal como configurado atualmente, na hipótese de transferência de prerrogativas que possibilitem o exercício de *influenciação sobre o controle empresarial*, em especial por terceiro não titular do *controle societário*, não haverá incidência das normas do artigo 254-A da LSA ou da Seção VIII do Regulamento do Novo Mercado, inexistindo obrigatoriedade de realização de OPA.

3.2.3. Conclusão parcial: crítica à (falta de) solução trazida pelo ordenamento jurídico e a função da OPA

As OPAs por aquisição de controle têm a sua origem provavelmente remetida à Inglaterra, mais especificamente ao *Companies Act* de 1929, que passou a regulá-las sob denominação de *takeover bids*[170]. Porém, somente a partir da década de 1950 passaram a ter notoriedade no país, sendo que se tornaram rapidamente muito comuns nos EUA, a partir da década de 1960, onde são denominadas *tender offers*[171]. Trata-se de uma proposta para realização de determinado negócio, qual seja, a aquisição do *controle societário* pelo adquirente.

A alienação de *controle societário* é uma operação de caráter privado decorrente de uma prévia negociação entre o acionista titular do *controle societário* que aliena suas ações para o adquirente, sendo que são estabelecidos contratualmente a quantidade de ações objeto do negócio jurídico e o preço pelo bloco de ações[172].

No Brasil, apesar da elevada concentração acionária experimentada na década de 1970, a LSA foi a primeira legislação a prever as aquisições de controle mediante realização de oferta pública, com o intuito de fortalecimento do mercado de capitais nacionais, com clara inspiração das normas adotadas nos EUA, Reino Unido e França[173].

A OPA regulada pelo artigo 254-A da LSA (e pela Seção VIII do Regulamento do Novo Mercado) confere aos acionistas minoritários com participação no capital votante[174] o direito de venda conjunta ou *tag along*,

---

[170] OIOLI, Erik Frederico. Oferta Pública de Aquisição de Controle de Companhias Abertas – Coleção IDSA de Direito Societário e Mercado de Capitais – Volume 1. São Paulo: Quartier Latin, 2010. p. 91.

[171] Idem ao anterior.

[172] Cf. NIOAC PRADO, Roberta. Oferta Pública de Ações Obrigatória nas S.A. – *Tag Along*. São Paulo: Quartier Latin, 2005. p. 119.

[173] OIOLI, Erik Frederico. *Op. cit.* p. 139.

[174] Conforme determinação da Instrução CVM nº 361/2002. Como consequência, salvo disposição expressa presente no estatuto social da companhia, os titulares de ações preferenciais sem direito a voto ou com voto restrito não tem direito de exigir que o novo controlador também adquira as ações por eles detidas, independentemente de terem adquirido o direito de voto em razão do não pagamento de dividendos.

como é usualmente conhecida no mercado a possibilidade atribuída ao minoritário de alienar as suas ações ao novo titular do *controle societário*, por ocasião de transferência (mais especificamente, alienação) do *controle societário* na companhia aberta. Um dos elementos motivadores de pressão sobre os acionistas minoritários para adesão à oferta é a redução do preço das ações da companhia após a concretização da OPA em virtude da forma de condução dos negócios pelo novo *controlador societário*, bem como da possibilidade de fusão ou incorporação envolvendo o adquirente do *controle societário* e a companhia em condições desvantajosas para tais acionistas minoritários[175]. Entende o legislador, assim, que não se pode impor ao acionista minoritário um novo *controlador societário* com o qual ele não mantém uma relação de fidúcia[176].

Além disso, essa modalidade de OPA impõe a socialização ou compartilhamento do chamado "prêmio de controle". A LSA, ao reconhecer ao acionista controlador, titular do *controle societário*, o poder de condução das atividades sociais e de orientação dos órgãos da companhia, não poderia deixar de também reconhecer que esse poder tem um valor de mercado inquestionável, independentemente do valor das ações que o asseguram[177]. A diferença entre o valor das ações e o valor do bloco de controle, enquanto coisa coletiva, é o chamado "prêmio de controle" ou "ágio"[178].

---

[175] OIOLI, Erik Frederico. *Op. cit.* p. 173.

[176] Sobre o tema, a CVM já se manifestou no sentido de que o art. 254-A da LSA tem por finalidade *"conferir a possibilidade de uma 'compensação' à quebra da estabilidade do quadro acionário, permitindo que os acionistas minoritários alienem as suas ações por um preço determinado em lei [...], quando esta estabilidade é perturbada".* (Voto proferido pelo Diretor Pedro Marcílio no Processo CVM RJ nº 2005/4069, julgado em 11.04.2006). Pela doutrina, essa alteração da base de controle da companhia na qual o acionista minoritário havia depositado sua confiança, concede-lhe o direito de desvincular-se da sociedade em razão de quebra da *affectio societatis* (e EIZIRIK, Nelson; GAAL, Ariádna B.; PARENTE, Flávia; HENRIQUES, Marcus de Freitas. *Op. cit.* 610).

[177] Esse reconhecimento é expresso na Exposição de Motivos da LSA ao afirmar que *"toda economia de mercado atribui valor econômico ao controle da companhia, independentemente do valor das ações que o assegura; o valor das ações resulta dos direitos, que conferem, de participação nos lucros e no acervo líquido da companhia, enquanto que o de controle decorre do poder de determinar o destino da empresa, escolher seus administradores e definir suas políticas".*

[178] Cumpre destacar que é pacífico na doutrina que o bloco de ações que assegura o *controle societário*, em companhias prósperas, tem valor superior ao das ações que o compõem. Destaca-se o seguinte excerto de Alfredo Lamy Filho: *"O bloco de controle em regra vale mais do que as ações ou quotas porque assegura o poder de controle, que não decorre de cada unidade de participação, considerada*

Uma das razões que pretende justificar essa diferença de valores, normalmente bastante significativa, é justamente a insuficiência de proteção aos interesses dos investidores pelo ordenamento jurídico, permitindo que o titular do *controle societário* se aproprie dos conhecidos *private benefits of control*[179]. Dessa forma, aceita-se pagar um sobrevalor ("prêmio de controle") pelo *controle societário* de uma companhia devido à expectativa de que o titular do *controle societário* possa recuperar o investimento por meio da expropriação, por vezes indevida, dos recursos sociais[180].

Diante dessas considerações, entende-se que o prêmio de controle deve ser compartilhado com os acionistas minoritários, quando da alienação do *controle societário* da companhia aberta, com o intuito de evitar que o titular do *controle societário* se aproprie desse sobrepreço integralmente. A obrigatoriedade do compartilhamento do prêmio de controle se justifica, dentre outras razões, pelo fato de o sobrepreço ser reflexo da valorização patrimonial da companhia, que certamente também decorre de contribuição dos acionistas minoritários[181], bem como pelo fato de o valor do preço de alienação do *controle societário* não incluir tão somente o poder de con-

---

singularmente, mas da sua agregação em coisa coletiva. A diferença entre a soma do valor unitário das ações ou quotas e o preço global do bloco de controle é o valor atribuído pelas partes contratantes ao poder de controle". (LAMY FILHO, Alfredo; BULHÕES PEDREIRA, José Luiz. *Op cit.* p. 689). De igual modo, v. CARVALHOSA, Modesto; EIZIRIK, Nelson. Estudos de Direito Empresarial. São Paulo: Editora Saraiva, 2010. p. 118) e EIZIRIK, Nelson; GAAL, Ariádna B.; PARENTE, Flávia; HENRIQUES, Marcus de Freitas. *Op. cit.* p. 607.

[179] Os chamados *private benefits of control* constituem um conjunto de vantagens do titular do *controle societário* dentre as quais podem ser citados a atribuição de remuneração superior à de mercado, o uso de bens da sociedade para fins particulares, empréstimos subsidiados, operações com partes relacionadas, ao titular do *controle societário* em condições não equitativas, dentre outros (Cf. EIZIRIK, Nelson; GAAL, Ariádna B.; PARENTE, Flávia; HENRIQUES, Marcus de Freitas. *Op. cit.* p. 608).

[180] Não à toa, a doutrina posiciona-se no sentido de que na medida em que exista maior proteção aos investidores pelo ordenamento jurídico, a diferença entre as ações integrantes do bloco de controle e aquelas pertencentes aos minoritários tenderá a ser menos significativa. Sobre o tema, v. LA PORTA, Rafael; SILANES, Florencio Lopez de; SHLEIFER, Andrei; VISHNY, Robert W. Investor Protection: Origins, Consequences, Reform. jun. 1999. Disponível em <ssrn.com/abstract=183908>, acesso em 08.06.2016; e COFFEE JR. John. Do Norms Matter? A Cross-Country Examination of the Private Benefits of Control. jan. 2001. Disponível em <ssrn.com/abstract=257613>, acesso em 08.06.2016.

[181] Cf. BULGARELLI, Waldírio. Regime Jurídico da Proteção das Minorias nas S/A. Rio de Janeiro: Renovar, 1998. p. 158.

duzir as atividades sociais, mas também os intangíveis e outros ativos que pertenciam igualmente aos acionistas minoritários[182].

Como consequência, os acionistas minoritários têm a prerrogativa de também alienar as suas ações ao adquirente do *controle societário* por preço correspondente a 80% do valor pago ao alienante do *controle societário* (no caso do artigo 254-A), ou a 100% do valor pago ao alienante do *controle societário* (no caso da Seção VIII do Regulamento Novo Mercado). Sendo assim, quando da aplicação do artigo 254-A, procura-se dar aos acionistas minoritários um tratamento equitativo, sendo que a LSA atribui expressamente ao bloco de controle uma "mais-valia"[183], ao passo que quando da aplicação da Seção VIII do Regulamento do Novo Mercado, procura-se dar aos acionistas minoritários um tratamento igualitário.

Trata-se de oportunidade de saída, pelos acionistas minoritários, do quadro societário da companhia, diante da incerteza de como as atividades sociais serão conduzidas pelo adquirente do *controle societário*, além de possibilitar que também gozem, seja equitativamente (artigo 254-A da LSA), seja igualitariamente (Seção VIII do Regulamento do Novo Mercado), do benefício decorrente do compartilhamento, ao menos parcial, do prêmio de controle.

---

[182] Cf. NIOAC PRADO, Roberta. Da Obrigatoriedade por parte do adquirente do controle de sociedade por ações de capital aberto de fazer simultânea oferta pública, em condições iguais, aos acionistas minoritários – art. 254 da Lei 6.404/1976 e Resolução CMN 401/76 – É efetivo mecanismo de proteção dos minoritários? *In*: Revista de Direito Mercantil, Industrial, Econômico e Financeiro. n. 106, abr./jun. São Paulo: Malheiros, 1997. pp. 83-106; e LOBO, Jorge. Interpretação Realista da Alienação de Controle de Companhia Aberta. *In*: Revista da EMERJ. v. 4. n. 15, 2001. pp. 95-119.

[183] O termo "mais-valia" para se referir ao "prêmio de controle", utilizado por Nelson Eizirik, é expressivo pois remete à diferença entre o valor das ações que integram o bloco de controle e o valor das ações dos minoritários, o que justificaria o preço mínimo igual a 80% (oitenta por cento) do valor pago ao antigo titular do *controle societário*. Sobre o tema, destaca-se o seguinte excerto: "*O presente art. 254-A, em vez de obrigar o adquirente do controle a estender aos minoritários as mesmas condições oferecidas pelo bloco de controle, determina que ele deva pagar o preço no mínimo igual a 80% (oitenta por cento) do valor pago por ação integrante do bloco de controle. O art. 254-A da Lei n. 10.303, de 2001, atribui, portanto, ao bloco de controle uma mais-valia, permitindo que as ações que o integram recebam um preço superior ao das ações dos minoritários, por ocasião de sua alienação.*" (CARVALHOSA, Modesto. Comentários à Lei de Sociedades Anônimas. v. 4, t. II. São Paulo: Editora Saraiva, 2003. p.149).

Não se pode negar, dessa forma, embora não exista preocupação expressa pelo legislador, que uma das razões para a realização da OPA[184] seja a forma de condução das atividades sociais, o que guarda íntima relação com o modo como a companhia destinará os seus bens e direitos. Ou seja, há, mesmo que reflexamente, preocupação com os impactos no que tange ao *controle empresarial*[185].

Adicionalmente, deve-se levar em consideração, tal como ocorre com o *controle societário*, que a possibilidade de influenciar a destinação dos bens e direitos da companhia, o que resulta na hipótese de *influenciação sobre o controle empresarial*, é igualmente dotada de valor econômico[186], independentemente de estar mencionado no documento que conferiu as prerrogativas ao terceiro não titular do *controle societário*. E, de igual forma, esse valor reflete o valor patrimonial da companhia, que decorre de contribuição dos acionistas minoritários, bem como engloba a possibilidade de destinação de intangíveis e outros ativos que pertenciam igualmente aos acionistas minoritários.

Não obstante, conforme analisado nas seções anteriores, não há possibilidade de incidência das normas que impõem a realização da OPA quando do deslocamento de prerrogativas relacionadas tão somente ao *controle empresarial*, que podem concretizar a hipótese de *influenciação sobre o con-*

---

[184] A doutrina especializada enumera diversas outras explicações para a realização das *takeover bids* (OPA), dentre as quais podem ser destacadas a desregulamentação dos setores, o aproveitamento de sinergias, a obtenção de economias de escala, o aproveitamento de benefícios fiscais, a intensificação do movimento de globalização, o desejo do ofertante de capturar o potencial de valorização da companhia (quando seu desempenho e o dos respectivos administradores não são eficientes), o fato de o ofertante buscar com aquisição do controle da companhia melhor desempenho em suas operações, administração ou finanças, dentre outras. Sobre o tema, v. CLARK, Robert C. Corporate Law. New York: Aspen Law & Business, 1986. pp. 533 e ss; JENSEN, Michael C. Takeovers: their causes and consequences. *In*: Journal of Economic Perspectives, vol. 2, no. 1, 1988. pp. 21-48); OIOLI, Erik Frederico. *Op. cit.* pp. 95-98.

[185] Deve-se ter em mente, aqui, que o exercício do *controle societário* configura uma das hipóteses de *influenciação sobre o controle empresarial*.

[186] Para ilustrar a afirmação, pegue-se como exemplo o contrato de trespasse, em que há transferência, por meio da alienação do estabelecimento, do titular do *controle empresarial* e da posição de *influenciação sobre o controle empresarial*, bem como os chamados "contratos de arrendamento de sociedade". Em ambos os exemplos não há qualquer alteração relacionada ao *controle societário*, embora a possibilidade de destinar os bens e direitos de titularidade da companhia, ou ao menos a possibilidade de influenciar essa destinação, possui como contraprestação um preço, que é, não raro, de montante bastante significativo.

trole empresarial. Ora, analisando a questão sob a ótica do acionista minoritário, o interesse está mais voltado à forma como os ativos da companhia serão geridos e à possibilidade de compartilhamento do valor econômico decorrente da transferência das prerrogativas que possibilitem a hipótese de *influenciação sobre o controle empresarial*, do que tão somente à formalidade de qual acionista receberá o título de *controlador societário* como remissão a uma posição jurídica pré-determinada.

Como visto no decorrer do Capítulo 2, são inúmeras as possiblidades de deslocamento de prerrogativas que levam à *influenciação sobre o controle empresarial*, sem que haja alteração do titular do *controle societário*, ou mesmo "alienação de ações do bloco de controle", valendo-se das expressões adotadas pela legislação. A consequência prática de extrema relevância, diante da atual configuração do ordenamento jurídico brasileiro, é a impossibilidade, nesses casos, de proteção do minoritário por meio da utilização da OPA. O não reconhecimento pelo ordenamento jurídico brasileiro da segmentação entre *controle empresarial* e *controle societário* culmina, desse modo, em lacuna regulatória que afeta a proteção de acionistas minoritários.

Importante destacar, de todo modo, que eventual aplicação da imposição de realização de OPA no caso de *influenciação sobre o controle empresarial* dependeria de regulamentação pelo legislador, em razão de alguns relevantes obstáculos. Pode-se citar, por exemplo, a dificuldade de determinação e de cálculo do valor a ser utilizado para as ações dos acionistas minoritários[187]. Para referência, basta imaginar como seria feito o cálculo com base em prerrogativas transferidas por meio de acordo de acionistas, sem o recebimento, pelo terceiro que adotará posição que possibilitará a *influenciação sobre o controle empresarial*, de algum montante líquido e certo em contrapartida.

Não se pode afirmar, obviamente, que inexista alternativa aos acionistas minoritários nesses casos. Nada impede que os minoritários das companhias abertas terminem seu vínculo com a companhia por meio da alienação de suas ações no mercado. Essa alternativa, contudo, não possibilita que os minoritários gozem dos benefícios, inclusive relacionados à

---

[187] Esta é uma das justificativas da doutrina para que seja utilizada uma definição "estável" de controle para fins da aplicação do artigo 254-A da LSA. Confira-se, nesse sentido, o excerto: *"Confirma-se [...] a ideia de criar critérios legais definidos de controle para o fim específico de sua alienação, criando maior previsibilidade (e, portanto, possibilidade de cálculo de valor) na alienação de controle."* (Cf. COMPARATO, Fábio Konder; SALOMÃO FILHO, Calixto. O Poder de Controle... p. 60).

formação do preço de venda das ações (compartilhamento do prêmio de controle), gerados pela OPA.

3.3. A possibilidade e a forma de responsabilização do terceiro não titular do *controle societário* quando do exercício abusivo das prerrogativas atribuídas que configurem a hipótese de *influenciação sobre o controle empresarial*

A imputação da responsabilidade civil está atrelada à presença de alguns elementos[188]: (i) ato ilícito, (ii) culpa ou dolo, (iii) dano e (iv) nexo causal.

Uma vez presentes tais elementos, a responsabilidade civil do terceiro que exerce abusivamente *influenciação sobre o controle empresarial* não só é possível, como mandatória. Afinal, não seria admissível pelo ordenamento jurídico que o dano causado a outra pessoa fosse isento de responsabilidade. Caso contrário, criar-se-ia um incentivo ao cometimento de ilicitudes.

A grande questão remonta à forma de responsabilização do terceiro não titular do *controle societário* que utiliza abusivamente as prerrogativas que lhe dotam a posição de *influenciação sobre o controle empresarial*. Essa temática, embora possua importância prática inquestionável, não apresenta cobertura simples e direta pela legislação, uma vez que não há reconhecimento expresso pelo ordenamento jurídico brasileiro da segmentação entre *controle societário* e *controle empresarial*.

Para enfrentamento dessa questão, deve-se analisar a possibilidade de incidência da norma presente no artigo 117 da LSA, que disciplina a "responsabilidade do controlador" ao caso em tela, o que demanda verificar previamente qual seria o suporte fático abstrato dessa norma. A partir desse estudo, analisa-se criticamente a solução possível de acordo com a atual configuração do ordenamento jurídico brasileiro.

3.3.1. O suporte fático abstrato da norma que regula a responsabilidade do "acionista controlador": artigo 117 da LSA

A legislação brasileira, mais precisamente na LSA, reconhece a importância do acionista controlador (detentor do *controle societário*) para o pleno

---

[188] A legislação brasileira trata da responsabilidade civil no artigo 186 e no artigo 187 do Código Civil. Para apresentação pormenorizada de cada um desses elementos, v. VENOSA, Sílvio de Salvo. Direito civil: responsabilidade civil. Coleção Direito civil – v. 4. 11 ed. São Paulo: Atlas, 2011. pp. 22-42; PEREIRA, Caio Mário da Silva. Instituições de Direito Civil. v. 3. Rio de Janeiro: Forense, 2013. pp. 517-528.

desenvolvimento da empresa, sendo que, por preocupar-se com o equilíbrio de poder no interior da companhia, imputa a tal acionista responsabilidades por danos causados em decorrência do abuso do poder[189]. O elenco dessas responsabilidades encontra-se presente no artigo 117 da LSA, mais especificamente, em seu §1º:

> *"Art. 117. **O acionista controlador responde pelos danos causados por atos praticados com abuso de poder**.*
>
> *§ 1º São **modalidades** de **exercício abusivo de poder**:*
>
> *a) **orientar a companhia para fim estranho ao objeto social ou lesivo ao interesse nacional**, ou levá-la a favorecer outra sociedade, brasileira ou estrangeira, em prejuízo da participação dos acionistas minoritários nos lucros ou no acervo da companhia, ou da economia nacional;*
>
> *b) **promover a liquidação de companhia próspera, ou a transformação, incorporação, fusão ou cisão da companhia**, com o fim de obter, para si ou para outrem, vantagem indevida, em prejuízo dos demais acionistas, dos que trabalham na empresa ou dos investidores em valores mobiliários emitidos pela companhia;*
>
> *c) **promover alteração estatutária, emissão de valores mobiliários ou adoção de políticas ou decisões que não tenham por fim o interesse da companhia e visem a causar prejuízo a acionistas minoritários**, aos que trabalham na empresa ou aos investidores em valores mobiliários emitidos pela companhia;*
>
> *d) **eleger administrador ou fiscal que sabe inapto, moral ou tecnicamente**;*
>
> *e) **induzir, ou tentar induzir, administrador ou fiscal a praticar ato ilegal, ou, descumprindo seus deveres** definidos nesta Lei e no estatuto, **promover, contra o interesse da companhia, sua ratificação pela assembléia-geral**;*
>
> *f) **contratar com a companhia**, diretamente ou através de outrem, ou de sociedade na qual tenha interesse, **em condições de favorecimento ou não equitativas**;*
>
> *g) **aprovar ou fazer aprovar contas irregulares de administradores**, por favorecimento pessoal, ou deixar de apurar denúncia que saiba ou devesse saber procedente, ou que justifique fundada suspeita de irregularidade.*
>
> *h) **subscrever ações, para os fins do disposto no art. 170, com a realização em bens estranhos ao objeto social da companhia**.*
>
> *§ 2º No caso da alínea e do § 1º, o administrador ou fiscal que praticar o ato ilegal responde solidariamente com o acionista controlador.*
>
> *§ 3º O acionista controlador que exerce cargo de administrador ou fiscal tem também os deveres e responsabilidades próprios do cargo."* (grifos nossos)

---

[189] ULHOA, Fábio Ulhoa. Curso de Direito... v2. p. 313.

Primeiramente, cumpre esclarecer que o elenco das manifestações de abuso de poder de controle, presente no artigo 117 da LSA, possui caráter exemplificativo[190]. Ou seja, não obstante a existência de hipóteses extremamente amplas, a exemplo da constante da alínea "a", diante da amplitude que pode ser dada ao termo "interesse nacional", outras hipóteses, que não expressamente mencionadas no §1º do artigo 117 da LSA, podem implicar na responsabilização do "acionista controlador", ensejando a reparação de perdas e danos[191]. Isso, é claro, se presentes os elementos caracterizadores da responsabilidade civil, como abordado anteriormente.

A assertiva acima apresenta grande relevância para a definição do suporte fático abstrato da norma do artigo 117 da LSA, em especial em relação a um de seus elementos nucleares. Trata-se da expressão "acionista controlador", cuja delimitação configura um critério essencial para possibilidade de aplicação analógica do dispositivo, como será abordado na Seção 3.3.2., abaixo. Por ora, cabe delimitar a acepção dessa expressão.

Não há dúvidas de que a LSA configura um excelente corpo normativo em razão de sua sistematicidade e previsibilidade. Sendo assim, a delimitação dos conceitos presentes em um dispositivo normativo deve, quase que naturalmente, quando possível, ser buscada no mesmo diploma legislativo.

Nesse sentido, a expressão "acionista controlador", presente no artigo 117 da LSA, guarda íntima relação com o conceito de "acionista controlador" definido pela própria LSA. A LSA delimita o conceito de "acionista controlador" no seu artigo 116, em função, justamente, no *controle societário*.

Como consequência, a interpretação direta, não analógica, da norma do artigo 117 da LSA impõe a restrição das responsabilidades presentes no elenco do §1º ao titular do *controle societário*, tal como definido pelo artigo 116 da LSA, ou seja, o titular do *controle societário interno*, em suas diferen-

---

[190] COMPARATO, Fábio Konder; SALOMÃO FILHO, Calixto. O Poder de Controle... p. 339.
[191] A LSA, em seu artigo 117, prevê como sanção ao ato abusivo tão somente a reparação de perdas e danos, não impondo a ineficácia do ato lesivo. Confira-se, nesse sentido, o excerto de José Alexandre Tavares Guerreiro: "*(...) o abuso do poder de controle, que a doutrina francesa denomina impropriamente de abus de majorité, enseja apenas a reparação de perdas e danos, e não, como seria desejável e até mesmo lógico, fulmine o ato praticado com o abuso de poder com a ineficácia paralisadora de seus efeitos. Na hipótese, p. ex., de favorecimento pessoal do acionista controlador, melhor seria que nos desgarrássemos da obsessão lusitana das perdas e danos para chegar à sanção maior de desconstituição do ato, com a eliminação de qualquer de seus efeitos danosos.*" (GUERREIRO, José Alexandre Tavares. Direitos das minorias na sociedade anônima. *In*: Revista de Direito Mercantil, Industrial, Econômico e Financeiro. n. 63, jul-set. São Paulo, 1986. p. 107).

tes configurações, a exemplo do *controle societário* majoritário ou do *controle societário* minoritário[192].

3.3.2. A possibilidade de aplicação analógica do artigo 117 da LSA quando do uso abusivo das prerrogativas que configurem a hipótese de *influenciação sobre o controle empresarial* por terceiro não titular do *controle societário*

A analogia pressupõe a identidade de um elemento nuclear, entre a hipótese de incidência definida em lei e o caso real assemelhado[193], que não apresenta solução direta prevista na legislação[194]. Trata-se da regra de fechamento utilizada pela dogmática, associada ao positivismo jurídico[195].

---

[192] A possibilidade de aplicação do artigo 117 da LSA ao abuso de *controle societário* minoritário não configura aplicação analógica do dispositivo, uma vez que essa modalidade de *controle societário* encontra-se abarcada pelo artigo 116 da LSA, conforme abordado no decorrer do Capítulo 1. Por essa razão que o tema não é objeto de estudo da seção posterior. Esse posicionamento é corroborado pela doutrina, a exemplo de: *"Ora, para efeitos de responsabilização por prejuízos causados, que constitui o principal objetivo dos artigos 116 e 117 da Lei das S.A., foi perfeitamente adequada a opção do legislador de exigir o efetivo exercício do controle para a identificação do acionista controlador, dispensando a titularidade de uma quantidade mínima de ações. (...) se determinado acionista, embora não majoritário, toma efetivamente as decisões a respeito dos negócios da companhia, deve responder pelos prejuízos por ela acarretados."* (EIZIRIK, Nelson. Aquisição de Controle Minoritário... p. 181); e *"A maioria das hipóteses do art. 117, § 1º, refere-se a atos específicos ou atividade de duração determinada. Assim, podem ser convenientemente captados por definição que tenha em conta o controle momentâneo, de fato, ainda que, sendo minoritário (...)"* (COMPARATO, Fábio Konder; SALOMÃO FILHO, Calixto. O Poder de Controle... p. 59).

[193] COMPARATO, Fábio Konder; SALOMÃO FILHO, Calixto. O Poder de Controle... p. 339.

[194] Leciona Tercio Sampaio Ferraz Junior sobre a analogia: *"(...) fala-se em analogia quando uma norma, estabelecida com e para determinada facti species, é aplicável a conduta para a qual não há norma, havendo entre ambos os supostos fáticos uma semelhança. Define-se também como aplicação extensiva (gerando confusão entre analogia e interpretação extensiva) de princípios extraídos de uma lei a casos juridicamente semelhantes, isto é, que são essencialmente iguais nos aspectos importantes e desiguais nos secundários, tendo em vista uma decisão (...)."* (FERRAZ JUNIOR, Tercio Sampaio. Introdução ao estudo do direito: técnica, decisão, dominação. 4ª ed. São Paulo: Atlas, 2003. p. 301). Ainda sobre o tema, destacam-se os ensinamentos de Bobbio: *"Entende-se por 'analogia' aquele procedimento pelo qual se atribui a um caso não regulado a mesma disciplina de um caso regulado de maneira semelhante."* (BOBBIO, Norberto. Teoria Geral do Direito. 3ª ed. (trad. Denise Agostinetti). São Paulo: Martins Fontes, 2010. p. 303) E, mais adiante: *"(...) é preciso que entre os dois casos não exista uma semelhança qualquer, mas uma semelhança relevante, ou seja, é preciso remontar os dois casos a uma qualidade comum a ambos, que seja ao mesmo tempo a razão suficiente pela qual foram atribuídas ao caso regulado aquelas e não outras consequências."* (Idem. p. 305).

[195] Cf. SALOMÃO FILHO, Calixto. Novo estruturalismo jurídico... pp. 537-538.

Quando da interpretação do artigo 117 da LSA, o elemento nuclear do dispositivo é, indubitavelmente, a expressão "acionista controlador". Como já tratado, essa expressão deve ter seu conceito delimitado em função do *controle societário*, tal como definido pelo artigo 116 da LSA e abordado minuciosamente no Capítulo 1 deste trabalho.

Não se pode negar, assim, que o elenco exemplificativo do §1º do artigo 117 da LSA enseja a possibilidade de aplicação analógica do dispositivo. A analogia, contudo, não é irrestrita e só é considerada admissível em alguns casos.

Inicialmente, é importante destacar a ausência de previsão expressa de abuso por omissão no exercício do *controle societário*, haja vista que todas as hipóteses presentes no elenco do §1º do artigo 117 da LSA são comissivas. Não obstante, deve-se levar em consideração que a LSA impõe ao *controlador societário*, especialmente no parágrafo único do artigo 116 da LSA, um dever ativo, sendo este princípio que deve prevalecer[196]. Esse dever ativo[197], vale lembrar, é essencial para a enquadramento do *controle societário* na categoria jurídica de *poder funcional* (*poder-dever*), o que implica, inclusive, a possibilidade de responsabilização do titular do *controle societário* por omissão[198].

Como consequência, é adequada a aplicação analógica do artigo 117 da LSA para responsabilização do titular do *controle societário* por omissão, justamente devido ao fato de essas regras de responsabilidade serem relacionadas ao *controle societário* tanto como uma situação de fato, quanto como uma posição jurídica[199]. De todo modo, note-se que, nesse exercício

---

[196] COMPARATO, Fábio Konder; SALOMÃO FILHO, Calixto. O Poder de Controle... p. 339.
[197] Sobre o tema, o excerto de Nelson Eizirik traz boa consolidação dos argumentos expostos: *"(...) o parágrafo único do artigo 116 da Lei das S.A. presumiu a existência de uma relação fiduciária entre o acionista controlador e os demais grupos de interesses que gravitam em torno da companhia – os denominados stakeholders –, estabelecendo que o controlador tem deveres e responsabilidades perante os demais acionistas da empresa, os que nela trabalham e a comunidade em que ela atua. Tal regra é complementada pelo disposto no artigo 117 da Lei das S.A., que expressamente determina que o acionista controlador responde pelos danos causados por atos praticados com abuso de poder e relaciona, de forma exemplificativa, uma série de hipóteses que configuram a sua conduta abusiva."* (EIZIRIK, Nelson. Aquisição de Controle Minoritário... p. 181).
[198] Trata-se de consequência natural do abordado no decorrer do Capítulo 1 deste trabalho.
[199] No caso da aplicação das regras de responsabilidade, há uma interpretação um pouco distinta da observada para as regras de imposição de realização de OPA, nas quais, não obstante também se refira ao *controle societário*, remete a esse poder funcional enquanto uma

interpretativo, o elemento nuclear é o mesmo do presente no dispositivo legal, a saber, o titular do *controle societário*, conforme previsto no artigo 116 da LSA.

Outro importante aspecto a ser analisado quando da verificação da possibilidade de aplicação analógica do artigo 117 da LSA é o caso do *controle societário externo*.

Como tratado na Seção 1.3., o *controle societário externo* – embora seja uma relevante construção doutrinária – não configura propriamente a previsão legislativa do artigo 116 da LSA. Como consequência, em razão da ausência de identidade, ou mesmo de semelhança considerada relevante, entre o elemento nuclear da norma (*controle societário interno*) e da hipótese assemelhada (*controle societário externo*) não é possível a aplicação analógica do artigo 117 da LSA ao abuso realizado pelo titular do *controle societário externo*[200], que não possui previsão de responsabilização na LSA[201].

Por fim, cabe enfrentar o objeto justificador dessa seção e analisar a possibilidade de aplicação por analogia do artigo 117 da LSA quando do

---

posição jurídica, e não como uma situação de fato. As regras de responsabilidade admitem ambas as leituras.

[200] Esse posicionamento é partilhado por alguns doutrinadores, tais como: "*Tal modalidade de "controle externo", exercido não mediante o poder de controle acionário, mas mediante vínculos contratuais ou situações fáticas não previstas na Lei das S.A., não se caracteriza como controle acionário; assim, da sua configuração, não decorre qualquer consequência na esfera do direito societário, muito menos a responsabilidade pela eventual infração a qualquer das modalidades de abuso de poder previstas no artigo 117 da Lei das S.A.*" (EIZIRIK, Nelson; GAAL, Ariádna B.; PARENTE, Flávia; HENRIQUES, Marcus de Freitas. Op. cit. p. 390); "*(...) a LSA não cuida do controle externo, não admitindo, por conseguinte, que o controlador externo seja passível de responder na forma do art. 117, da LSA.*" (LOBO, Jorge Joaquim. Direito dos acionistas. Rio de Janeiro: Elsevier, 2011. p. 361). Em sentido diverso, há posicionamento que advoga pela aplicação seletiva das hipóteses do §1º do artigo 117 da LSA: "*A inexistência de direitos permanentes que assegurem a maioria nas deliberações sociais não descaracteriza o controle. Apenas impõe uma aplicação seletiva do previsto no art. 117*" (COMPARATO, Fábio Konder; SALOMÃO FILHO, Calixto. Op. cit. p. 67).

[201] Sobre a ausência de previsão para responsabilização do titular do *controle societário externo*, destaca-se a passagem de Modesto Carvalhosa: "*Não prevê a Lei nº 6.404, de 1976 (...) qualquer responsabilidade do controlador externo. Em consequência, caberá aos controladores internos, diretor ou indiretos, essa responsabilidade (art. 117), quando se prestarem a formalmente exprimir a vontade dos controladores externos. Estes são, pois, irresponsáveis perante a companhia, seus acionistas e terceiros em geral pela condução, de fato, da sociedade.*" (CARVALHOSA, Modesto. Comentários... p. 436). Adota posicionamento semelhante: BOITEUX, Fernando Netto. Responsabilidade civil do acionista controlador e da sociedade controladora. 1ª ed. Rio de Janeiro: Forense, 1988. p. 35.

abuso das prerrogativas que configurem a hipótese de *influenciação sobre o controle empresarial* por terceiro não titular do *controle societário*.

Tal como afirmado em relação ao *controle societário externo*, não há identidade ou semelhança relevante entre o elemento nuclear da norma (*controle societário interno*) e da hipótese assemelhada (*influenciação sobre o controle empresarial* ou mesmo o próprio *controle empresarial*). Afinal, tratam-se de estruturas distintas, destinadas a regular fenômenos distintos, conforme insistentemente abordado no decorrer deste trabalho.

Como consequência, naturalmente, não se admite a aplicação da norma do artigo 117 da LSA por analogia. Além disso, nem mesmo seria possível a aplicação seletiva das hipóteses presentes no elenco do §1º do artigo 117 da LSA para situações específicas, uma vez que não se está diante da "inexistência de direitos permanentes que assegurem a maioria nas deliberações sociais"[202] (característica relacionada ao *controle societário*), mas, sim, repise-se, de duas estruturas distintas, o que corrobora a segmentação do controle em *controle societário* e *controle empresarial*. Essa aplicação seletiva teria apenas a – relevante – função argumentativa para fundamentar eventual responsabilização, no caso concreto, do terceiro não titular do *controle societário* que abusa das prerrogativas que configuram a hipótese de *influenciação sobre o controle empresarial*.

3.3.3. Conclusão parcial: crítica à ausência de previsão específica para a responsabilização do terceiro não titular do *controle societário* que abuse das prerrogativas que possibilitem a *influenciação sobre o controle empresarial*. A solução de contingência presente no ordenamento jurídico brasileiro

Partindo do exposto nas seções anteriores, não apenas inexiste uma norma específica na LSA para fundamentar eventual responsabilidade do terceiro não titular do *controle societário* que abuse das prerrogativas que possibilitem a *influenciação sobre o controle empresarial*, como não é admitida a aplicação analógica do artigo 117 da LSA. Fica, assim, a questão de qual seria o fundamento jurídico para eventual responsabilização.

Nesses casos, diante da impossibilidade de incidência de regras do direito societário, deve-se recorrer às regras gerais de responsabilidade aplicáveis ao contrato (a exemplo do acordo de acionistas) ou ao negócio

---

[202] Trata-se do argumento utilizado por F. K. Comparato e Calixto Salomão Filho. Sobre o assunto, v. nota de rodapé nº 192.

jurídico que deu origem à situação de *influenciação sobre o controle empresarial*. Trata-se, de solução semelhante à da responsabilização do *controlador societário externo*[203], hipótese na qual também não há incidência das normas da LSA, salvo para compor eventual discurso argumentativo.

Essa solução de contingência, embora se esboce satisfatória do ponto de vista dogmático, apresenta insuficiências práticas bastante relevantes. Essas insuficiências representam a herança vil da inexistência de reconhecimento da segmentação entre *controle societário* e *controle empresarial* na LSA.

Em primeiro lugar, destaca-se a clara restrição de legitimidade ativa para pleitear a responsabilização do terceiro não titular do *controle societário* que abuse das prerrogativas que possibilitem a *influenciação sobre o controle empresarial*, em especial por parte do acionista minoritário ou qualquer terceiro prejudicado por tal ato abusivo.

Ora, como visto no decorrer do Capítulo 2 e analiticamente disposto no **Anexo**, na quase totalidade dos casos em que se verifica a hipótese de *influenciação sobre o controle empresarial* por terceiro não titular do *controle societário*, as prerrogativas que possibilitam essa situação são atribuídas por acordos de acionistas. Os acordos de acionistas, como se sabe, são contratos parassociais celebrados por alguns dos acionistas, normalmente com presença de ao menos um acionista integrante do bloco de *controle societário*, sendo praxe que a companhia integre tais contratos como interveniente anuente. Para que tais acordos produzam efeitos em relação à companhia, devem ser arquivados na sede social.

Por meio dessa breve descrição, fica claro que os acionistas minoritários que não sejam parte do acordo de acionistas, mas que venham a sofrer prejuízos em decorrência do uso abusivo das prerrogativas que configurem a hipótese de *influenciação sobre o controle empresarial* não possuem, por força do princípio da relatividade dos contratos, legitimidade ativa para ingressar em juízo em face do titular da posição de *influenciação sobre o controle empresarial* e requerer diretamente indenização. Apenas os acionistas

---

[203] Preciso, nesse sentido, é o posicionamento de Viviane Muller Prado: "*(...) na hipótese da existência de abuso de controle exercido externamente que implique prejuízos para a sociedade 'dependente', não há incidência das normas de direito societário, mas sim das regras de direito civil próprias dos contratos ou da disciplina do negócio jurídico que deu origem a tal situação.*" (PRADO, Viviane Muller. *Op. cit.* p. 153). Em igual sentido: ORCESI DA COSTA, Carlos Celso. Controle externo nas companhias. *In*: Revista de Direito Mercantil, Industrial, Econômico, Financeiro. n. 44. São Paulo, out-dez, 1981. p. 75 e MACEDO, Ricardo Ferreira de. *Op. cit.* pp. 195-196.

contratantes do acordo de acionistas ou a própria companhia é que possuem, em princípio, legitimidade ativa para tanto. Ou seja, o minoritário não signatário do acordo de acionistas só será indenizado reflexamente, por meio do ressarcimento dos prejuízos sofridos pela própria companhia.

Em segundo lugar e praticamente como consequência do aspecto anterior, a falta de previsão normativa específica dificulta muito a determinação do nexo de causalidade entre o dano e a ação e, principalmente, a omissão do terceiro não titular do *controle societário* que abusa das prerrogativas que configuram a hipótese de *influenciação sobre o controle empresarial*, bem como a própria responsabilização em si. Vale-se de um exemplo para ilustrar a questão.

Dentre as companhias analisadas no estudo de caso descrito no Capítulo 2, seleciona-se a ALUPAR INVESTIMENTOS S.A. (nº de referência 30, no **Anexo**). Não obstante essa companhia possuísse um acionista majoritário, Guarupart Participações LTDA., detentor de 84,04% das ações votantes representativas do capital social da companhia, titular do *controle societário majoritário*, o braço de participação do Estado FI-FGTS, detendo tão somente 6,34% das ações votantes representativas do capital social da companhia, possuía, em razão de disposições constantes do acordo de acionistas da companhia, prerrogativa de veto em manifestação prévia à realização da Assembleia Geral em relação a inúmeras matérias relacionadas ao *controle societário* e, sobretudo, ao *controle empresarial*.

Alguns exemplos de prerrogativas relacionadas ao *controle empresarial* atribuídas ao FI-FGTS são: "*contratação, pela Companhia, de novos financiamentos, empréstimos e/ou passivos que impliquem em um incremento igual ou superior à proporção de 20% (vinte por cento) de capital próprio e 80% (oitenta por cento) de capital de terceiros*"; e "*deliberação para a alienação pela Companhia de participações societárias em outras sociedades superior a 20% (vinte por cento) do patrimônio líquido das referidas sociedades detidas pela Companhia, indicadas no Organograma*". A atribuição dessas prerrogativas ao FI-FGTS, terceiro não titular do *controle societário*, possibilita-lhe a *influenciação sobre o controle empresarial*.

No caso hipotético de contratação pela ALUPAR INVESTIMENTOS S.A. de negócios jurídicos que atendam aos requisitos das prerrogativas mencionadas e que representem evidente prejuízo à companhia e, consequentemente, aos minoritários não signatários do acordo de acionistas, seria pressuposto a existência ao menos da aprovação tácita do FI-FGTS a esses negócios. Sendo assim, estressando as premissas desse caso hipotético, caso o titular do *controle societário* (Guarupart Participações LTDA) viesse a ser responsabilizado por abuso do poder de *controle societário* (artigo 117 da LSA), seria mandatório que o terceiro que exerce *influenciação sobre o controle empresarial* fosse igualmente responsabilizado.

Contudo, a forma de sua responsabilização, inclusive do ponto de vista processual, seria muito mais restrita e dificultosa: seria necessário que o minoritário, muitas vezes mero investidor, tivesse pleno conhecimento do conteúdo do acordo de acionistas, fosse capaz de identificar a existência da relação que possibilitasse a *influenciação sobre o controle empresarial*, convocasse uma assembleia geral extraordinária e aprovasse a deliberação pela propositura da ação de responsabilidade em face do titular da posição de *influenciação sobre o controle empresarial*, em nome da própria companhia. Além da extremamente improvável superação desse caminho, certamente existiria uma grande dificuldade de produção probatória[204].

Evidencia-se, assim, que a LSA apresenta relevante lacuna no que diz respeito à regulação da responsabilidade do terceiro não titular do *controle societário* que exerce *influenciação sobre o controle empresarial*. Somado a esse fato, a resposta atualmente presente na legislação, embora seja satisfatória do ponto de vista dogmático, apresenta insuficiências práticas marcantes, tornando essa responsabilização, quando devidamente aplicável, de remota probabilidade de ocorrência nos casos concretos.

Essa lacuna e consequente insuficiência prática guardam, por sua vez, íntima relação com a ausência de reconhecimento, pela legislação, da segmentação do controle em *controle societário* e *controle empresarial*, mais especificamente, da ausência de regulamentação da hipótese de *influenciação sobre o controle empresarial* quanto à forma de responsabilização de seu titular.

---

[204] Alternativas a esse caminho considerado "satisfatório" seriam extremamente engenhosas e teriam sua eficácia e efetividade dependente do crivo do poder judiciário. Alguns desses caminhos alternativos seriam: (i) pautando-se no direito constitucional de petição, previsto no artigo 5º, inciso XXXIV, alínea "a", da Constituição Federal, o acionista minoritário prejudicado, em razão da remota possibilidade de obter êxito por meio do procedimento previsto na legislação e apresentado no texto, poderia pleitear, em juízo, legitimidade ativa extraordinária para diretamente propor ação indenizatória em face do titular da posição de *influenciação sobre o controle empresarial*; (ii) poder-se-ia cogitar a aplicação analógica das regras de responsabilidade aplicáveis ao administrador da sociedade anônima, com fundamento no artigo 159 da LSA, por meio de procedimento análogo à ação *uti singuli* (o que dependeria, de toda forma, do percentual de ações representativas do capital social da companhia detidas por esse acionista minoritário prejudicado).

CONSIDERAÇÕES CONCLUSIVAS

Este trabalho assumiu como objetivo analisar criticamente, no contexto das relações de poder da sociedade anônima, a pertinência e relevância da segmentação do controle em duas estruturas autônomas e independentes, quais sejam o *controle societário* e o *controle empresarial*. Além disso, preocupou-se em estudar criticamente o tratamento dado pela legislação brasileira à lacuna legislativa presente na LSA, caracterizada pela influência por terceiros, principalmente não detentores de participação societária direta ou indireta na companhia, sobre o *controle empresarial*. Essa hipótese, que foi denominada de *influenciação sobre o controle empresarial*, representou o centro de algumas das principais discussões aqui propostas.

Iniciou-se a análise, no Capítulo 1, pela conceituação e definição de cada uma dessas estruturas.

Nesse sentido, o *controle societário* é o *poder funcional* (ou *poder-dever*) detido pela pessoa natural ou jurídica, ou pelo grupo de pessoas vinculadas por acordo de voto, ou sob controle comum, que (i) é titular de direitos de sócio que lhe assegurem, de modo permanente, a maioria dos votos nas deliberações da assembleia geral e o poder de eleger a maioria dos administradores da companhia; e (ii) usa efetivamente esse poder para dirigir as atividades sociais e orientar o funcionamento dos órgãos da companhia. Trata-se, assim, da hipótese prevista no artigo 116, *caput*, da LSA.

Paralelamente, o *controle empresarial* é um *direito subjetivo* de titularidade da companhia, que encerra o poder de destinação (em sentido amplo) dos seus bens e direitos, os quais, via de regra, são componentes do estabelecimento empresarial. O *controle empresarial* embora não possa, em princípio, ser transferido a terceiros, por ser de titularidade da companhia, pode ser influenciado determinantemente, configurando a referida hipótese de *influenciação sobre o controle empresarial*.

Com o intuito de verificar a pertinência dessa segmentação apresentada do ponto de vista teórico, foi conduzido um estudo de caso que teve como cenário os investimentos realizados pelos braços de participação do Estado brasileiro (entes federativos, entidades fechadas de previdência complementar e BNDES Participações S.A.), quando de sua atuação *direta* sob a modalidade *equity*. Essa análise, descrita no Capítulo 2, com base nas informações contidas no **Anexo**, analisou a transferência e a atribuição de prerrogativas encerradas pelo *controle empresarial* e pelo *controle societário* para esses braços de participação.

Vale ressaltar que, por mais que tenha sido escolhido o cenário dos investimentos realizados pelos braços de participação do Estado brasileiro, no contexto do chamado Capitalismo de Estado brasileiro, devido ao fato de a participação do Estado nas relações econômicas configurar um tema de extrema relevância para o desenvolvimento econômico e social do país e de a quantidade de experiências ser suficiente para a identificação de padrões, todas as conclusões dispostas são igualmente aplicáveis aos investimentos feitos por entes privados, a exemplo do *private equity* e do *venture capital*.

À luz da segmentação do controle em *controle societário* e *controle empresarial*, as modalidades de investimentos estudadas, quais sejam a emissão de *golden shares* e a participação direta no capital social de companhias, associada à presença de acordos parassociais (acordo de acionistas), atestaram a pertinência teórica dessa segmentação, devido à existência de inúmeras relações de poder que não possuiriam resposta adequada não fosse o seu reconhecimento, comprovando a tese proposta neste trabalho.

Dentre os padrões de deslocamento de poder observados pela análise empírica, merece destaque a situação em que um terceiro não titular do *controle societário* e detentor de participação minoritária, independentemente da presença de *controlador societário* majoritário, é titular de prerrogativas relacionadas ao *controle societário* e ao *controle empresarial*. Trata-se do padrão observado em 17 (dezessete) companhias da amostra, o que representa um número bastante significativo.

A relevância dos dados coletados é ainda maior quando se considera a existência de experiências em que há atribuição de algumas prerrogativas relacionadas ao *controle empresarial*, ao acionista minoritário não titular do *controle societário*. Nessas hipóteses, pode ser observada empiricamente a

CONSIDERAÇÕES CONCLUSIVAS

situação de *influenciação sobre o controle empresarial*, comprovando, na prática, a hipótese teórica apresentada e desenvolvida.

Como consequência praticamente natural, fez-se necessário analisar os impactos do reconhecimento da situação de *influenciação sobre o controle empresarial* por terceiro não titular do *controle societário*. Para tanto, foram enfrentadas duas temáticas de extrema relevância tanto para a teoria, quanto para a prática: a obrigatoriedade de realização de OPA (possibilidade de incidência do artigo 254-A da LSA e das normas da Seção VIII do Regulamento de Listagem do Novo Mercado), bem como a possibilidade e a forma de responsabilização desse terceiro não titular do *controle societário* quando do abuso das prerrogativas que lhe foram atribuídas.

Essa análise, que foi objeto de estudo do Capítulo 3, por um lado, concluiu pela ausência de possiblidade de incidência das regras que impõem a obrigatoriedade de realização de OPA quando da atribuição das prerrogativas que possibilitam a configuração da hipótese de *influenciação sobre o controle empresarial* pelo terceiro não titular do *controle societário*. Por outro lado, concluiu pela inexistência de regras específicas que fundamentem eventual pedido de reponsabilidade pelo abuso das prerrogativas que possibilitem a *influenciação sobre o controle empresarial* na LSA, devendo-se recorrer às regras de responsabilidade civil aplicáveis à espécie de negócio jurídico que deu origem à atribuição dessas prerrogativas, cuja efetividade, como visto, é muito questionável, sendo remota a probabilidade de responsabilização desse terceiro que abusa de suas prerrogativas.

Consequentemente, verifica-se que há importante lacuna no que tange à regulação da hipótese de *influenciação sobre o controle empresarial*, em especial quando exercido por terceiro não titular do *controle societário*, independentemente da detenção de ações representativas do capital social da companhia, ao passo que as soluções presentes no ordenamento jurídico, de *lege lata*, embora sejam dogmaticamente adequadas, mostram-se insatisfatórias do ponto de vista prático.

Reputa-se a ausência de regulamentação para essas temáticas justamente ao não reconhecimento da segmentação entre *controle societário* e *controle empresarial* pelo ordenamento jurídico brasileiro, mormente pela LSA, o que acompanha o posicionamento de grande parte da doutrina especializada. Houvesse tal reconhecimento, certamente existiria, muito provavelmente na própria LSA, respostas mais adequadas às necessidades identificadas.

REFERÊNCIAS

ADES, A. DI TELLA, R. National champions and corruption: some unpleasant interventionist arithmetic. The Economic Journal, 107 (443): 1023-1042

ANDRADE, Manuel A. Domingues de. Teoria da Relação Jurídica. Vol. 1. Sujeitos e Objeto. reimpr. Coimbra: Livraria Almedina, 2003

ARMOUR, John; HANSMANN, Henry; KRAAKMAN, Reinier. What is corporate law? In: The Anatomy of Corporate Law: A Comparative and Functional Approach. 2nd Edition. Oxford University Press

ASCARELLI, Tullio. Funzione economiche e istituti giuridici nella tecnica dell'interpretazione. In: Studi di diritto comparato e in tema de interpretazione. Milano: Dott. A. Giuffrè Editore, 1952

ASCARELLI, Tullio. O Contrato Plurilateral. In: Problemas das Sociedades Anônimas e Direito Comparado. 1a edição. Campinas: Bookseller, 2001. pp. 372-451

ASCARELLI, Tullio. O Negócio Indireto. In: Problemas das Sociedades Anônimas e Direito Comparado. 1a edição. Campinas: Bookseller, 2001. pp. 152-253

AZEVEDO, E. BNDES 50 anos de desenvolvimento. Rio de Janeiro: DBA. 2012

BARRETO FILHO, Oscar. Teoria do estabelecimento comercial: fundo de comércio ou fazenda mercantil. São Paulo: Saraiva, 1988

BERLE JR., Adolf A.; MEANS, Gardiner C. The Modern Corporation and Private Property. New York: The Macmillan Company, 1933

BEZERRA, Helga Maria Saboia. La *golden share* como instrumento de control estatal en empresas privatizadas. In: Seqüência, nº 60. jul. 2010. pp. 75-108

BLACK, Bernard. Agents Watching Agents: The Promise of Institutional Investor Voice. In: UCLA Law Review. v. 39, No. 4. 1992. pp. 811-893

BOBBIO, Norberto. Teoria Geral do Direito. 3ª ed. (trad. Denise Agostinetti). São Paulo: Martins Fontes, 2010

BOITEUX, Fernando Netto. Responsabilidade civil do acionista controlador e da sociedade controladora. 1ª ed. Rio de Janeiro: Forense, 1988

BORBA, José Edwaldo Tavares. Direito Societário. 3ª ed. rev. aum. e atual. Rio de Janeiro: Freitas Bastos, 1997

BREMMER, Ian. The End of the Free Market: Who wins the War Between States and Corporations. New York: Portfolio, 2010

BULGARELLI, Waldírio. Regime Jurídico da Proteção das Minorias nas S/A. Rio de Janeiro: Renovar, 1998

CAMPINHO, Sérgio. O Direito de Empresa à luz do Código Civil. 12ª Ed. rev. E atual. Rio de Janeiro: Renovar, 2011

CARVALHO, Mário Tavernard Martins de. Regime Jurídico dos Fundos de Investimentos. São Paulo: Quartier Latin, 2012

CARVALHOSA, Modesto. Comentários à lei de sociedades anônimas. v. 2. São Paulo: Saraiva, 1997

CARVALHOSA, Modesto. Comentários à Lei de Sociedades Anônimas. 3ª edição. v. 2. São Paulo: Saraiva, 2003

CARVALHOSA, Modesto. Comentários à Lei de Sociedades Anônimas. 3ª edição. v. 4, t. II. São Paulo: Editora Saraiva, 2003

CARVALHOSA, Modesto; EIZIRIK, Nelson. Estudos de Direito Empresarial. São Paulo: Editora Saraiva, 2010

CARVALHOSA, Modesto. O desaparecimento do controlador nas companhias com ações dispersas. *In*: Temas de Direito Societário e Empresarial Contemporâneos – *Liber Amicorum* Prof. Dr. Erasmo Valladão Azevedo e Novaes França. ADAMEK, Marcelo Vieira von. São Paulo: Malheiros Editores, 2011. pp. 516-521

CASTRO, Eduardo Spinola e. Acordo de Acionistas Celebrado no Âmbito de Sociedade Holding, Joint Venture ou Sociedade de Comando de Grupo de Sociedades – Sua Necessária Extensão às Sociedades Controladas ou Operacionais. In: CASTRO, Rodrigo R. Monteiro de; MOURA AZEVEDO, Luís André N. de (Coord.). Poder de Controle e Outros Temas de Direito Societário e Mercado de Capitais. São Paulo: Quartier Latin, 2010. pp. 421-435

CASTRO, Rodrigo Rocha Monteiro de. Controle Gerencial – Coleção IDSA de Direito Societário e Mercado de Capitais. 1. ed. São Paulo: Quarter Latin, 2010

CHAMPAUD, Claude. Le pouvoir de Concentration de la Société par Actions. Paris: Sirey, 1962

CLARK, Robert C. Corporate Law. New York: Aspen Law & Business, 1986

COASE, Ronald H. The Nature of The Firm. *In*: Economica, New Series, Vol. 4, No. 16. Nov., 1937. pp. 386-405

COELHO, Fábio Ulhoa. Curso de Direito Comercial: direito de empresa. v. 2. 17ª edição. São Paulo: Editora Saraiva, 2013

COFFEE JR. John. Do Norms Matter? A Cross-Country Examination of the Private Benefits of Control. jan. 2001

COMPARATO, Fábio Konder; SALOMÃO FILHO, Calixto. O Poder de Controle na Sociedade Anônima. 6ª edição revista e atualizada. Rio de Janeiro: Ed. Forense, 2014. pp. 43-44

CRUZ, P. R. D. C. Capitais Externos e o Financiamento de Longo Prazo no Brasil. In: SZMRECSÁNYI, Tamás. SUZIGAN, Wilson (orgs.). História Econômica do Brasil Contemporâneo. São Paulo: Hucitec / Associação Brasileira de Pesquisadores em História Econômica / Editoria da Univerisidade de São Paulo / Imprensa Oficial, 2002. pp.183-200

CRUZ, P.R.D.C. Notas sobre o financiamento de longo prazo na economia brasileira do após-guerra. Revista Economia e Sociedade.

CUNHA, Rodrigo Ferraz Pimenta da. O Poder de Controle na Nova Lei de Falência e Recuperações Judiciais. *In*: CASTRO, Rodrigo R. Monteiro de; MOURA AZEVEDO, Luís André N. de (Coord.). Poder de Controle e Outros Temas de Direito Societário e Mercado de Capitais. São Paulo: Quartier Latin, 2010. pp. 325-336

DODD, JR., E. Merrick. For whom are corporate managers trustees?. Harvard Law Review, Cambridge, v. 45, n. 7, mai., 1932, pp. 1145-1163

EIZIRIK, Nelson; GAAL, Ariádna B.; PARENTE, Flávia; HENRIQUES, Marcus de Freitas. Mercado de Capitais – regime jurídico. 3. ed. revista e ampliada. Rio de Janeiro: Renovar, 2011

EIZIRIK, Nelson. Aquisição de Controle Minoritário. Inexigibilidade de Oferta Pública. *In*: CASTRO, Rodrigo R. Monteiro de; MOURA AZEVEDO, Luís André N. de (Coord.). Poder de Controle e Outros Temas de Direito Societário e Mercado de Capitais. São Paulo: Quartier Latin, 2010. p. 177-190

ERBER, Fábio Stefano. e VERMULM, Roberto. Política e desempenho industrial. *In*: ERBER, F. e Vermulm, R. Ajuste estrutural e estratégias empresariais. Série IPEA no 144. Rio de Janeiro: IPEA, 1993. pp. 267 271

FERRAZ JUNIOR, Tercio Sampaio. Introdução ao estudo do direito: técnica, decisão, dominação. 4ª ed. São Paulo: Atlas, 2003

FERRI, Giuseppe. Le Società. Turim: UTET, 1971

FRANÇA, Erasmo Valladão Azevedo e Novaes. Alteração de Controle Direto e Indireto de Companhia. *In*: CASTRO, Rodrigo R. Monteiro de; MOURA AZEVEDO, Luís André N. de (Coord.). Poder de Controle e Outros Temas de Direito Societário e Mercado de Capitais. São Paulo: Quartier Latin, 2010. pp. 263-274

FRANÇA, Erasmo Valladão Azevedo e Novaes. Conflito de interesses nas assembleias de S.A. São Paulo: Malheiros, 1993

FRANÇA, Erasmos Valladão Azevedo e Novaes. Conflito de interesses nas assembleias de S.A. (e outros escritos sobre conflito de interesses). 2ª ed. São Paulo: Malheiros, 2014

FRANCO, Vera Helena de Mello; SZTAJN, Raquel. Manual de Direito Comercial. Vol 2. São Paulo: Revista dos Tribunais, 2005

FUNG, K. C.; GARCIA-HERRERO, Alicia; IIZAKA, Hitomi; SIU, Alan. Hard or Soft? Institutional Reforms and Infrastructure Spending as Determinants of Foreign Direct Investment in China. Department of Economics, UC Santa Cruz. Working Series Paper. Publication Date 04.04.2005.

GRAU, Eros Roberto. A ordem econômica na Constituição de 1988. 10ª Ed. Rev. Atual. São Paulo: Malheiros Editores, 2005

GRUNDMANN, Stefan; MÖSLEIN, Florian. Golden Shares: State Control in Privatised Companies: Comparative Law, European Law and Policy Aspects. Apr. 2003

GUERREIRO, José Alexandre Tavares. Direitos das minorias na sociedade anônima. In: Revista de Direito Mercantil, Industrial, Econômico e Financeiro. n. 63, jul-set. São Paulo, 1986. pp. 106-111

HABER, S. Introduction: the political economy of crony capitalism. In: HABER, S. (ed). Crony capitalism and economic growth in Latin America: theory and evidence: xi-xxi. Standford: Hoover Institution Press

HALL, Peter A.; SOSKICE, David. Varieties of Capitalism: The Institutional Foundations of Comparative Advantage. *In*: Oxford University Press, 2001

JENSEN, Michael C.; MECKLING, William H. Theory of the firm: managerial behavior, agency costs and ownership structure. In: Journal of Financial Economics, Amsterdam, v. 3, n. 4, out., 1976. pp. 305-360

JENSEN, Michael C. Takeovers: their causes and consequences. In: Journal of Economic Perspectives, vol. 2, no. 1, 1988. pp. 21-48

LAFER, Celso. O Planejamento no Brasil – observações sobre o Plano de Metas

(1956-1961). *In*: LAFER, Betty Mindlin. Planejamento no Brasil.3ª Ed. São Paulo: Perspectiva, 1975. pp. 29-50

LAMY FILHO, Alfredo; BULHÕES PEDREIRA, José Luiz. A lei das S.A.: pressupostos, elaboração, aplicação. Rio de Janeiro: Renovar. 1992

LA PORTA, Rafael; SILANES, Florencio Lopez de; SHLEIFER, Andrei; VISHNY, Robert W. Investor Protection: Origins, Consequences, Reform. jun. 1999

LAZZARINI, Sérgio G. Capitalismo de Laços: Os donos do Brasil e suas conexões. Rio de Janeiro: Elsevier, 2011

LEITE, Leonardo Barém. Governança Corporativa – Considerações sobre sua Aplicação no Brasil (Das "Limitadas" às Sociedades Anônimas de Capital Pulverizado). *In*: CASTRO, Rodrigo R. Monteiro de; MOURA AZEVEDO, Luís André N. de (Coord.). Poder de Controle e Outros Temas de Direito Societário e Mercado de Capitais. São Paulo: Quartier Latin, 2010. pp. 503-529

LOBO, Jorge. Interpretação Realista da Alienação de Controle de Companhia Aberta. In: Revista da EMERJ. v. 4. n. 15, 2001. pp. 95-119

LOBO, Jorge Joaquim. Direito dos acionistas. Rio de Janeiro: Elsevier, 2011

LUMIA, Giuseppe. Lineamenti di teoria e ideologia del diritto. 3ª ed. Milano: Giuffrè, 1981. pp. 102-123, trecho traduzido, com adaptações e modificações, pelo Prof. Alcides Tomasetti Jr.

MACEDO, Ricardo Ferreira de. Controle não societário. Rio de Janeiro: Renovar, 2004

MARINHO, Sarah Morganna Matos. Como são os laços do capitalismo brasileiro? As ferramentas jurídicas e os objetivos dos investimentos por participação da BNDESPAR. Dissertação (mestrado) – Escola de Direito de São Paulo da Fundação Getúlio Vargas, 2015

MB ASSOCIADOS – BARROS, José Mendonça de; SCHEIKMAN, José A.; CANTIDIANO, Luiz Leonardo. Desafios e oportunidades para o mercado de capitais brasileiro. BOVESPA, 2000

MORETTIN, Pedro A. BUSSAD, Wilton de O. Estatística Básica. 5ª ed. São Paulo: Saraiva, 2002

MUNHOZ, Eduardo Secchi. Aquisição de controle na sociedade anônima. São Paulo: Saraiva, 2013

MOTA PINTO, Carlos Alberto da. Teoria Geral do Direito Civil. 3ª ed. 4ª reimpr. Coimbra: Coimbra Editora, 1990

MOURA AZEVEDO, Luís André N. de. Ativismo dos Investidores Institucionais e Poder de Controle nas Companhias Abertas de Capital Pulverizado Brasileiras. *In*: CASTRO, Rodrigo R. Monteiro de; MOURA AZEVEDO, Luís André N. de (Coord.). Poder de Controle e Outros Temas de Direito Societário e Mercado de Capitais. São Paulo: Quartier Latin, 2010. pp. 217-262

MUSACCHIO, Aldo; LAZZARINI, Sergio G. Leviathan as a Minority Shareholder: A Study of Equity Purchases by the Brazilian National Development Bank (BNDES), 1995-2003. Working paper. 11-073. 2011

MUSACCHIO, Aldo; LAZZARINI, Sergio G. Leviathan in Business: Varieties of State Capitalism and their Implications for Economic Performance. Working Paper. JEL codes: P51, L32, L33. jun. 2012.

MUSACCHIO, Aldo; LAZZARINI, Sergio G. Reinventing State Capitalism – Leviathan in Business, Brazil and Beyond. Harvard University: Harvard University Press, 2014

MUSACCHIO, Aldo; LAZZARINI, Sergio G. Reinventando o Capitalismo de Estado

– O Leviatã nos negócios: Brasil e outros países. Trad. Afonso Celso C. Serra. São Paulo: Porfolio, 2015

MUSACCHIO, Aldo; LAZZARINI, Sergio G; BANDEIRA-DE-MELLO. Rodrigo. What do Development Banks Do? Evidence from Brazil, 2002-2009. April, 2012

NAJBERG, S. Privatização de recursos públicos: os empréstimos do sistema BNDE ao setor privado com correção parcial. Dissertação de Mestrado. Rio de Janeiro: PUC-RJ. Departamento de Economia, 1989

NIOAC PRADO, Roberta. Da Obrigatoriedade por parte do adquirente do controle de sociedade por ações de capital aberto de fazer simultânea oferta pública, em condições iguais, aos acionistas minoritários – art. 254 da Lei 6.404/1976 e Resolução CMN 401/76 – É efetivo mecanismo de proteção dos minoritários? In: Revista de Direito Mercantil, Industrial, Econômico e Financeiro. n. 106, abr./jun. São Paulo: Malheiros, 1997. pp. 83-106

NIOAC PRADO, Roberta. Oferta Pública de Ações Obrigatória nas S.A. – Tag Along. São Paulo: Quartier Latin, 2005

NUNES, António José Avelãs. Uma Introdução à Economia Política. São Paulo: Quartier Latin, 2007

OIOLI, Erik Frederico. Oferta Pública de Aquisição de Controle de Companhias Abertas – Coleção IDSA de Direito Societário e Mercado de Capitais – Volume 1. São Paulo: Quartier Latin, 2010

ORCESI DA COSTA, Carlos Celso. Controle externo nas companhias. In: Revista de Direito Mercantil, Industrial, Econômico, Financeiro. n. 44. São Paulo, out.-dez, 1981. pp. 70-75

OSTROM, Elinor. Beyond Markets and States: Polycentric Governance of Complex Economic Systems. Prize Lecture, December 8, 2009

OSTROM, Elinor. Governing the Commons: the evolution of institutions for collective action. California: Cambridge University Press, 1990

PELA, Juliana Krueger. As Golden Shares no Direito Societário Brasileiro. São Paulo: Quartier Latin, 2012

PENTEADO, Mauro Rodrigues. Apontamentos sobre a alienação de controle de companhias abertas. In: Revista de Direito Mercantil, Industrial, Econômico e Financeiro. nº 76, ano XXVII. out/dez 1989. pp. 15-25

PEREIRA, Caio Mário da Silva. Instituições de Direito Civil. v. 3. Rio de Janeiro: Forense, 2013

PITTA, A. G. O Regime de Informações das Companhias Abertas. São Paulo: Quartier Latin, 2013

POLLOCK, Friedrich. State Capitalism: Its Possibilities and Limitations. *In*: Studies in Philosophy and Social Sciences Vol. IX. 1941

PONTES DE MIRANDA, F. C. Tratado de Direito Privado – Parte Geral – Tomo I – Introdução. Pessoas Físicas e Jurídicas. 4ª Ed. São Paulo: RT, 1974

PONTES DE MIRANDA, F. C. Tratado de Direito Privado – Parte Especial. Tomo IX. 3ª Ed. Rio de Janeiro: Borsoi, 1971

PORTUGAL-PEREZ, Alberto; WILSON, John S. Export Performance and Trade Facilitation Reform: Hard and Soft Infrastructure. 2011 Bolivian Conference on Development Economics (BCDE 2011), June 2011

PRADO, Viviane Muller. Noção de grupo de empresas para o direito societário e para o direito concorrencial. In: Revista de Direito Bancário e Mercado de Capitais. n. 2, mai.-ago., 1998, pp. 140-156

PRANDINI JR., Alex. Trespasse e Cisão Parcial – Similitudes. In: CASTRO, Rodrigo R. Monteiro de; ARAGÃO, Leandro Santos de (coord.). Reorganização Societária. São Paulo, Quartier Latin, 2005. pp. 362-382

PROENÇA, José Marcelo Martins. Função social da sociedade – convivência entre interesse público e interesse privado. In: FILKENSTEIN, Maria Eugênia. PROENÇA, José Marcelo Martins (coords.). Direito Societário: gestão de controle. São Paulo: Saraiva. 2008. Série GVlaw. p. 3-19

PROENÇA, José Marcelo Martins. Insider Trading: regime jurídico do uso de informações privilegiadas no mercado de capitais. São Paulo: Quartier Latin, 2005

RAMUNNO, Pedro A. L. Capitalismo de Estado Brasileiro: Um panorama da intervenção estatal nas relações societárias. Tese de Láurea – Faculdade de Direito da Universidade de São Paulo, Universidade de São Paulo, 2013

RIBEIRO, Renato Ventura. Direitos de Voto nas Sociedades Anônimas. São Paulo: Quartier Latin, 2009

ROTHBARD, Murray N. A future of peace and capitalism. Boston: Allyn and Bacon, 1973

ROYO, Sebastián. Varieties of Capitalism for Latin America? In: Jean Monnet/Robert Schuman Paper Series. Vol. 9. No. 12. November, 2009

SALOMÃO FILHO, Calixto. Direito Societário e novo mercado. In SALOMÃO FILHO, Calixto. O novo direito societário. 3ª ed. ed. São Paulo: Malheiros, 2006. pp. 51-57

SALOMÃO FILHO, Calixto. "*Golden Share*: utilidade e limites". In: O Novo Direito Societário. 4ª ed. São Paulo: Malheiros. pp. 141-148

SALOMÃO FILHO, Calixto. Interesse Social: A Nova Concepção. In: O Novo Direito Societário. 4ª ed. rev. e ampl. São Paulo: Malheiros Editores, 2011. pp. 27-52

SALOMÃO FILHO, Calixto. Novo estruturalismo jurídico: uma alternativa para o direito? In: Revista dos Tribunais, vol. 926. Dezembro, 2012

SALOMÃO FILHO, Calixto. Regulação da atividade econômica (princípios e fundamentos jurídicos). 2ª ed. São Paulo: Malheiros, 2008

SANTOS, Diogo Jorge Favacho dos. Poder de Controle Societário do Estado nas sociedades privadas. Disponível em: <http://jus.com.br/artigos/20170/poder-de-controle-societario-do-estado-nas-sociedades-privadas>

SCHAPIRO, Mario Gomes. Novos Parâmetros para a Intervenção do Estado na Economia: Persistência e Dinâmica na Atuação do BNDES em uma Economia Baseada no Conhecimento. Tese de Doutorado. São Paulo: Faculdade de Direito da Universidade de São Paulo. Departamento de Direito Econômico e Financeiro, 2009

SCHNEIDER, B. R. Hieralchical Market Economies and Varieties of Capitalism in Latin America. In: Journal of Latin American Studies, v. 41, 2009. pp. 535-575

STUDART, Rogério. Financiamento e Desenvolvimento. In GAMBIAGI, Fabio et al. (Org.). Economia brasileira contemporânea (1945-2004). Rio de Janeiro: Elsevier, 2005. p. 335-354

THE ECONOMIST. The rise of state capitalism. Estados Unidos da América. Publicado em 21.1.2012

TREBAT, Thomas. Brazil's State-Owned Enterprises – a case study of the state as entrepreneur. New York, Cambridge, 1983. pp. 10-29

VENOSA, Sílvio de Salvo. Direito civil: responsabilidade civil. Coleção Direito civil – v. 4. 11 ed. São Paulo: Atlas, 2011

WARDE JR., Walfrido Jorge. Os Poderes Manifestos no Âmbito da Empresa Societária e o Caso das Incorporações: a Necessária Superação do Debate Pragmático-Abstracionista. *In*: CASTRO, Rodrigo R. Monteiro de; MOURA AZEVEDO, Luís André N. de (Coord.). Poder de Controle e Outros Temas de Direito Societário e Mercado de Capitais. São Paulo: Quartier Latin, 2010. pp. 55 – 82

ANEXO

1.

Nome empresarial e nome fantasia	ALL AMÉRICA LATINA LOGÍSTICA S.A. | ALL
Nome do pregão	ALL AMER LAT
Código de Negociação	ALLL3 (ON)
CNPJ da matriz	02.387.241/0001-60
Sítio eletrônico institucional	www.all-logistica.com
Setor e subsetor (segmento)	Construção e transporte | Transporte | Transporte Ferroviário
Segmento de listagem	Novo Mercado
Documentos e informações analisados	• Formulário de referência – 2014 – V9 • Acordo de Acionistas celebrado entre BNDES Participações S.A. – BNDESPAR; BRZ ALL – Fundo de Investimento em Participações, Caixa de Previdência dos Funcionários do Banco do Brasil – PREVI, Fundação dos Economiários Federais – FUNCEF, Judori Administração, Empreendimentos e Participações S.A, Riccardo Arduini e Wilson Ferro de Lara, conforme aditado pelo 8º Aditivo • Ata de Reunião do Conselho de Administração realizada em 12 de janeiro de 2015 • Estatuto Social da Companhia, conforme atualizado em 27 de abril de 2012
Composição do capital social	687.664.312	Ordinárias
Atividades (principais) da companhia	Prestação de serviços de transporte de cargas por meio dos modais ferroviário e rodoviário

CONTROLE SOCIETÁRIO E CONTROLE EMPRESARIAL

Posição acionária	Genesis Asset Managers Limited.	5,09% (ON)
	BNDES Participações S.A. – BNDESPAR	12,10% (ON)
	Caixa de Previdência dos Funcionários do Banco do Brasil (PREVI)	3,95% (ON)
	BRZ ALL – Fundo de Investimento em Participações (composto por fundos de pensão de empresas estatais)	4,79% (ON)
	Riccardo Arduini	0,78% (ON)
	Fundação Dos Economiários Federais – FUNCEF	3,83% (ON)
	Bem Distribuidora de Títulos E Valores Mobiliários Ltda. – Adm.	5,00% (ON)
	GMI – Global Markets Investments Limited Partnership	4,94% (ON)
	Julia Dora Antonia Koranyi Arduini	5,61% (ON)
	Outros	53,27% (ON)
	Ações Tesouraria	0,63% (ON)
Estado acionista	• BNDES Participações S.A. – BNDESPAR • BRZ ALL – Fundo de Investimento em Participações • Caixa de Previdência dos Funcionários do Banco do Brasil – PREVI • Fundação Dos Economiários Federais – FUNCEF	
Declaração de existência e espécie de controle acionário	Segundo informações disponibilizadas, os controladores diretos da companhia são BNDES Participações S.A. – BNDESPAR, Caixa de Previdência dos Funcionários do Banco do Brasil (Previ), BRZ ALL- Fundo de Investimento em Participações, Riccardo Arduini, Fundação Dos Economiários Federais – FUNCEF, GMI – Global Markets Investments Limited Partnership e Julia Dora Antonia Koranyi Arduini	
Possibilidade de atribuição do *controle societário* para e/ou de posição jurídica que possibilite a *influenciação sobre controle empresarial* pelo o Estado/seus braços de participação	Sim. Com base nos documentos analisados, são atribuídos aos braços de participação do Estado prerrogativas encerradas tanto pelo *controle societário*, como pelo *controle empresarial*.	

152

ANEXO

	Técnica para atribuição das prerrogativas: Disposições contidas em acordo de acionistas.
	Justificativa
	(i) os "controladores diretos e indiretos" têm sua participação distribuída da seguinte forma, sendo que as suas são vinculadas ao Acordo de Acionistas:
	BNDES Participações S.A. – BNDESPAR 11.511.686 16,6
	BRZ ALL – Fundo de Investimento em Participações 12.892.037 18,6
Modo de atribuição do *controle societário* e/ou de *posição jurídica que possibilite a influenciação sobre controle empresarial*	Caixa de Prev. dos Func. do Banco do Brasil – PREVI 4.138.010 6,0
	Fundação dos Economiários Federais – FUNCEF 3.965.438 5,7
	Julia Dora Antonia Koranyi Arduni 16.385.020 23,7
	Riccardo Arduini 5.357.780 7,7
	GMI – Global Markets Investments Limited Partnership 14.927.339 21,6

153

Subtotal Grupo Controlador
69.177.310
100,0

(ii) há previsão de convocação de "reunião prévia" para definir o voto a ser proferido pelas partes do Acordo de Acionistas, conforme Cláusula 3.2 do Acordo de Acionistas;

(iii) a maioria dos assentos do Conselho de Administração são ocupadas por membros eleitos pelos acionistas vinculados ao Acordo de Acionistas;

(iv) a aprovação das seguintes matérias em reunião prévia, definindo o posicionamento dos acionistas vinculados ao Acordo de Acionistas, depende de voto afirmativo de 75% das ações vinculadas ao Acordo de Acionistas, conforme Cláusula 3.3 (apenas as principais são transcritas a seguir, fazendo-se alguns comentários):

(iv.a) *"alienação de ações de emissão das Concessionárias detidas, direta ou indiretamente, pela Companhia, ou qualquer operação que tenha por resultado fazer com que as Concessionárias deixem de ser controladas diretas ou indiretas da Companhia, sem prejuízo da necessidade de autorização da Agência Nacional de Transportes Terrestres, ou órgão que venha a substituí-la"*; – trata-se da alienação de valores mobiliários que integram o estabelecimento empresarial da companhia, ou seja, prerrogativa diretamente relacionada ao *controle empresarial*.

(iv.b) *"fixação das condições gerais de celebração de contratos de qualquer natureza entre a Companhia ou suas controladas, de um lado, e as Partes, suas controladas, controladoras, ou controladas de suas controladoras, de outro, qualquer que seja o valor, ou autorização para a celebração de contratos que não atendam a essas condições"*; – trata-se da determinação das condições de contratação entre "partes relacionadas", prerrogativa diretamente relacionada ao *controle empresarial*.

(iv.c) *"alienação ou oneração de bens ou direitos da Companhia ou das suas controladas, em uma ou mais operações sucessivas no curso de 12 (doze) meses consecutivos, de valor agregado superior a R$ 100.000.000,00 (cem milhões de reais)"*; – levando-se em consideração a atividade desenvolvida pela companhia, qual seja, prestação de serviços de transporte de carga, tratando-se do principal player latino americano do setor, o valor de R$ 100.000,00 (cem milhões de reais) é relativamente baixo, atribuindo ao bloco o poder de destinação (em sentido amplo) sobre bens e direitos da companhia, que integram o estabelecimento empresarial, tratando-se de prerrogativa diretamente relacionada ao *controle empresarial*.

ANEXO

(iv.d) *"suspensão das atividades da Companhia ou de suas controladas"*. – trata-se nitidamente da atribuição de poderes de destinação (em sentido amplo) de bens e direitos integrantes do estabelecimento empresarial, relacionadas ao *controle empresarial*.

(iv.e) *"alteração do número de membros do Conselho de Administração"*. – a inclusão desta prerrogativa configura técnica de manutenção e estabilização tanto do *controle empresarial*, quanto do *controle societário*, haja vista o conteúdo amplo das matérias que dependem da aprovação do Conselho de Administração da companhia, alocando a esse órgão da companhia muitas prerrogativas (conforme Artigo 25 do Estatuto Social da companhia).

(v) a abstinência normalmente observada nas assembleias gerais em companhias brasileiras, somado à previsão de que as partes vinculadas ao Acordo de Acionistas podem representar as demais, de igual modo que os membros do Conselho de Administração eleitos podem representar os eleitos pelas demais partes do Acordo de Acionistas;

(vi) os braços de participação do Estado na companhia analisada são: BNDES Participações S.A. – BNDESPAR; BRZ ALL – Fundo de Investimento em Participações; Caixa de Previdência dos Funcionários do Banco do Brasil – PREVI; Fundação dos Economiários Federais – FUNCEF. Levando em consideração as ações vinculadas ao Acordo de Acionistas, esses acionistas representam 46,9%, sendo indispensáveis para a composição do posicionamento do grupo de controle na "reunião prévia".

Sendo assim, os braços de participação do Estado, quando agrupados de modo a representar mais de 25% das ações vinculadas ao Acordo de Acionistas:

(a) no que tange ao *controle societário*, integram o bloco de controle, tratando-se de manifesto controle compartilhado, já que dependem dos demais acionistas vinculados ao Acordo de Acionistas para prevalecerem nas Assembleias Gerais, bem como para eleger a maioria dos administradores da companhia; e

(b) no que tange ao *controle empresarial*, a situação é diversa e merecedora de especial atenção. A partir do momento que nas condições mencionadas os braços de participação do Estado podem implicar ou impedir na destinação dos bens e direitos que integram o estabelecimento empresarial, essas prerrogativas são atribuídas a eles. Dessa forma, por mais que os demais acionistas vinculados ao Acordo de Acionistas também tenham essa prerrogativa, toda e qualquer contratação relevante da companhia analisada depende ao menos da concordância tácita dos braços de participação do Estado, havendo um deslocamento circunstancial do *controle empresarial* da companhia, para os titulares de ações vinculadas ao Acordo de Acionistas, configurando-se a hipótese de *influenciação sobre o controle empresarial*.

Investimentos com o Sistema BNDES	De acordo com informações públicas disponibilizadas, há evidência de contratos celebrados com o Sistema BNDES, a exemplo de debêntures.
Observações adicionais	• Diversas das sociedades controladas e/ou coligadas (a exemplo da ALL – América Latina Logística Malha Sul S.A. e da ALL – América Latina Logística Malha Paulista S.A.) venceram processos de licitação de malha ferroviárias, sobretudo dentro do PND empreendido pelo Governo Federal.

ANEXO

2.

Nome empresarial e nome fantasia	BRASIL PHARMA S.A.		
Nome do pregão	BR PHARMA		
Código de Negociação	BPHA3 (ON)		
CNPJ	11.395.624/0001-71		
Sítio eletrônico institucional	www.brph.com.br		
Setor e subsetor (segmento)	Consumo não Cíclico | Comércio e Distribuição | Medicamentos		
Segmento de listagem	Novo Mercado		
Documentos e informações analisados	• Formulário de referência – 2014 – V13 • Estatuto social da companhia, conforme atualizado em 7 de janeiro de 2015		
Composição do capital social	363.051.086	Ordinárias	
Atividades (principais) da companhia	Comercialização e distribuição de produtos farmacêuticos.		
Posição acionária	Administradores e conselheiros		0,43% (ON)
	BTG Alpha Investments LLCC		15,28% (ON)
	BTG Pactual Principal Investments Fundo de Investimento em Participações		8,27% (ON)
	Fundação Petrobras de Seguridade Social – PETROS		10,37% (ON)
	BTG Pactual Stigma LLC		14,26% (ON)
	Outros		51,39% (ON)
	Ações Tesouraria		0 (ON)
Estado acionista	• Fundação Petrobras de Seguridade Social – PETROS		
Declaração de existência e espécie de controle acionário	Segundo informações disponibilizadas, a companhia analisada apresenta "controle difuso". Para comentários, verificar a seção "Observações adicionais".		

CONTROLE SOCIETÁRIO E CONTROLE EMPRESARIAL

Possibilidade de atribuição do *controle societário* para e/ou de posição jurídica que possibilite a *influenciação sobre controle empresarial* pelo o Estado/seus braços de participação	De acordo com os documentos societários analisados, não há a atribuição à Fundação Petrobras de Seguridade Social – PETROS de prerrogativas relacionadas ao poder de destinação de bens e direitos integrantes do estabelecimento empresarial, ou seja, ao *controle empresarial*. No que tange ao *controle societário*, a Fundação Petrobras de Seguridade Social – PETROS pode, eventual e circunstancialmente, compor o bloco de *controle societário*, compartilhando-o.
Modo de atribuição do *controle societário* e/ou de posição jurídica que possibilite a *influenciação sobre controle empresarial*	A possiblidade de a Fundação Petrobras de Seguridade Social – PETROS integrar o bloco de *controle societário* se dá em razão da configuração da composição acionária da companhia analisada, marcada por relativa dispersão acionária. O critério de permanência deve observado por meio da análise dos votos nas últimas deliberações da companhia. De todo modo, não há fundamentos para se defender, neste caso, a existência de um controle gerencial.
Investimentos com o Sistema BNDES	De acordo com informações públicas disponibilizadas, não há evidência de contratos celebrados com o Sistema BNDES.
Observações adicionais	Por mais que companhia analisada se auto defina como apresentando "controle difuso", as sociedades integrantes do grupo econômico BTG PACTUAL (quais sejam, BTG Alpha Investments LLC, BTG Pactual Principal Investments Fundo de Investimento em Participações e BTG Pactual Stigma LLC), que apresentam um controlador (direto ou indireto) comum, detém 37,81% das ações da companhia analisada. Esse fato, somado à abstinência típica do mercado de capitais brasileiro, permite que se defenda estar-se diante de caso de *controle minoritário*, podendo a Fundação Petrobras de Seguridade Social – PETROS, eventual e circunstancialmente, integrar o bloco de controle societário.

3.

Nome empresarial e nome fantasia	BR PROPERTIES S.A.	
Nome do pregão	BR PROPERT	
Código de Negociação	BRPR3 (ON)	
CNPJ	06.977.751/0001-49	
Sítio eletrônico institucional	www.brpr.com.br	
Setor e subsetor (segmento)	Financeiro e Outros | Exploração de Imóveis | Exploração de Imóveis	
Segmento de listagem	Novo Mercado	
Documentos e informações analisados	• Formulário de referência – 2014 – V12 • Estatuto social da companhia, conforme alterado em 5 de dezembro de 2014	
Composição do capital social	298.222.434	Ordinárias
Atividades (principais) da companhia	Compra, venda e incorporação de imóveis comerciais prontos ou a construir; administração de imóveis próprios ou de terceiros; arrendamento, exploração comercial, locação, sublocação de imóveis comerciais próprios.	
Posição acionária	Propertyco Fundo de Investimento Multimercado Crédito Privado – Investimento No Exterior (FIMM)	18,65% (ON)
	Grupo BTG Pactual	7,63% (ON)
	Fundação Petrobras de Seguridade Social – PETROS	10,00% (ON)
	WTorre S.A.	8,43% (ON)
	Southeastern Asset Management	5,28% (ON)
	Outros	50,02% (ON)
	Ações Tesouraria	0,00% (ON)
Estado acionista	• Fundação Petrobras de Seguridade Social – PETROS	
Declaração de existência e espécie de controle acionário	Segundo informações disponibilizadas, a companhia analisada não possui "acionista identificado como controlador ou um grupo de controle".	

ANEXO

Possibilidade de atribuição do *controle societário* para e/ou de posição jurídica que possibilite a *influenciação sobre controle empresarial* pelo o Estado/seus braços de participação	De acordo com os documentos societários analisados, não há a atribuição à Fundação Petrobras de Seguridade Social – PETROS de prerrogativas relacionadas ao poder de destinação de bens e direitos integrantes do estabelecimento empresarial, ou seja, ao *controle empresarial*.
	No que tange ao *controle societário*, a Fundação Petrobras de Seguridade Social – PETROS pode, eventual e circunstancialmente, compor o bloco de *controle societário*, compartilhando-o.
Modo de atribuição do *controle societário* e/ou de posição jurídica que possibilite a *influenciação sobre controle empresarial*	A possibilidade de a Fundação Petrobras de Seguridade Social – PETROS integrar o bloco de *controle societário* se dá em razão configuração da composição acionária da companhia analisada, marcada por relativa dispersão acionária. O critério de permanência deve ser observado por meio da análise dos votos nas últimas deliberações da companhia. De todo modo, não há fundamentos para se defender, neste caso, a existência de um controle gerencial.
Investimentos com o Sistema BNDES	De acordo com informações públicas disponibilizadas, não há evidência de contratos celebrados com o Sistema BNDES.
Observações adicionais	Não aplicável.

4.

Nome empresarial e nome fantasia	BCO BRASIL S.A.	
Nome do pregão	BRASIL	
Código de Negociação	BBAS11 | BBASI2 | BBAS3 (ON)	
CNPJ	00.000.000/0001-91	
Sítio eletrônico institucional	www.bb.com.br	
Setor e subsetor (segmento)	Financeiro e Outros | Intermediários Financeiros | Bancos	
Segmento de listagem	Novo Mercado	
Documentos e informações analisados	• Formulário de referência – 2014 – V18; • Estatuto social da companhia, conforme alterado em 11 de julho de 2014	
Composição do capital social	298.222.434	Ordinárias
Atividades (principais) da companhia	Banco múltiplo.	
Posição acionária	União Federal – Secretaria do Tesouro Nacional	50,73% (ON)
	Caixa FI Garantia Construção Naval	3,43% (ON)
	Fundo Fiscal de Investimento e Estabilização	3,86% (ON)
	Fundo Garantidor para Investimentos	0,26% (ON)
	Caixa de Previdência dos Funcionários do Banco do Brasil - PREVI	10,43% (ON)
	BB FGO – Fundo de Investimento em Ações	0,03% (ON)
	Lazard Asset Management Securities LLC	5,03% (ON)
	Outros	24,10% (ON)
	Ações Tesouraria	2,13% (ON)

Estado acionista	• Secretaria do Tesouro Nacional • Caixa FI Garantia Construção Naval • Fundo Fiscal de Investimento e Estabilização • Fundo Garantidor para Investimentos • Caixa de Previdência dos Funcionários do Banco do Brasil – PREVI • BB FGO – Fundo de Investimento em Ações
Declaração de existência e espécie de controle acionário	Segundo informações disponibilizadas, a União Federal (sobretudo por meio da Secretaria do Tesouro Nacional) é controladora da sociedade.
Possibilidade de atribuição do *controle societário* para e/ou de posição jurídica que possibilite a *influenciação sobre controle empresarial* pelo o Estado/seus braços de participação	Técnica para atribuição das prerrogativas: *Controle societário* majoritário detido pela União Federal.
	Justificativa
	Por se tratar de sociedade de economia mista, conforme o Decreto-Lei nº 200/1967, o ente público deve ser controlador societário majoritário típico.
	Além disso, uma vez que não há acordo de acionistas, não há de se cogitar a possibilidade de atribuição do controle (*societário* e/ou *empresarial*) para a Lazard Asset Management Securities LLC, por meio de instrumentos societários.
	Sendo assim, o *controle empresarial* é, via de regra, de titularidade da companhia, sendo diretamente influenciado pelo titular do *controle societário*.
Modo de atribuição do *controle societário* e/ou de posição jurídica que possibilite a *influenciação sobre controle empresarial*	Controle societário majoritário (direto e/ou indireto) detido pela União.
Investimentos com o Sistema BNDES	De acordo com informações públicas disponibilizadas, não há evidência de contratos celebrados com o Sistema BNDES.
Observações adicionais	Não aplicável.

ANEXO

5.

Nome empresarial e nome fantasia	BRF S.A.	
Nome do pregão	BRF AS	
Código de Negociação	BRFS3 (ON)	
CNPJ	01.838.723/0001-27	
Sítio eletrônico institucional	www.brf-br.com	
Setor e subsetor (segmento)	Consumo não Cíclico | Alimentos Processados | Carnes e Derivados	
Segmento de listagem	Novo Mercado	
Documentos e informações analisadas	• Formulário de referência – 2014 – V13 • Estatuto social da companhia, conforme atualizado em 03 de abril de 2014 • Atas de Reuniões do Conselho de Administração	
Composição do capital social	872.473.246	Ordinárias
Atividades (principais) da companhia	Industrialização, comercialização, no varejo e no atacado, e exploração de alimentos em geral, principalmente os derivados de proteína animal e produtos alimentícios que utilizem a cadeia de frio como suporte e distribuição.	
Posição acionária	Fundação Sistel de Seguridade Social	0,91% (ON)
	Fundação Vale do Rio Doce de Seguridade Social – VALIA	1,12% (ON)
	BlackRock Inc.	4,98% (ON)
	Tarpon Gestora de Recursos S.A.	10,49% (ON)
	Caixa de Previdência dos Funcionários do Banco do Brasil – PREVI	11,73% (ON)
	Fundação Petrobras de Seguridade Social – PETROS	12,10% (ON)
	FAPES/BNDES	0,21% (ON)
	Outros	58,26% (ON)
	Ações Tesouraria	0,20% (ON)

CONTROLE SOCIETÁRIO E CONTROLE EMPRESARIAL

Estado acionista	• Fundação Sistel de Seguridade Social • Fundação Vale do Rio Doce de Seguridade Social – VALIA • Caixa de Previdência dos Funcionários do Banco do Brasil – PREVI • Fundação Petrobras de Seguridade Social – PETROS • FAPES/BNDES
Declaração de existência e espécie de controle acionário	Segundo informações disponibilizadas, a companhia analisada apresenta "controle difuso". Para comentários, ver "Observações Adicionais".
Possibilidade de atribuição do *controle societário* para e/ou de posição jurídica que possibilite a *influenciação sobre controle empresarial* pelo o Estado/seus braços de participação	De acordo com os documentos societários analisados, não há a atribuição aos braços de participação do Estado de prerrogativas relacionadas ao poder de destinação (em sentido amplo) de bens e direitos integrantes do estabelecimento empresarial, ou seja, ao *controle empresarial*. No que tange ao *controle societário*, levando em consideração a participação dos braços de participação do Estado, é possível que se esteja diante da hipótese de *controle societário minoritário*, com o bloco de controle sendo formado pelos braços de participação do Estado. Sendo assim, o *controle empresarial* é, via de regra, de titularidade da companhia, podendo ser, se verificada a possibilidade de *controle societário minoritário*, diretamente influenciado pelos seus titulares.
Modo de atribuição do *controle societário* e/ou de posição jurídica que possibilite a *influenciação sobre controle empresarial*	Técnica para atribuição das prerrogativas: Participação minoritária no capital social da companhia. Justificativa (i) Tem-se, como ponto de partida para a análise desta companhia, a abstenção normalmente observada nas assembleias gerais em companhias brasileiras. (ii) Nesse contexto, os braços de participação do Estado na companhia analisada são Fundação Sistel de Seguridade Social; Fundação Vale do Rio Doce de Seguridade Social – Valia; Caixa de Previdência dos Funcionários do Banco do Brasil – PREVI; Fundação Petrobras de Seguridade Social – PETROS; FAPES/BNDES, que juntos detêm 26,07% das ações da companhia; Sendo assim, há a possibilidade de estar-se diante de caso de *controle societário minoritário*, sendo o bloco de controle composto pelos braços de participação do Estado.
Investimentos com o Sistema BNDES	De acordo com informações públicas disponibilizadas, há evidência de inúmeros contratos celebrados com o Sistema BNDES, conforme se denota da aprovação de garantias a serem dadas pela companhia ou da aprovação de repasses em reuniões do Conselho de Administração.
Observações adicionais	• Conforme analisado, há a possibilidade de se estar diante de "controle societário minoritário", ao invés da previsão de que há "controle difuso" tal como divulgado pela companhia analisada.

ANEXO

6.

Nome empresarial e nome fantasia	CIA SANEMENTO DE MINAS GERAIS – COPASA MG	
Nome do pregão	COPASA	
Código de Negociação	CSMG3 (ON)	
CNPJ	17.281.106/0001-03	
Sítio eletrônico institucional	www.copasa.com.br	
Setor e subsetor (segmento)	Utilidade Pública | Água e Saneamento | Água e Saneamento	
Segmento de listagem	Novo Mercado	
Documentos e informações analisados	• Formulário de referência – 2014 – V18 • Estatuto social da companhia, conforme atualizado em 06 de janeiro de 2015 • Informações financeiras divulgadas para a CVM	
Composição do capital social	119.684.430	Ordinárias
Atividades (principais) da companhia	Prestação de serviços de saneamento básico.	
Posição acionária	Estado de Minas Gerais – Secretaria da Fazenda	51,13% (ON)
	Banco New York Mellon Corporation	4,84% (ON)
	Veritas Asset Management (UK) LTD.	5,02% (ON)
	UBS Ag. London Branch	4,99% (ON)
	Outros	33,72% (ON)
	Ações Tesouraria	0,30% (ON)
Estado acionista	• Estado de Minas Gerais – Secretaria da Fazenda	
Declaração de existência e espécie de controle acionário	Segundo informações disponibilizadas, o Estado de Minas Gerais é *controlador societário majoritário*.	

Possibilidade de atribuição do *controle societário* para e/ou de posição jurídica que possibilite a *influenciação sobre controle empresarial* pelo o Estado/seus braços de participação	Técnica para atribuição das prerrogativas:	*Controle societário* majoritário detido pelo Estado de Minas Gerais.
	Justificativa	Por se tratar de sociedade de economia mista, conforme o Decreto-Lei nº 200/1967, o ente público deve ser controlador societário majoritário típico.
		Além disso, uma vez que não há acordo de acionistas, não há de se cogitar a possibilidade de atribuição do controle (*societário* e/ou *empresarial*) para os demais acionistas (Banco New York Mellon Corporation, Veritas Asset Management (UK) LTD e UBS Ag London Branch).
		Sendo assim, o *controle empresarial* é, via de regra, de titularidade da companhia, sendo diretamente influenciado pelo titular do *controle societário*.
Modo de atribuição do *controle societário* e/ou de posição jurídica que possibilite a *influenciação sobre controle empresarial*		*Controle societário* majoritário detido pelo Estado de Minas Gerais.
Investimentos com o Sistema BNDES		De acordo com informações públicas disponibilizadas, há inúmeros contratos celebrados com o Sistema BNDES, a exemplo de contratos de mútuo e de debêntures.
Observações adicionais		Não aplicável.

ANEXO

7.

Nome empresarial e nome fantasia	CPFL ENERGIA S.A.
Nome do pregão	CPFL ENERGIA
Código de Negociação	CPFE3 (ON)
CNPJ da matriz	02.429.144/0001-93
Sítio eletrônico institucional	www.cpfl.com.br
Setor e subsetor (segmento)	Utilidade Pública | Energia Elétrica | Energia Elétrica
Segmento de listagem	Novo Mercado
Documentos e informações analisados	• Formulário de referência – 2014 – V6 • Acordo de Acionistas celebrado entre VBC Energia S.A., 521 Participações S.A. e Bonaire Participações S.A., conforme alterado pelo 3º Aditivo em 06 de dezembro de 2007 (para detalhamento sobre as partes que figuram no Acordo de Acionistas, ver "Observações Adicionais") • Estatuto Social da companhia, conforme atualizado em 28 de junho de 2013
Composição do capital social	962.274.260 | Ordinárias
Atividades (principais) da companhia	Participação em sociedades que atuam no setor de energia elétrica.

167

Posição acionária	ESC Energia S.A.	24,33% (ON)
	BNDES Participações S.A. – BNDESPAR	6,74% (ON)
	Fundo Mútuo de Investimentos em Ações – BB Carteira Livre I	29,99% (ON)
	Bonaire Participações S.A.	0,13% (ON)
	Energia São Paulo Fundo de Investimento em Ações	14,75% (ON)
	Camargo Corrêa S.A.	0,09% (ON)
	Caixa de Previdência dos Funcionários do Banco do Brasil (PREVI)	0,05% (ON)
	Fundação Petrobras de Seguridade Social (PETROS)	0,18% (ON)
	Fundação Sistel de Seguridade Social	0,00% (ON)
	Outros	23,74% (ON)
	Ações Tesouraria	0,00% (ON)
Estado acionista	• BNDES Participações S.A. – BNDESPAR • Energia São Paulo Fundo de Investimento em Ações (companhia controlada pelos seguintes fundos de pensão: (a) Fundação CESP, (b) Fundação SISTEL de Seguridade Social, (c) Fundação Petrobras de Seguridade Social – PETROS, e (d) Fundação SABESP de Seguridade Social – SABESPREV) • Bonaire Participações S.A. (controlada pela Energia SP FIA) • Fundo Mútuo de Investimentos em Ações – BB Carteira Livre I (fundo controlado pela Caixa de Previdência dos Funcionários do Banco do Brasil – PREVI).	
Declaração de existência e espécie de "controle acionário"	Segundo informações disponibilizadas, os controladores diretos da companhia analisada são ESC Energia S.A. (controlada pela Camargo Corrêa); Energia São Paulo Fundo de Investimento em Ações; Bonaire Participações S.A. (controlada pela Energia São Paulo Fundo de Investimento em Ações); e Fundo Mútuo de Investimentos em Ações – BB Carteira Livre I. Todos os controladores diretos encontram-se vinculados por Acordo de Acionistas. Os controladores indiretos da companhia, por sua vez, são Caixa de Previdência dos Funcionários do Banco do Brasil – PREVI; Fundação Petrobras de Seguridade Social – PETROS; e Fundação Sistel de Seguridade Social. Destaca-se, ainda, que o BNDES Participações S.A. – BNDESPAR não é considerado controlador, nem mesmo participa do Acordo de Acionistas diretamente.	

ANEXO

Possibilidade de atribuição do controle societário para e/ou de posição jurídica que possibilite a *influenciação sobre controle empresarial* pelo o Estado/seus braços de participação	Sim. Com base nos documentos analisados, são atribuídos aos braços de participação do Estado prerrogativas encerradas tanto pelo *controle societário*, como pelo *controle empresarial*.
Modo de atribuição do *controle societário* e/ou de posição jurídica que possibilite a *influenciação sobre controle empresarial*	Técnica para atribuição das prerrogativas: Disposições contidas em acordo de acionistas. Justificativa (i) os "controladores diretos" tem sua participação distribuída, tomando base o grupo de acionistas vinculados pelo Acordo de Acionistas, da seguinte forma: ESC Energia S.A. 35,11% Energia São Paulo Fundo de Investimentos em Ações 43,28% Bonaire Participações S.A. 0,19% Fundo Mútuo de Investimentos em Ações – BB Carteira Livre I 21,29% Camargo Corrêa S.A. 0,13% **Subtotal Grupo Controlador** **100%**

CONTROLE SOCIETÁRIO E CONTROLE EMPRESARIAL

(ii) há previsão de convocação de "reunião prévia" para definir a orientação de voto a ser proferido pelas partes do Acordo de Acionistas, para todas as matérias a serem deliberadas em Assembleias Gerais ou em Reuniões do Conselho de Administração da companhia e de todas as suas controladas ou coligadas, conforme Cláusula 5.1 e seguintes do Acordo de Acionistas;

(iii) as reuniões prévias serão instaladas com a presença de ao menos 51% das ações vinculadas ao Acordo de Acionistas;

(iv) o Conselho de Administração será composto entre 7 (sete) e 9 (nove) membros, sendo que 6 membros serão indicados pelos acionistas vinculadas ao Acordo de Acionistas. Na data realização desta análise o Conselho de Administração era composto por 7 (sete) membros;

(iv) a aprovação das seguintes matérias em reunião prévia, definindo o posicionamento dos acionistas vinculados ao Acordo de Acionistas, depende de voto afirmativo da maioria simples das ações vinculadas ao Acordo de Acionistas (50% + 1), salvo se forem matérias de competência da Assembleia Geral ou que sejam sujeitas à aprovação por maioria qualificada do Conselho de Administração, para as quais será necessária aprovação de ao menos 80% das ações vinculadas ao Acordo de Acionistas.

(v) *As matérias a serem deliberadas pelo Conselho de Administração, conforme a Cláusula 8.8 do Acordo de Acionistas, serão aprovadas pela maioria dos conselheiros presentes. Algumas matérias, contudo, conforme a Cláusula 7.4., dependem de aprovação de 70% dos conselheiros em exercício, bem como da realização de reunião prévia (apenas as principais são transcritas a seguir, fazendo-se alguns comentários):*

(v.a) *"criação e extinção de CONTROLADAS; aquisição e alienação de investimentos em outras sociedades;"* – **trata-se do poder de disposição (em sentido amplo) de valores mobiliários, que integram o estabelecimento empresarial da companhia, ou seja, prerrogativa diretamente relacionada ao *controle empresarial*.**

(v.b) *"alterações em contrato de concessão de CONTROLADA"*, e *"celebração de contratos com as PARTES RELACIONADAS de valor superior a R$ 5 milhões";* – **trata-se da determinação das condições de contratação entre "partes relacionadas", bem como das condições gerais de concessão com as controladas, prerrogativa diretamente relacionada ao *controle empresarial*.**

(v.c) *aquisição, alienação ou oneração de qualquer ativo fixo de valor igual ou superior a R$ 20 milhões"*; *"endividamento da COMPANHIA – incluindo a prestação de garantias e a assunção de obrigações em favor de CONTROLADAS e COLIGADAS – além dos limites previstos no ORÇAMENTO ANUAL ou no PLANO QUINQUENAL DE NEGÓCIOS"*, e *"constituição de qualquer espécie de garantia pela COMPANHIA em favor de terceiros (...)"* – **levando-se em consideração a atividade desenvolvida pela companhia e por suas controladas e coligadas, relacionada ao setor de energia elétrica, o valor de R$ 20.000,00 (vinte milhões de reais) é relativamente baixo, atribuindo ao bloco o poder de destinação sobre bens e direitos da companhia, bem como como

	de suas controladas e coligadas, que integram o estabelecimento comercial, tratando-se de prerrogativa diretamente relacionada ao *controle empresarial*.

(vi) Levando em consideração as ações vinculadas ao Acordo de Acionistas, os braços de participação do Estado representam em conjunto 64,76% das ações vinculadas sendo indispensáveis para a composição do posicionamento do grupo de controle na "reunião prévia", podendo, inclusive, aprovar isoladamente o posicionamento nas matérias sem quórum qualificado.

Sendo assim, os braços de participação do Estado, quando agrupados de modo a representar mais de 20% das ações vinculadas ao Acordo de Acionistas (o que tanto o Fundo Mútuo de Investimentos e Ações – BB Carteira Livre I, como o Energia São Paulo Fundo de Investimentos em Ações possuem):

(a) no que tange ao *controle societário*, integram o bloco de controle, tratando-se de manifesto controle compartilhado, já que dependem dos demais acionistas vinculados ao Acordo de Acionistas, especial na ESC Energia S.A. (Camargo Corrêa), para prevalecerem nas Assembleias Gerais, bem como para eleger a maioria dos administradores da companhia; e

(b) no que tange ao *controle empresarial*, a situação é diversa e merecedora de especial atenção. A partir do momento que nas condições mencionadas os braços de participação do Estado podem implicar ou impedir a destinação dos bens e direitos que integram o estabelecimento empresarial, essas prerrogativas são atribuídas a eles. Dessa forma, por mais que os demais acionistas vinculados ao Acordo de Acionistas também tenham essa prerrogativa, toda e qualquer contratação relevante da companhia analisada depende ao menos da concordância tácita dos braços de participação do Estado, configurando-se a hipótese de *influenciação sobre o controle empresarial*. |
| Investimentos com o Sistema BNDES | A companhia, bem como suas controladas e coligadas, figura como parte em inúmeros contratos celebrados junto ao BNDES, conforme se denota da aprovação de garantias a serem dadas pela companhia, para o BNDES. Além disso, é relevante destacar que o Acordo de Acionistas prevê a possibilidade de contratar em condições especiais quando o credor for o BNDES e/ou o BNDESPAR. Exemplo dessas disposições é a Cláusula 13.1, que prescreve que "*se o credor for o BNDES e/ou o BNDESPAR e a dívida garantida decorrer, direta ou indiretamente, de financiamentos concedidos (i) a investimentos nas CONTROLADAS ou COLIGADAS ou (ii) à própria COMPANHIA*" as ações vinculadas ao Acordo de Acionistas poderiam ser dadas em garantia. |

• Partes do Acordo de Acionistas	O Acordo de Acionistas foi originalmente celebrado por VBC Energia S.A., 521 Participações S.A. e Bonaire Participações S.A., em 2002, tendo suas previsões alteradas até o 3º Aditivo, em 06 de dezembro de 2007. A partir de 2009, uma série de transferências das ações vinculadas ao Acordo de Acionistas ocorreu, sem, contudo, alterações suas previsões. Tais transferências foram, de acordo com as informações disponibilizadas no Formulário de Referência: (i) Em outubro de 2009, as ações de emissão da companhia detidas pelo acionista 521 foram transferidas para o fundo Fundo Mútuo de Investimentos em Ações – BB Carteira Livre I; (ii) Em agosto de 2011, a Bonaire Participações S.A. transferiu 102.756.048 ações de emissão da Companhia à sua acionista controladora Energia São Paulo Fundo de Investimento em Ações, fundo de investimento composto sobretudo por de pensão de empresas estatais, conforme seção "Estado Acionista", que passou a ser acionista da companhia juntamente com a Bonaire; (iii) Em fevereiro de 2012, a Bonaire Participações S.A. transferiu 12.362.202 ações de emissão da companhia à sua acionista controladora Energia São Paulo Fundo de Investimento em Ações, aumentando sua participação no capital social da companhia; (iv) No quarto trimestre de 2012, as ações originalmente detidas pela VBC Energia S.A. e Fundo Mútuo de Investimentos em Ações – BB Carteira Livre I, passaram a ser detidas nas seguintes proporções pelos seguintes acionistas: (i) Ações originalmente detidas pela VBC Energia S.A. (a) ESC Energia S.A.: 224.188.344 ações; (b) Camargo Corrêa S.A.: 11.804.530 ações; e (c) VBC Energia S.A.: 9.897.860 ações; e (ii) Ações originalmente detidas pelo Fundo Mútuo de Investimentos em Ações – BB Carteira Livre I: (a) Caixa de Previdência dos Funcionários do Banco do Brasil (PREVI): 9.897.860 ações; e (b) Fundo Mútuo de Investimentos em Ações – BB Carteira Livre I: 196.276.558 ações. (v) Em março de 2013, a Camargo Corrêa S.A. alienou ao Energia São Paulo Fundo de Investimento em Ações, 11.804.530 de ações, e a Caixa de Previdência dos Funcionários do Banco do Brasil (PREVI) alienou ao Energia São Paulo Fundo de Investimento em Ações 9.897.860 de ações. Na mesma data, a VBC Energia S.A., transferiu à ESC Energia S.A. 9.897.860 ações, a título de aporte em integralização de aumento de capital social.
Observações adicionais	Como consequência, tem-se a composição acionária mencionada na seção "Modo de atribuição do *controle societário* e/ou *empresarial*".

8.

Nome empresarial e nome fantasia	CPFL ENERGIAS RENOVÁVEIS S.A.
Nome do pregão	CPFL RENOVAV
Código de Negociação	CPRE3 (ON)
CNPJ	08.439.659/0001-50
Sítio eletrônico institucional	www.cpflrenovaveis.com.br
Setor e subsetor (segmento)	Utilidade Pública | Energia Elétrica | Energia Elétrica
Segmento de listagem	Novo Mercado
Documentos e informações analisados	• Formulário de referência – 2014 – VI • 8º Aditivo Acordo de Acionistas, datado de 01 de outubro de 2014 • Comunicados ao mercado • Atas de Reuniões do Conselho de Administração da companhia
Composição do capital social	503.308.389 Ordinárias
Atividades (principais) da companhia	Geração de energia por meio de fontes renováveis.

ANEXO

CONTROLE SOCIETÁRIO E CONTROLE EMPRESARIAL

Posição acionária	FIP Pátria Energia (Pátria Investimentos)	4,19% (ON)
	Arrow Fundo de Investimentos em Participações	12,27% (ON)
	Pátria Energia Renovável – FIP em Infraestrutura	0,74% (ON)
	CPFL Geração de Energia S.A.	51,61% (ON)
	Secor LLC (Eton Park)	4,82% (ON)
	FIP Brasil Energia (BTG Pactual)	6,25% (ON)
	Fundo de Investimento em Participações Multisetorial Plus (Bradesco FIP)	2,60% (ON)
	GMR Energia	1,64% (ON)
	Caixa de Previdência dos Funcionários do Banco do Brasil – PREVI	6,35% (ON)
	Outros	9,54% (ON)
	Ações Tesouraria	0,00% (ON)
Estado acionista	• Caixa de Previdência dos Funcionários do Banco do Brasil – PREVI	
Declaração de existência e espécie de controle acionário	Segundo informações disponibilizadas, CPFL Geração de Energia S.A. (controlada pela CPFL Energia S.A.) é *controlador societário majoritário*.	
Possibilidade de atribuição do *controle societário* para e/ou de posição jurídica que possibilite a *influenciação sobre controle empresarial* pelo o Estado/seus braços de participação	A CPFL Geração de Energia é controlada pela CPFL Energia S.A., sendo que o Acordo de Acionistas celebrado não descoloca o *controle societário* da CPFL Geração de Energia S.A., nem atribui a qualquer acionista em especial o poder de destinação (em sentido amplo) sobre os bens e direitos integrantes do estabelecimento empresarial da companhia analisada. Além disso, a Caixa de Previdência dos Funcionários do Banco do Brasil – PREVI não participa do Acordo de Acionistas. Dessa forma, a atribuição de prerrogativas relacionadas ao *controle societário* e ao *controle empresarial* aos braços de participação do Estado se dá de forma indireta, conforme analisado em relação à CPFL Energia S.A.	
Modo de atribuição do controle societário e/ou de posição jurídica que possibilite a *influenciação sobre controle empresarial*	Controle societário majoritário detido pela CPFL Geração de Energia S.A., controlada pela CPFL Energia S.A.	
Investimentos com o Sistema BNDES	De acordo com informações públicas disponibilizadas, há inúmeros endividamentos junto ao BNDES, em especial por meio de contratos de financiamento.	
Observações adicionais	Não aplicável.	

9.

Nome empresarial e nome fantasia	DIAGNÓSTICOS DA AMÉRICA S.A. | DASA	
Nome do pregão	DASA	
Código de Negociação	DASA3 (ON)	
CNPJ	61.486.650/0001-83	
Sítio eletrônico institucional	www.dasa3.com.br	
Setor e subsetor (segmento)	Consumo não Cíclico| Saúde | Serviços Médicos Hospitalares. Análises e Diagnósticos	
Segmento de listagem	Novo Mercado	
Documentos e informações analisados	• Formulário de referência – 2014 – V10 • Estatuto Social da companhia, conforme atualizado em 22 de abril de 2013	
Composição do capital social	311.803.015	Ordinárias
Atividades (principais) da companhia	Prestação de serviços de análises clínicas e medicina diagnóstica.	
Posição acionária	Edson de Godoy Bueno	12,03% (ON)
	Dulce Pugliese de Godoy Bueno	11,56% (ON)
	Oppenheimer Funds Inc.	10,10% (ON)
	Fundação Petrobras de Seguridade Social – PETROS	10,00% (ON)
	Cromossomo Participações II S.A.	48,35% (ON)
	Outros	7,62% (ON)
	Ações Tesouraria	0,34% (ON)
Estado acionista	• Fundação Petrobras de Seguridade Social – PETROS	

CONTROLE SOCIETÁRIO E CONTROLE EMPRESARIAL

Declaração de existência e espécie de controle acionário	Segundo informações disponibilizadas, Edson de Godoy Pugliese e Dulce Pugliese de Godoy Bueno compõem o bloco de controle societário da companhia (participação direta e indireta, por meio da Cromossomo Participações II S.A.). As ações de Dulce Pugliese de Godoy Bueno são gravadas por usufruto, concedendo todos os direitos para Edson de Godoy Bueno.
Possibilidade de atribuição do *controle societário* para e/ou de posição jurídica que possibilite a *influenciação sobre controle empresarial* pelo o Estado/seus braços de participação	De acordo com os documentos societários analisados, não há a atribuição à Fundação Petrobras de Seguridade Social – PETROS de prerrogativas relacionadas ao poder de destinação de bens e direitos integrantes do estabelecimento empresarial, ou seja, ao *controle empresarial*. No que tange ao *controle societário*, a Fundação Petrobras de Seguridade Social – PETROS pode, eventual e circunstancialmente, compor o bloco de *controle societário*.
Modo de atribuição do *controle societário* e/ou de posição jurídica que possibilite a *influenciação sobre controle empresarial*	Decorrência de participação minoritária no capital social da companhia analisada.
Investimentos com o Sistema BNDES	De acordo com informações públicas disponibilizadas, há evidências endividamentos junto ao BNDES, em especial por meio de contratos de financiamento.
Observações adicionais	Não aplicável.

10.

Nome empresarial e nome fantasia	EMBRAER – EMPRESA BRASILEIRA DE AERONÁUTICA S.A.	
Nome do pregão	EMBRAER	
Código de Negociação	EMBR3 (ON)	
CNPJ	07.689.002/0001-89	
Sítio eletrônico institucional	www.embraer.com.br	
Setor e subsetor (segmento)	Bens industriais | Material de transporte | Material aeronáutico e de defesa	
Segmento de listagem	Novo Mercado	
Documentos e informações analisados	• Formulário de referência – 2014 – VI • Estatuto Social da companhia.	
Composição do capital social	740.465.044	Ordinárias (sendo uma delas *golden share*. Para informações, v. seção "Observações adicionais")
Atividades (principais) da companhia	Produção e comercialização de aeronaves.	
Posição acionária	Baillie Gifford Overseas Limited	6,15% (ON)
	BlackRock Inc.	5,02% (ON)
	Caixa dos Funcionários do Banco do Brasil – PREVI	7,37% (ON)
	BNDES Participações S.A. – BNDESPAR	5,37% (ON)
	Oppenheimer Funds	10,65% (ON)
	Outros	64,66% (ON)
	Ações Tesouraria	0,78% (ON)
Estado acionista	• Caixa dos Funcionários do Banco do Brasil – PREVI • BNDES Participações S.A. – BNDESPAR • República Federativa do Brasil – União (detentora da *golden share*)	

Declaração de existência e espécie de controle acionário	Segundo informações disponibilizadas, não há declaração de existência de acionista detentor do controle acionário, conforme Formulário de Referência.
Possibilidade de atribuição do controle societário para e/ou de posição jurídica que possibilite a influenciação sobre controle empresarial pelo o Estado/seus braços de participação	De acordo com os documentos societários analisados, não há a atribuição à Caixa de Previdência dos Funcionários do Banco do Brasil – PREVI ou ao BNDES Participações S.A. – BNDESPAR do poder de destinação de bens e direitos integrantes do estabelecimento empresarial, ou seja, do *controle empresarial*.

No que tange ao *controle societário*, a Caixa de Previdência dos Funcionários do Banco do Brasil – PREVI e o BNDES Participações S.A. – BNDESPAR podem, eventual e circunstancialmente, compor o bloco de *controle societário*.

Há, contudo, a possibilidade de atribuição circunstancial do poder de destinação (em sentido amplo) de bens e direitos integrantes do estabelecimento comercial, ou seja, do *controle empresarial*, para a União, em razão da *golden share*. |
| Modo de atribuição do controle societário e/ou de posição jurídica que possibilite a influenciação sobre controle empresarial | Em relação à Caixa de Previdência dos Funcionários do Banco do Brasil – PREVI e ao BNDES Participações S.A. – BNDESPAR, trata-se de decorrência da participação minoritária detida no capital social da companhia analisada.

Em relação à União, a possibilidade de atribuição mencionada está relacionada às prerrogativas conferidas pela *golden share*, conforme 9º do Estatuto Social da companhia, que prescreve:

"*Art. 9º – A ação ordinária de classe especial confere à União poder de veto nas seguintes matérias:*
I. Mudança de denominação da Companhia ou de seu objeto social;
II. Alteração e/ou aplicação da logomarca da Companhia;
III. Criação e/ou alteração de programas militares, que envolvam ou não a República Federativa do Brasil;
IV. Capacitação de terceiros em tecnologia para programas militares;
V. Interrupção de fornecimento de peças de manutenção e reposição de aeronaves militares;
VI. Transferência do controle acionário da Companhia;
VII. Quaisquer alterações: (i) às disposições deste artigo, do art. 4, do caput do art. 10, dos arts. 11, 14 e 15, do inciso III do art. 18, dos parágrafos 1º e 2º. do art. 27, do inciso X do art. 33, do inciso XII do art. 39 ou do Capítulo VII; ou ainda (ii) de direitos atribuídos por este Estatuto Social à ação de classe especial." |
| Investimentos com o Sistema BNDES | De acordo com informações públicas disponibilizadas, há evidência de endividamentos junto ao BNDES, em especial por meio de contratos de financiamento. |
| Observações adicionais | • Interessante notar que a existência de uma "ação ordinária de classe especial" vai contra os requisitos de listagem no segmento especial Novo Mercado, que afasta a possibilidade de adoção de classes de ações ordinárias. |

ANEXO

11.

Nome empresarial e nome fantasia	ENEVA S.A.	
Nome do pregão	ENEVA	
Código de Negociação	ENEV3 (ON)	
CNPJ	04.423.567/0001-21	
Sítio eletrônico institucional	www.eneva.com.br	
Setor e subsetor (segmento)	Utilidade Pública| Energia Elétrica | Energia Elétrica	
Segmento de listagem	Novo Mercado	
Documentos e informações analisados	• Formulário de referência – 2014 – VII • Estatuto Social da companhia, conforme atualizado em 22 de abril de 2013 • 1º Aditamento ao Acordo de Acionistas, datado de 30 de dezembro de 2014	
Composição do capital social	840.106.107	Ordinárias
Atividades (principais) da companhia	Geração de energia elétrica, incluindo a exploração de fontes alternativas de produção de energia.	
Posição acionária	Centennial Asset Brazilian Equity Fund LLC	0,22% (ON)
	BNDES Participações S.A. – BNDESPAR	8,65% (ON)
	DD Brazil Holdings S.à.r.l. (sociedade do grupo E.ON)	42,94% (ON)
	Eike Fuhrken Batista	17,34% (ON)
	Centennial Asset Mining Fund LLC	2,41% (ON)
	Fundo de Investimento de Ações Dinâmica Energia	10,41% (ON)
	Outros	18,03% (ON)
	Ações Tesouraria	0,00% (ON)
Estado acionista	• BNDES Participações S.A. – BNDESPAR	

Declaração de existência e espécie de controle acionário	Segundo informações disponibilizadas, Eike Fuhrken Batista (por meio de participação direta e indireta pela Centennial Asset Mining Fund LLC, pela Centennial Asset Equity Fund LLC) e DD Brazil Holdings S.à.r.l, conforme acordo de acionistas celebrado em 27 de maio de 2013, aditado em 30 de dezembro de 2014, detém o controle direto da companhia analisada. A relação entre Eike Fuhrken Batista e DD Brazil Holdings S.à.r.l. é classificada como sendo *"controle compartilhado"*.
Possibilidade de atribuição do *controle societário* para e/ou de posição jurídica que possibilite a *influenciação sobre controle empresarial* pelo o Estado/seus braços de participação	De acordo com os documentos societários analisados, não há a atribuição ao BNDES Participações S.A. – BNDESPAR de prerrogativas relacionadas ao poder de destinação de bens e direitos integrantes do estabelecimento empresarial, ou seja, ao *controle empresarial*. No que tange ao *controle societário*, o BNDES Participações S.A. – BNDESPAR pode, eventual e circunstancialmente, compor o bloco de *controle societário*, compartilhando-o.
Modo de atribuição do *controle societário* e/ou de posição jurídica que possibilite a *influenciação sobre controle empresarial*	A possibilidade de o BNDES Participações S.A. – BNDESPAR integrar o bloco de *controle societário* se dá em razão configuração da composição acionária da companhia analisada. O critério de permanência deve observado por meio da análise dos votos nas últimas deliberações da companhia.
Investimentos com o Sistema BNDES	De acordo com informações públicas disponibilizadas, há evidência de contratos celebrados com o Sistema BNDES, incluindo, mas não se limitando a, a debêntures conversíveis em ações.
Observações adicionais	Não aplicável.

12.

Nome empresarial e nome fantasia	FIBRIA CELULOSE S.A.	
Nome do pregão	FIBRIA	
Código de Negociação	FIBR3 (ON)	
CNPJ	60.643.228/0001-21	
Sítio eletrônico institucional	www.fibria.com.br	
Setor e subsetor (segmento)	Materiais Básicos	Madeira e Papel	Papel e Celulose	
Segmento de listagem	Novo Mercado	
Documentos e informações analisados	• Formulário de referência – 2014 – V13 • Estatuto Social da companhia, conforme atualizado em 07 de fevereiro de 2014 • Acordo de Acionistas entre BNDES Participações S.A. – BNDESPAR e Votorantim Industrial S.A., datado de 29 de outubro de 2009 e aditado em 29 de outubro de 2014	
Composição do capital social	553.934.646	Ordinárias
Atividades (principais) da companhia	Indústria, comercialização e exploração de celulose, papel, papelão e quaisquer outros produtos derivados desses materiais.	
Posição acionária	Gávea Investimentos LTDA.	6,01% (ON)
	Jupiter Global Strategy Fund LTD.	6,00% (ON)
	BNDES Participações S.A. – BNDESPAR	30,38% (ON)
	Votorantim Industrial S.A.	29,42% (ON)
	Outros	28,13% (ON)
	Ações Tesouraria	0,00% (ON)
Estado acionista	• BNDES Participações S.A. – BNDESPAR	
Declaração de existência e espécie de controle acionário	Segundo informações disponibilizadas, o BNDES Participações S.A. – BNDESPAR e a Votorantim Industrial S.A. detém o "controle compartilhado" da companhia.	

ANEXO

CONTROLE SOCIETÁRIO E CONTROLE EMPRESARIAL

Possibilidade de atribuição do *controle societário* para e/ou de posição jurídica que possibilite a *influenciação sobre controle empresarial* pelo o Estado/seus braços de participação	De acordo com os documentos societários analisados, não há a atribuição ao BNDES Participações S.A. – BNDESPAR de prerrogativas relacionadas ao poder de destinação de bens e direitos integrantes do estabelecimento empresarial, ou seja, ao *controle empresarial*. No que tange ao *controle societário*, o BNDES Participações S.A. – BNDESPAR pode, eventual e circunstancialmente, compor o bloco de *controle societário*, compartilhando-o.
Modo de atribuição do *controle societário* e/ou de posição jurídica que possibilite a *influenciação sobre controle empresarial*	Técnica para atribuição das prerrogativas: Disposições contidas em acordo de acionistas. Justificativa: (i) a totalidade das ações detidas pela Votorantim Industrial S.A., bem como tantas ações do BNDES Participações – BNDESPAR quantas as necessárias para que, conjuntamente com a Votorantim Industrial S.A., detenha a maioria absoluta das ações da companhia, estão vinculadas ao Acordo de Acionistas. Sendo assim, na data de assinatura do 1º Aditivo ao Acordo de Acionistas, 54.248.252 ações detidas pelo BNDESPAR eram desvinculadas do Acordo de Acionistas, o que equivale a 9,793% das ações da companhia. A partir do 3º ano de vigência do Acordo de Acionistas, o BNDESPAR teria a prerrogativa de desvincular 50% das ações vinculadas ao Acordo, mediante notificação prévia; (ii) há previsão de convocação de "reunião prévia" para definir o voto a ser proferido pelas partes do Acordo de Acionistas, conforme Cláusula 5.2 do Acordo de Acionistas; (iii) o Conselho de Administração da companhia é composto por 9 membros, sendo que 5 são indicados pela Votorantim Industrial S.A., 2 são indicados pelo BNDESPAR e 2 devem ser independentes; (iv) a aprovação das matérias em reunião prévia se dá, via de regra, pelo voto afirmativo da maioria simples do total de voto dos acionistas, considerando apenas as ações vinculadas ao Acordo de Acionistas. Ou seja, via de regra, Votorantim Industrial S.A. define a orientação de voto dos acionistas vinculados ao Acordo de Acionistas nas Assembleias Gerais e Reuniões do Conselho de Administração;

ANEXO

(v) dependem, contudo de manifestação favorável do BNDESPAR em reunião prévia, conforme Cláusula 5.3 do Acordo de Acionistas (apenas as principais são transcritas a seguir, fazendo-se alguns comentários):

(v.a) *"participação em grupo de sociedades pela Companhia"*; trata-se do poder de disposição (em sentido amplo) de valores mobiliários, que integram o estabelecimento empresarial da companhia, ou seja, prerrogativa diretamente relacionada ao **controle empresarial**.

(v.b) *"transformação, fusão, cisão ou incorporação, inclusive de ações, envolvendo a Companhia e suas Controladas, incluindo a realização de permuta ou dação em pagamento mediante a utilização ações"*; **em especial no diz respeito à cisão, incorporação e fusão, trata-se do poder de disposição (em sentido amplo) de bens e direitos que integram o estabelecimento empresarial da companhia, prerrogativa diretamente relacionada ao controle empresarial**.

(v.c) *"operações entre a Companhia e/ou suas Controladas, de um lado, e quaisquer Partes Relacionadas, de outro lado, apenas quando representarem montantes superiores a R$ 20.000.000,00 (vinte milhões de reais) por ano, excluídos quais contratos (i) de comercialização de energia elétrica até o valor anual global de R$ 200.000.000,00 (duzentos milhões de reais),(ii) de serviços compartilhados (tais como administrativos, financeiros, logística e de tecnologia da informação) até o valor anual global de R$ 25.000.000,00 (vinte e cinco milhões de reais), (iii) aplicações financeiras em condições de mercado no valor de até R$ 200.000.000,00 (duzentos milhões de reais) e (iv) contratos de proteção de fluxo de caixa com exposição global em valor equivalente em moeda nacional de até US$ 220.000.000,00 (duzentos e vinte milhões de dólares)(o limite se aplica ao valor de referência do contrato – valor nocional)"*; e *"celebração de contratos de qualquer natureza em valor individual superior a R$ 700.000.000,00 (setecentos milhões de reais), pela Companhia ou suas Controladas, com exceção dos contratos previstos nos demais itens desta Cláusula"*; levando-se em consideração a atividade desenvolvida pela companhia, tratando-se de um dos principais players do setor de celulose e derivados, os limites não são tão elevados como podem aparentar em um primeiro momento, atribuindo ao BNDESPAR o poder de destinação sobre bens e direitos da companhia, que integram o estabelecimento comercial, tratando-se de prerrogativa diretamente relacionada ao **controle empresarial**.

(iv.d) *"alienação ou oneração, pela Companhia e/ou suas Controladas, de bens do ativo permanente que, isolada ou cumulativamente, tenham, em um período de 12 (doze) meses, valor superior a 5% (cinco por cento) do ativo total, apurado com base no mais recente ITR"*; e *"constituição de ônus reais ou prestação de garantias pela Companhia e/ou Controladas para garantir obrigações de terceiros, exceto obrigações de Contro-

	ladas" - trata-se nitidamente da atribuição de poderes de destinação (em sentido amplo) de bens e direitos integrantes do estabelecimento empresarial, relacionadas ao **controle empresarial**. (iv.e) *"celebração de contratos de qualquer natureza em valor superior a R$ 700.000,,00 (setecentos mil reais)"*; – **a inclusão desta prerrogativa configura contratos técnica de manutenção e estabilização tanto do *controle empresarial*, quanto do *controle societário*, haja vista o conteúdo das matérias que dependem da aprovação do Conselho de Administração da companhia, alocando a esse órgão da companhia muitas prerrogativas (conforme Artigo 25 do Estatuto Social da companhia).** Sendo assim, o BNDESPAR, braço de participação do Estado: (a) no que tange ao *controle societário*, integra o bloco de controle junto com a Votorantim Industrial S.A., em razão da vinculação de voto para eleição da maioria dos administradores da companhia; e (b) no que tange ao *controle empresarial*, a partir do momento que o BNDESPAR pode implicar ou impedir na destinação dos bens e direitos que integram o estabelecimento empresarial em determinadas circunstâncias, essas prerrogativas são atribuídas a ele. Ou seja, há uma incontestável *influenciação sobre o controle empresarial*, o que se dá por meio da necessidade de manifestação favorável nas reuniões prévias por parte do BNDESPAR. Dessa forma, grande parte das operações contratação (financeiramente) relevantes da companhia analisada depende ao menos da manifestação favorável do BNDESPAR, sujeitando-se ao seu veto, configurando-se a hipótese de *influenciação sobre o controle empresarial*.
Investimentos com o Sistema BNDES	De acordo com informações públicas disponibilizadas, há evidências de contratos celebrados com o Sistema BNDES, incluindo, mas não se limitando a, a debêntures conversíveis em ações.
Observações adicionais	Não aplicável.

13.

Nome empresarial e nome fantasia	GAFISA S.A.	
Nome do pregão	GAFISA	
Código de Negociação	GFSA3 (ON)	
CNPJ	01.545.826/0001-07	
Sítio eletrônico institucional	www.gafisa.com.br	
Setor e subsetor (segmento)	Construção e Transporte | Construção e Engenharia| Construção Civil	
Segmento de listagem	Novo Mercado	
Documentos e informações analisados	• Formulário de referência – 2014 – V13 • Estatuto Social da companhia, conforme atualizado	
Composição do capital social	3378.066.162	Ordinárias
Atividades (principais) da companhia	Promoção e incorporação de empreendimentos imobiliários; alienação e aquisição de imóveis de qualquer natureza; construção civil e prestação de serviços de engenharia civil; e desenvolvimento e implementação de estratégias de marketing relativas a empreendimentos imobiliários próprios e de terceiros.	
Posição acionária	Membros do Conselho de Administração	0,09% (ON)
	Membros da Diretoria	0,41% (ON)
	Fundação dos Economiários Federais – FUNCEF	6,30% (ON)
	Polo Capital Gestão de Recursos LTDA. e Polo Capital Internacional Gestão de Recurso LTDA.	13,90% (ON)
	Outros	76,44% (ON)
	Ações Tesouraria	2,86% (ON)
Estado acionista	• Fundação dos Economiários Federais – FUNCEF	
Declaração de existência e espécie de controle acionário	Segundo informações disponibilizadas, a companhia analisada apresenta "controle difuso".	

CONTROLE SOCIETÁRIO E CONTROLE EMPRESARIAL

Possibilidade de atribuição do *controle societário* para e/ou de posição jurídica que possibilite a *influenciação sobre controle empresarial* pelo o Estado/seus braços de participação	De acordo com os documentos societários analisados, não há a atribuição à Fundação dos Economiários Federais – FUNCEF de prerrogativas relacionadas ao poder de destinação de bens e direitos integrantes do estabelecimento empresarial, ou seja, ao *controle empresarial*. No que tange ao *controle societário*, a Fundação dos Economiários Federais – FUNCEF pode, eventual e circunstancialmente, compor o bloco de *controle societário*, compartilhando-o, caso se verifique a existência de *controle societário minoritário*, haja vista tratar-se de companhia marcada por relevante dispersão acionária.
Modo de atribuição do *controle societário* e/ou de posição jurídica que possibilite a *influenciação sobre controle empresarial*	A possibilidade de a Fundação dos Economiários Federais – FUNCEF integrar o bloco de *controle societário* se dá em razão da configuração da composição acionária da companhia analisada, marcada por relevante dispersão acionária. O critério de permanência deve ser observado por meio da análise dos votos nas últimas deliberações da companhia. De todo modo, não há fundamentos para se defender a existência de um controle gerencial.
Investimentos com o Sistema BNDES	De acordo com informações públicas disponibilizadas, não há evidência de contratos celebrados com o Sistema BNDES, muito embora empreendimentos imobiliários de controladas da companhia sejam notoriamente financiados por investimentos estatais.
Observações adicionais	Não aplicável.

14.

Nome empresarial e nome fantasia	IGUATEMI EMPRESA DE SHOPPING CENTERS S.A.
Nome do pregão	IGUATEMI
Código de Negociação	IGTA3 (ON)
CNPJ	51.218.147/0001-93
Sítio eletrônico institucional	www.iguatemi.com.br
Setor e subsetor (segmento)	Financeiro e Outros | Exploração de Imóveis | Exploração de Imóveis
Segmento de listagem	Novo Mercado
Documentos e informações analisados	• Formulário de referência – 2014 – V4 • Estatuto social da companhia, conforme atualizado em 6 de fevereiro de 2014
Composição do capital social	176.611.578 / Ordinárias
Atividades (principais) da companhia	Concepção, planejamento, desenvolvimento e a administração de shopping centers regionais e complexos imobiliários.
Posição acionária	Jereissati Participações S.A. — 51,41% (ON)
	Jereissati Telecom S.A. — 0,82% (ON)
	Fundação Petrobras de Seguridade Social – PETROS — 10,20% (ON)
	Aberdeen Asset Managers Limited — 8,16% (ON)
	Carlos Francisco Ribeiro Jereissati — 0,14% (ON)
	Carlos Jereissati — 0,00% (ON)
	Outros — 29,07% (ON)
	Ações Tesouraria — 0,20% (ON)
Estado acionista	• Fundação Petrobras de Seguridade Social – PETROS

CONTROLE SOCIETÁRIO E CONTROLE EMPRESARIAL

Declaração de existência e espécie de controle acionário	Segundo informações disponibilizadas, os controladores diretos da companhia são Jereissati Participações S.A. e Jereissati Telecom S.A. Trata-se de caso de *controle societário majoritário*. O controlador societário indireto é Carlos Francisco Ribeiro Jereissati.
Possibilidade de atribuição do *controle societário* para e/ou de posição jurídica que possibilite a *influenciação sobre controle empresarial* pelo o Estado/seus braços de participação	De acordo com os documentos societários analisados, não há a atribuição à Fundação Petrobras de Seguridade Social – PETROS de prerrogativas relacionadas ao poder de destinação de bens e direitos integrantes do estabelecimento empresarial, ou seja, ao *controle empresarial*.
	No que tange ao *controle societário*, a Fundação Petrobras de Seguridade Social – PETROS pode, eventual e circunstancialmente, compor o bloco de *controle societário*, compartilhando-o.
Modo de atribuição do *controle societário* e/ou de posição jurídica que possibilite a *influenciação sobre controle empresarial*	A possibilidade de a Fundação Petrobras de Seguridade Social – PETROS integrar o bloco de *controle societário* juntamente com os controladores majoritários se dá em razão configuração da composição acionária da companhia analisada.
Investimentos com o Sistema BNDES	De acordo com informações públicas disponibilizadas, há evidência de contratos celebrados com o Sistema BNDES.
Observações adicionais	Não aplicável.

15.

Nome empresarial e nome fantasia	INDÚSTRIAS ROMI S.A.	
Nome do pregão	INDS ROMI	
Código de Negociação	ROMI3 (ON)	
CNPJ	56.720.428/0001-63	
Sítio eletrônico institucional	www.romi.com.br	
Setor e subsetor (segmento)	Bens Industriais | Máquinas e Equipamentos | Máquinas e Equipamentos Industriais	
Segmento de listagem	Novo Mercado	
Documentos e informações analisados	• Formulário de referência – 2014 – V6 • Estatuto social da companhia, conforme atualizado em 17 de fevereiro de 2015	
Composição do capital social	68.757.647	Ordinárias
Atividades (principais) da companhia	Produção, industrialização e comercialização de máquinas e ferramentas.	
Posição acionária	Adriana Romi	0,16% (ON)
	Américo Emílio Romi Neto	0,38% (ON)
	Ana Regina Romi Zanatta	0,28% (ON)
	André Luis Romi	0,38% (ON)
	Anna Maria de Toledo Romi	0,17% (ON)
	Mônica Romi Zanatta	0,00% (ON)
	Daniel Romi Furlan	0,00% (ON)
	Fernando Romi Zanatta	0,00% (ON)
	Carlos Guimarães Chiti	0,78% (ON)
	Claudia Miriam Romi	0,26% (ON)

CONTROLE SOCIETÁRIO E CONTROLE EMPRESARIAL

	Eugênio Guimarães Chiti	0,78% (ON)
	Flora Sans Romi	1,06% (ON)
	Frederico Romi	0,16% (ON)
	Fundação Petrobras de Seguridade Social – PETROS	9,78% (ON)
	Genesis Smaller Companies	7,70% (ON)
	Giordano Romi – Espólio	2,09% (ON)
	José Carlos Romi	0,38% (ON)
	Juliana Guimarães Chiti	0,78% (ON)
	Maria Pia Romi Campos	0,38% (ON)
	Patrícia Romi Cervone	0,16% (ON)
	Paulo Romi	0,16% (ON)
	Wilma Seabra Mayer Romi	0,16% (ON)
	Romeu Romi	1,60% (ON)
	Sandra Maria Romi Cheida	0,16% (ON)
	Fundação Romi	1,96% (ON)
	Fênix Empreendimentos S.A.	37,70% (ON)
	Orbe Investimentos e Participações LTDA.	5,06% (ON)
	Giordano Romi Junior	0,05% (ON)
	Outros	23,28% (ON)
	Ações Tesouraria	4,18% (ON)
Estado acionista	• Fundação Petrobras de Seguridade Social – PETROS	

ANEXO

Declaração de existência e espécie de controle acionário	Segundo informações disponibilizadas, os controladores diretos da companhia são Fênix Empreendimentos S.A., Famílias Romi e Chiti e Fundação Romi.
	A regulação da relação *intra* bloco se dá por meio de acordo de acionistas entre os controladores.
Possibilidade de atribuição do *controle societário* para e/ou de posição jurídica que possibilite a *influenciação sobre controle empresarial* pelo o Estado/seus braços de participação	De acordo com os documentos societários analisados, não há a atribuição à Fundação Petrobras de Seguridade Social – PETROS de prerrogativas relacionadas ao poder de destinação de bens e direitos integrantes do estabelecimento empresarial, ou seja, ao *controle empresarial*.
	No que tange ao *controle societário*, a Fundação Petrobras de Seguridade Social – PETROS pode, eventual e circunstancialmente, compor o bloco de *controle societário*.
Modo de atribuição do *controle societário* e/ou de posição jurídica que possibilite a *influenciação sobre controle empresarial*	A possibilidade de a Fundação Petrobras de Seguridade Social – PETROS integrar o bloco de *controle societário* juntamente com os controladores majoritários se dá em razão configuração da composição acionária da companhia analisada.
Investimentos com o Sistema BNDES	De acordo com informações públicas disponibilizadas, há evidência de contratos celebrados com o Sistema BNDES.
Observações adicionais	Não aplicável.

16.

Nome empresarial e nome fantasia	IOCHPE MAXION S.A.
Nome do pregão	IOCHP-MAXION
Código de Negociação	MYPK3 (ON)
CNPJ	61.1596.113/0001-75
Sítio eletrônico institucional	www.iochpe.com.br
Setor e subsetor (segmento)	Bens Industriais | Material de Transporte | Material Rodoviário
Segmento de listagem	Novo Mercado
Documentos e informações analisados	• Formulário de referência – 2014 – V6 • Estatuto social da companhia, conforme alterado em 09 de maio de 2014 • Acordo de Acionistas da companhia, conforme aditado em 18 de dezembro de 2013
Composição do capital social	94.863.372 — Ordinárias
Atividades (principais) da companhia	Produção e comercialização de produtos do setor automotivo e equipamentos ferroviários.

ANEXO

Posição acionária	Itaú Unibanco S.A.	5,00 % (ON)
	BNDES Participações S.A. – BNDESPAR	6,77% (ON)
	Sul América Investimentos DTVM S.A.	5,04% (ON)
	Aline Kolodny Nemetz	1,43% (ON)
	Marlene Iochpe Kolodny	1,27% (ON)
	Mirela Litvin Iochpe Wainstein	1,06% (ON)
	Companhia Iochpe	0,00% (ON)
	Dan Ioschpe	2,01% (ON)
	Ivoncy Brochmann Ioschpe	4,25% (ON)
	Salomão Ioschpe	1,28% (ON)
	Evelyn Noemi Berg Ioschpe	2,90% (ON)
	Gustavo Berg Ioschpe	2,13% (ON)
	IBI Participações e Negócios S.A.	1,41% (ON)
	Iboty Brochmann Ioschpe	3,06% (ON)
	Mauro Litwin Iochpe	1,32% (ON)
	Debora Berg Ioschpe	2,13% (ON)
	Fundação Iochpe	0,47% (ON)
	Glaucia Stifelman Ioschpe	0,38% (ON)
	WPA Participações S.A.	5,34% (ON)
	Outros	52,49% (ON)
	Ações Tesouraria	0,27% (ON)
Estado acionista	• BNDES Participações S.A. – BNDESPAR	

Declaração de existência e espécie de controle acionário	Segundo informações disponibilizadas, os controladores diretos da companhia são Aline Kolodny Nemetz, Dan Ioschpe, Debora Berg Ioschpe, Evelyn Noemi Berg Ioschpe, Glaucia Stifelman Ioschpe, Gustavo Berg Ioschpe, IBI Participações e Negócios S.A., Iboty Brochmann Ioschpe, Ivoncy Brochmann Ioschpe, Marlene Iochpe Kolodny, Mirela Litvin Iochpe Wainstein e Salomão Ioschpe.

A regulação da relação *intra* bloco se dá por meio de acordo de acionistas entre os controladores. |
| Possibilidade de atribuição do *controle societário* para e/ou de posição jurídica que possibilite a *influenciação sobre controle empresarial* pelo o Estado/seus braços de participação | De acordo com os documentos societários analisados, não há a atribuição ao BNDES Participações S.A. – BNDESPAR de prerrogativas relacionadas ao poder de destinação de bens e direitos integrantes do estabelecimento empresarial, ou seja, ao *controle empresarial*.

No que tange ao *controle societário*, o BNDES Participações S.A. – BNDESPAR pode, eventual e circunstancialmente, compor o bloco de *controle societário*. |
Modo de atribuição do *controle societário* e/ou de posição jurídica que possibilite a *influenciação sobre controle empresarial*	A possiblidade de o BNDES Participações S.A. – BNDESPAR integrar o bloco de *controle societário* juntamente com os controladores majoritários se dá em razão configuração da composição acionária da companhia analisada.
Investimentos com o Sistema BNDES	De acordo com informações públicas disponibilizadas, não há evidência de contratos celebrados com o Sistema BNDES.
Observações adicionais	Não aplicável.

17.

Nome empresarial e nome fantasia	JBS S.A.
Nome do pregão	JBS
Código de Negociação	JBSS3 (ON)
CNPJ	02.916.265/0001-60
Sítio eletrônico institucional	www.jbs.com.br
Setor e subsetor (segmento)	Consumo não Cíclico | Alimentos Processados | Carnes e Derivados
Segmento de listagem	Novo Mercado
Documentos e informações analisados	• Formulário de referência – 2014 – V6 • Estatuto Social da companhia, conforme atualizado em 05 de maio de 2014 • Acordo de Acionistas entre J&F Participações S.A., ZMF Fundo de Investimento em Participações e BNDES Participações S.A. – BNDESPAR, conforme alterado em 22 de dezembro de 2009 (v. "Observações Adicionais")
Composição do capital social	2.944.389.270 Ordinárias
Atividades (principais) da companhia	Exploração de abatedouro de frigorificação de bovinos, industrialização, distribuição e comercialização de produtos alimentícios *in natura* ou industrializados e de produtos e subprodutos de origem animal e vegetal e seus derivados (bovinos, suínos, ovinos e peixes em geral).
Posição acionária	Caixa Econômica Federal	10,07% (ON)
	FB Participações S.A.	40,92% (ON)
	BNDES Participações S.A. – BNDESPAR	24,58% (ON)
	Banco Original S.A.	0,18% (ON)
	Outros	22,38% (ON)
	Ações Tesouraria	1,86% (ON)
Estado acionista	• Caixa Econômica Federal • BNDES Participações S.A. – BNDESPAR	

CONTROLE SOCIETÁRIO E CONTROLE EMPRESARIAL

Declaração de existência e espécie de controle acionário	Segundo informações disponibilizadas, FB Participações S.A. é acionista controlador direto da companhia.
Possibilidade de atribuição do controle societário para e/ou de posição jurídica que possibilite a *influenciação sobre controle empresarial* pelo o Estado/seus braços de participação	Com base nos documentos analisados, são atribuídos aos braços de participação do Estado prerrogativas encerradas tanto pelo *controle societário*, como pelo *controle empresarial*.
Modo de atribuição do controle societário e/ou de posição jurídica que possibilite a *influenciação sobre controle empresarial*	Técnica para atribuição das prerrogativas: Disposições contidas em acordo de acionistas. Justificativa (i) independentemente da composição do Conselho de Administração da companhia, o Acordo de Acionistas prevê o direito de o BNDES Participações S.A. – BNDESPAR se manifestar previamente sobre quaisquer dos "Itens de Aprovação" a serem deliberados em qualquer Assembleia Geral, Reunião do Conselho de Administração, Reunião de Diretoria ou de qualquer outro órgão de administração da companhia ou de suas controladas; (ii) dentre as matérias sujeitas à aprovação/veto prévio do BNDES Participações S.A. – BNDESPAR, conforme o Acordo de Acionistas, encontram-se (apenas as principais são transcritas a seguir, fazendo-se alguns comentários): (ii.a) *"contratação pela Companhia e/ou por qualquer das suas Controladas, de qualquer endividamento (exceto com relação ao refinanciamento de endividamento ou obrigação á existente, ou dívidas entre empresas do mesmo grupo que não afetem o Limite Máximo de Endividamento), que implique que o quociente da divisão entre a Dívida Líquida e o EBITDA (em ambos os casos relacionados aos quatro últimos trimestres, conforme demonstração financeira trimestral ou anual consolidada da Companhia), computados em base pro forma, seja superior a 5,5 ("Limite Máximo de Endividamento")";* *"alienação ou oneração, pela JBS e/ou suas Controladas, de bens do ativo não circulante que, isolada ou cumulativamente, tenham, em período de 12 (doze) meses, valor superior a 10% (dez por cento) do ativo total da Companhia (coluna 'controladora', ou seja, não-consolidado), apurado com base no mais recente ITR ou DFP";* *"investimentos de capital, em conjunto ou individualmente considerados, não contemplados no plano de negócios ou orçamento aprovado pelo Conselho de Administração da Companhia, que, se realizados, ultrapassariam o Limite Gerencial de Endividamento", e* *"qualquer operação de aquisição pela JBS ou por suas Controladas de (a) participações societárias que seriam consideradas investimentos relevantes para a JBS (mesmo que adquiridas por qualquer Controlada), conforme definidos na legislação aplicável, não contemplada no plano de negócios ou orçamento aprovado pelo Conselho de Administração da JBS ou (b) itens do ativo não circulante, que, se realizada, ultrapassaria o Limite Gerencial de Endividamento";* – **tratam-se de matérias relacionadas nitidamente ao poder de destinação (em sentido

amplo) de valores mobiliários, que integram o estabelecimento empresarial da companhia, ou seja, prerrogativas diretamente relacionada ao *controle empresarial*, que são atribuídas ao BNDESPAR.

(ii.b) *"distribuição de dividendos, juros sobre capital próprio ou qualquer outra forma de remuneração aos acionistas, em qualquer caso pela Companhia, que implique que o quociente da divisão entre a Dívida Líquida e o EBITDA (em ambos os casos relacionados aos quatro últimos trimestres, conforme demonstração financeira trimestral ou anual consolidada da Companhia), computados em base pro forma e após dar efeito a tal distribuição, seja superior a 4,0 ("Limite Gerencial de Endividamento")"*; **trata-se de influência tanto relacionada ao *controle empresarial*, quanto do *controle societário*, haja vista que a distribuição de dividendos é matéria a ser deliberada em Assembleia Geral, pelos acionistas e determinada sobretudo pelo controlador societário.**

(ii.c) *"liquidação ou dissolução da JBS, da JBS USA ou de qualquer de suas Controladas (exceto as Controladas Isentas)"*, – trata-se nitidamente da atribuição de poderes de destinação (em sentido amplo) de bens e direitos integrantes do estabelecimento empresarial, relacionadas ao *controle empresarial*.

(ii.d) *"qualquer operação entre a JBS e/ou suas Controladas, de um lado, e quaisquer partes relacionadas a JBS, de outro lado, em montante superior a R$ 100.000.000,00 (cem milhões de reais) por período de 12 (doze) meses, em conjunto ou individualmente consideradas"*; e *"constituição de ônus reais ou prestação de garantias pela JBS e/ou qualquer de suas Controladas para garantir obrigações de terceiros, exceto obrigações da JBS e/ou de qualquer de suas Controladas, em valor individual inferior a R$ 200.000.000,00 (duzentos milhões de reais)"*, – **levando-se em consideração a atividade desenvolvida pela companhia, tratando-se de um dos principais players do setor (e de um "campeão nacional"), os limites são relativamente baixos, atribuindo ao BNDESPAR o poder de destinação sobre bens e direitos da companhia, que integram o estabelecimento comercial, tratando-se de prerrogativa diretamente relacionada ao *controle empresarial*.**

Sendo assim, o BNDESPAR, braço de participação do Estado:

(a) no que tange ao *controle societário*, pode integrar o bloco de controle junto com a FB Participações S.A., além de ter prerrogativa de determinar matérias importantes relacionadas ao *controle societário*, a exemplo da distribuição de dividendos da companhia; e

(b) no que tange ao *controle empresarial*, a partir do momento que o BNDESPAR pode aprovar ou vetar, independentemente de justificativa, a destinação dos bens e direitos que integram o estabelecimento empresarial em determinadas e diversas circunstâncias, essas prerrogativas são atribuídas a ele. Dessa forma, grande parte das operações contratação (financeiramente) relevantes da companhia analisada depende ao menos da ausência de veto do BNDESPAR, ou seja, de sua aprovação tácita, configurando-se a hipótese de *influenciação* sobre o controle empresarial.

Investimentos com o Sistema BNDES	De acordo com informações públicas disponibilizadas, há evidências de contratos celebrados com o Sistema BNDES, incluindo, mas não se limitando a, a debêntures conversíveis em ações.
Observações adicionais	• FB Participações S.A. sucedeu J&F e ZMF em seus direitos e obrigações consubstanciados no Acordo de Acionistas, em razão de reorganização societária. O Acordo de Acionistas original seria vigente até 31 de dezembro de 2014, com prorrogação automática em 5 anos, caso o BNDESPAR continuasse participação direta ou indireta superior a 15% do capital social da companhia, tal como ocorre atualmente. Sendo assim, o Acordo de Acionistas continua a produzir efeitos. • Interessante destacar que não obstante as considerações feitas na seção "Modo de atribuição do *controle societário* e/ou do *controle empresarial*", segundo informações constantes do Formulário de Referência da Companhia, no Acordo de Acionistas "não há cláusulas relativas ao poder de controle".

ANEXO

18.

Nome empresarial e nome fantasia	LIGHT S.A.	
Nome do pregão	LIGHT S.A.	
Código de Negociação	LIGT3 (ON)	
CNPJ	03.378.521/0001-75	
Sítio eletrônico institucional	www.light.com.br	
Setor e subsetor (segmento)	Utilidade Pública | Energia Elétrica | Energia Elétrica	
Segmento de listagem	Novo Mercado	
Documentos e informações analisados	• Formulário de referência – 2014 – VI5 • Estatuto social da companhia, conforme atualizado em 09 de maio de 2014 • Acordo de Acionistas da companhia, datado de 30 de dezembro de 2009	
Composição do capital social	203.934.060	Ordinárias
Atividades (principais) da companhia	Participação em sociedades para exploração de serviços de energia elétrica.	
Posição acionária	BNDES Participações S.A. – BNDESPAR	10,30 % (ON)
	Companhia Energética de Minas Gerais – CEMIG	26,06% (ON)
	Luce Empreendimentos e Participações S.A. – LEPSA	13,03% (ON)
	RME Rio Minas Energia Participações S.A.	13,03% (ON)
	Outros	37,57% (ON)
	Ações Tesouraria	0,00% (ON)
Estado acionista	• BNDES Participações S.A. – BNDESPAR • Companhia Energética de Minas Gerais – CEMIG (controlada pelo Estado de Minas Gerais) • Luce Empreendimentos e Participações S.A. – LEPSA (controlada indiretamente pela CEMIG)	

Declaração de existência e espécie de controle acionário	Segundo informações disponibilizadas, são controladores diretos da companhia a Companhia Energética de Minas Gerais S.A. – CEMIG, a Luce Empreendimentos e Participações S.A. – LEPSA e a RME – Rio Minas Energia Participações S.A.
Possibilidade de atribuição do *controle societário* para e/ou de posição jurídica que possibilite a *influenciação sobre controle empresarial* pelo o Estado/seus braços de participação	Sim. Com base nos documentos analisados, são atribuídos aos braços de participação do Estado prerrogativas encerradas tanto pelo *controle societário*, como pelo *controle empresarial*.
Modo de atribuição do *controle societário* e/ou de posição jurídica que possibilite a *influenciação sobre controle empresarial*	Técnica para atribuição das prerrogativas: Disposições contidas em acordo de acionistas. Justificativa (i) O Acordo de Acionistas, celebrado em 30 de dezembro de 2009, vinculava, originalmente, as ações detidas por Companhia Energética de Minas Gerais – CEMIG, Andrade Gutierrez Concessões S.A., Luce Empreendimentos e Participações S.A. – LEPSA e RME – Rio Minas Energia Participações S.A. Após transações, realizadas em 25 de março de 2010 e 17 de novembro de 2010, Andrade Gutierrez Concessões S.A. alienou sua participação para CEMIG, passando a composição das ações vinculadas ao Acordo de Acionistas ser a seguinte: Companhia Energética de Minas Gerais – CEMIG 53.152.298 50,00 RME – Rio Minas Energia S.A. 26.576.150 25,00 Luce Empreendimentos e Participações S.A. – LEPSA 26.576.149 25,00 **Subtotal Grupo Controlador** **106.304.597** **100,0**

ANEXO

(ii) há previsão de convocação de "reunião prévia" para definir a orientação de voto a ser proferido pelas partes do Acordo de Acionistas, para todas as matérias a serem deliberadas em Assembleias Gerais ou em Reuniões do Conselho de Administração da companhia e de todas as suas controladas ou coligadas, conforme Cláusula 4.2. e seguintes do Acordo de Acionistas;

(iii) as reuniões prévias serão instaladas com a presença de acionistas suficientes para aprovação das matérias a serem deliberadas (50% + 1, 2/3 ou 85% das ações vinculadas ao Acordo de Acionistas, a depender da matéria a ser deliberada);

(v) As matérias serão aprovadas, via regra e conforme exposto no item (iii), acima, pela maioria das ações vinculadas em reunião prévia. Algumas matérias, contudo, estão sujeitas a quórum especial (são mencionadas as principais acompanhadas de alguns comentários):

(v.a.) Aprovação de 2/3 das ações vinculadas ao Acordo de Acionistas:

(a) *"resgate, amortização ou compra para tesouraria das ações emitidas pela Light ou por qualquer de suas controladas, bem como alienação ou oneração de tais ações em tesouraria"*; – trata-se nitidamente da atribuição de poderes de destinação (em sentido amplo) **de bens e direitos integrantes do estabelecimento empresarial, relacionadas ao *controle empresarial*.**

(b) *"contração, pela Light ou por qualquer de suas controladas, de obrigação, em uma única operação ou numa série de operações vinculadas, em montante superior a R$5.000.000,00 (cinco milhões de reais), não previstas nos respectivos orçamentos anuais"*; – levando-se em consideração a atividade desenvolvida pela companhia, o valor de R$ 5.000.000,00 (cinco milhões de reais) é relativamente baixo, atribuindo ao bloco o poder de destinação sobre bens e direitos da companhia e de suas controladas, que integram o estabelecimento comercial, tratando-se de prerrogativa diretamente relacionada ao *controle empresarial*.

(v.b.) Aprovação de 85% das ações vinculadas ao Acordo de Acionistas:

(a) *"operação de fusão, cisão ou incorporação (inclusive de ações), ou qualquer outra operação com efeitos similares, envolvendo a Light ou suas controladas"*; e *"a associação da Light ou de qualquer de suas controladas, sob quaisquer circunstâncias, com terceiros, inclusive a realização de um empreendimento conjunto, de um consórcio, ou a participação da Light ou de suas controladas em outras sociedades"*; e *"realização de qualquer negócio jurídico que tenha por objeto a aquisição ou alienação, ou ainda, a constituição de gravames de qualquer natureza pela Light e suas controladas sobre as participações societárias, valores mobiliários de emissão da Light e suas controladas, direitos de subscrição ou aquisição"* – tratam-se nitidamente da atribuições de poderes de destinação (em sentido amplo) de bens e direitos integrantes do estabelecimento empresarial, relacionadas ao *controle empresarial*.

	(b) *"alteração do estatuto social para alterar a composição, competência e o funcionamento da assembléia geral ou dos órgãos de administração ou dos comitês executivos da Light e de suas controladas"*, – a inclusão desta prerrogativa configura técnica de manutenção e estabilização tanto do *controle empresarial*, quanto do *controle societário*, haja vista o conteúdo das matérias que dependem da aprovação do Conselho de Administração da companhia, alocando a esse órgão da companhia muitas prerrogativas (conforme Artigo 11 do Estatuto Social da companhia).
	Sendo assim, os braços de participação do Estado (diretamente, CEMIG e, indiretamente, LEPSA e RME), uma vez que detém 100% das ações vinculadas ao Acordo de Acionistas:
	(a) no que tange ao *controle societário*, integram e compõem o bloco de controle, tratando-se de manifesto controle compartilhado; e
	(b) no que tange ao *controle empresarial*, a partir do momento que nas condições mencionadas os braços de participação do Estado podem implicar ou impedir a destinação dos bens e direitos que integram o estabelecimento empresarial, essas prerrogativas são atribuídas a eles. Além disso cabe notar que qualquer uma das prerrogativas mencionadas depende ao menos da concordância tácita da CEMIG (controlada pelo Estado de Minas Gerais), configurando-se a hipótese de *influenciação sobre o controle empresarial*.
Investimentos com o Sistema BNDES	De acordo com informações públicas disponibilizadas, há evidência de inúmeros contratos celebrados com o Sistema BNDES, incluindo, mas não se limitando, a financiamentos e debêntures conversíveis.
Observações adicionais	Interessante notar que o quórum para aprovação das matérias que apresentam quórum especial (2/3 ou 85%) tomam como base a quantidade de ações vinculadas ao Acordo de Acionistas para o cálculo.

19.

Nome empresarial e nome fantasia	LINX S.A.
Nome do pregão	LINX
Código de Negociação	LINX3 (ON)
CNPJ	06.948.969/0001-75
Sítio eletrônico institucional	www.linx.com.br
Setor e subsetor (segmento)	Tecnologia na Informação | Programas e Serviços | Programas e Serviços
Segmento de listagem	Novo Mercado
Documentos e informações analisados	• Formulário de referência – 2014 – V14 • Estatuto Social da companhia, conforme atualizado em 23 de abril de 2014 • Acordo de Acionistas, datado de 30 de julho de 2014
Composição do capital social	46.773.377 Ordinárias
Atividades (principais) da companhia	Prestação de serviços de infraestrutura e hardware, gestão, monitoramento e armazenamento de dados em ambiente de nuvem (*cloud computing*) de consultoria, assessoria e desenvolvimento de sistemas informatizados (softwares), exploração do direito de uso de sistemas informatizados próprios ou de terceiros, prestação de serviços de processamento de dados.

Posição acionária	BNDES Participações S.A. – BNDESPAR	10,40% (ON)
	Nércio José Monteiro Fernandes	11,33% (ON)
	Alberto Menache	9,36% (ON)
	Alon Dayan	8,10% (ON)
	Daniel Mayo	0,83% (ON)
	Dennis Herszkowicz	0,52% (ON)
	Aparecido Elias Raposo	0,03% (ON)
	Marcos Akira Takata	0,41% (ON)
	Flavio Mambreu Menezes	0,41% (ON)
	Dario de Sena Gouvêa	0,12% (ON)
	Jean Carlo Klaumann	0,09% (ON)
	GIC Private Limited	5,02% (ON)
	Genesis Asset Managers	9,97% (ON)
	Outros	43,41% (ON)
	Ações Tesouraria	0,00% (ON)
Estado acionista	• BNDES Participações S.A. – BNDESPAR	
Declaração de existência e espécie de controle acionário	Segundo informações disponibilizadas, Nércio José Monteiro Fernandes, Alberto Menache, Alon Dayan, Daniel Mayo, Dennis Herszkowicz, Flavio Mambreu Menezes, Marcos Akira Takata, Dario de Sena Gouvêa, Jean Carlo Klaumann e Aparecido Elias Raposo compõem o bloco de controle societário da companhia, por meio de Acordo de Acionistas.	
Possibilidade de atribuição do *controle societário* para e/ou de posição jurídica que possibilite a *influenciação sobre controle empresarial* pelo o Estado/seus braços de participação	De acordo com os documentos societários analisados, não há a atribuição ao BNDES Participações S.A. – BNDESPAR de prerrogativas relacionadas ao poder de destinação de bens e direitos integrantes do estabelecimento empresarial, ou seja, ao *controle empresarial*. No que tange ao *controle societário*, o BNDES Participações S.A. – BNDESPAR pode, eventual e circunstancialmente, compor o bloco de *controle societário*.	

ANEXO

Modo de atribuição do *controle societário* e/ou de posição jurídica que possibilite a *influenciação sobre controle empresarial*	Decorrência de participação minoritária no capital social da companhia analisada, somado ao fato de os acionistas declarados controladores deterem, em conjunto, tão somente 31,63% das ações representativas do capital social da companhia.
Investimentos com o Sistema BNDES	De acordo com informações públicas disponibilizadas, há evidências endividamentos junto ao BNDES, em especial por meio de contratos de financiamento (a exemplo do noticiado por fato relevante datado de 1 de outubro de 2014)
Observações adicionais	Não aplicável.

205

20.

Nome empresarial e nome fantasia	LOG-IN LOGÍSTICA INTERMODAL S.A.	
Nome do pregão	LOG-IN	
Código de Negociação	LOGN3 (ON)	
CNPJ	42.278.291/0001-24	
Sítio eletrônico institucional	www.loginlogistica.com.br	
Setor e subsetor (segmento)	Construção e Transporte | Transporte | Transporte Hidroviário	
Segmento de listagem	Novo Mercado	
Documentos e informações analisados	• Formulário de referência – 2014 – V9 • Estatuto social da companhia, conforme atualizado em 28 de abril de 2014	
Composição do capital social	91.711.620	Ordinárias
Atividades (principais) da companhia	Prestação de serviços relacionados à logística marítima, ferroviária e rodoviária.	
Posição acionária	Fama Investimentos	13,58% (ON)
	Onyx Equity Management Gestora de Investimentos LTDA.	5,80% (ON)
	Credit Suisse	10,99% (ON)
	Fundação Petrobras de Seguridade Social – PETROS	12,80% (ON)
	Banco Fator	5,82% (ON)
	Cox Gestão de Recursos LTDA.	5,01% (ON)
	Outros	39,36% (ON)
	Ações Tesouraria	6,64% (ON)
Estado acionista	• Fundação Petrobras de Seguridade Social – PETROS	

Declaração de existência e espécie de controle acionário	Segundo informações disponibilizadas, a companhia analisada apresenta "controle difuso".
Possibilidade de atribuição do *controle societário* para e/ou de posição jurídica que possibilite a *influenciação sobre controle empresarial* pelo o Estado/seus braços de participação	De acordo com os documentos societários analisados, não há a atribuição à Fundação Petrobras de Seguridade Social – PETROS de prerrogativas relacionadas poder de destinação de bens e direitos integrantes do estabelecimento empresarial, ou seja, ao *controle empresarial*. No que tange ao *controle societário*, a Fundação Petrobras de Seguridade Social – PETROS pode, eventual e circunstancialmente, compor o bloco de *controle societário*, compartilhando-o.
Modo de atribuição do *controle societário* e/ou de posição jurídica que possibilite a *influenciação sobre controle empresarial*	A possiblidade de a Fundação Petrobras de Seguridade Social – PETROS integrar o bloco de *controle societário* se dá em razão configuração da composição acionária da companhia analisada, marcada por relativa dispersão acionária. O critério de permanência deve observado por meio da análise dos votos nas últimas deliberações da companhia. De todo modo, não há fundamentos para se defender a existência de um controle gerencial.
Investimentos com o Sistema BNDES	De acordo com informações públicas disponibilizadas, há evidência de contratos celebrados com o Sistema BNDES, em especial financiamentos para empreendimentos.
Observações adicionais	Não aplicável.

ANEXO

207

21.

Nome empresarial e nome fantasia	LUPATECH S.A.	
Nome do pregão	LUPATECH	
Código de Negociação	LUPA3 (ON)	
CNPJ	89.463.822/0001-12	
Sítio eletrônico institucional	www.lupatech.com.br	
Setor e subsetor (segmento)	Bens Industriais | Máquinas e Equipamentos | Motores, Compressores e Outros	
Segmento de listagem	Novo Mercado	
Documentos e informações analisados	• Formulário de referência – 2014 – V9 • Estatuto Social da companhia, conforme atualizado em 30 de abril de 2014	
Composição do capital social	4.697.054.385	Ordinárias
Atividades (principais) da companhia	Produção e comercialização de equipamentos e prestação de serviços para o setor de petróleo e gás.	
Posição acionária	BNDES Participações S.A. – BNDESPAR	29,60% (ON)
	JP Morgan Chase Bank	44,29% (ON)
	Itaú Unibanco S.A.	8,72% (ON)
	Banco Votorantim S.A.	6,56% (ON)
	Outros	10,82% (ON)
	Ações Tesouraria	0,00% (ON)
Estado acionista	• BNDES Participações S.A. – BNDESPAR	
Declaração de existência e espécie de controle acionário	Segundo informações disponibilizadas, a companhia analisada apresenta "controle difuso".	

ANEXO

Possibilidade de atribuição do *controle societário* para e/ou de posição jurídica que possibilite a *influenciação sobre controle empresarial* pelo o Estado/seus braços de participação	De acordo com os documentos societários analisados, não há a atribuição ao BNDES Participações S.A. – BNDESPAR de prerrogativas relacionadas poder de destinação de bens e direitos integrantes do estabelecimento empresarial, ou seja, ao *controle empresarial*.
	No que tange ao *controle societário*, o BNDES Participações S.A. – BNDESPAR pode, eventual e circunstancialmente, compor o bloco de *controle societário*, compartilhando-o (muito provavelmente com o JP Morgan Chase Bank).
Modo de atribuição do *controle societário* e/ou de posição jurídica que possibilite a *influenciação sobre controle empresarial*	Decorrência da ausência de (i) controlador societário majoritário, (ii) acordo de acionistas com previsões de acordo de voto que vinculem ações detidas pelo BNDESPAR e (iii) relativa dispersão do capital social.
Investimentos com o Sistema BNDES	De acordo com informações públicas disponibilizadas, há evidências de contratos celebrados com o Sistema BNDES, incluindo, mas não se limitando a, contratos de financiamento e de abertura de linha de crédito.
Observações adicionais	Não aplicável.

22.

Nome empresarial e nome fantasia	MARFRIG GLOBAL FOODS S.A.	
Nome do pregão	MARFRIG	
Código de Negociação	MRFG3 (ON)	
CNPJ	03.853.896/0001-40	
Sítio eletrônico institucional	www.marfrig.com.br	
Setor e subsetor (segmento)	Consumo não Cíclico | Alimentos Processados | Carnes e Derivados	
Segmento de listagem	Novo Mercado	
Documentos e informações analisados	• Formulário de referência – 2014 – V6 • Estatuto Social da companhia atualizado • Acordo de Acionista, conforme alterado em 19 de março de 2013	
Composição do capital social	520.747.405	Ordinárias
Atividades (principais) da companhia	Produção e distribuição de alimentos à base de carne bovina, suína, ovina e avícola, *in natura*, elaborados e processados, incluindo produtos alimentícios.	
Posição acionária	Skagen AS	5,61% (ON)
	Marcos Antonio Molina dos Santos	2,92% (ON)
	Marcia Aparecida Pascoal Marçal dos Santos	2,55% (ON)
	BNDES Participações S.A. – BNDESPAR	19,63% (ON)
	MMS Participações S.A.	27,74% (ON)
	Outros	41,46% (ON)
	Ações Tesouraria	0,09% (ON)
Estado acionista	• BNDES Participações S.A. – BNDESPAR	
Declaração de existência e espécie de controle acionário	Segundo informações disponibilizadas, os controladores diretos da companhia são MMS Participações S.A., Marcos Antonio Molina e Marcia Aparecida Pascoal Marçal dos Santos.	

ANEXO

Possibilidade de atribuição do *controle societário* para e/ou de posição jurídica que possibilite a *influenciação sobre controle empresarial* pelo o Estado/seus braços de participação	Sim. Com base nos documentos analisados, são atribuídos aos braços de participação do Estado prerrogativas encerradas tanto pelo *controle societário*, como pelo *controle empresarial*.
	Técnica para atribuição das prerrogativas: Disposições contidas em acordo de acionistas.
	Justificativa
	(i) Independentemente da composição do Conselho de Administração da companhia, o Acordo de Acionistas prevê o direito de o BNDES Participações S.A. – BNDESPAR se manifestar previamente sobre quaisquer dos "Itens de Aprovação" a serem deliberados em qualquer Assembleia Geral, Reunião do Conselho de Administração, Reunião de Diretoria ou de qualquer outro órgão de administração da companhia ou de suas controladas;
	(ii) Dentre as matérias sujeitas à aprovação/veto prévio do BNDES Participações S.A. – BNDESPAR, conforme o Acordo de Acionistas, em sua Cláusula 4.3, encontram-se as seguintes (apenas as principais são transcritas a seguir, fazendo-se alguns comentários):
Modo de atribuição do *controle societário* e/ou de posição jurídica que possibilite a *influenciação sobre controle empresarial*	(ii.a.) *"Contratação pela Companhia e/ou por qualquer das suas Controladas, de qualquer endividamento (exceto com relação ao refinanciamento de endividamento ou obrigação já existente, ou dívidas entre empresas do mesmo grupo que não afetem o Limite Máximo de Endividamento), que implique que o quociente da divisão entre a Dívida Líquida e o EBITDA (em ambos os casos relacionados aos quatro últimos trimestres, conforme demonstração financeira trimestral ou anual consolidada da Companhia), computados em base pro forma, seja superior a 5,0 ("Limite Máximo de Endividamento")*; e
	"alienação, cessão ou oneração, pela Companhia e/ou por suas Controladas, de bens do ativo não circulante que, isolada ou cumulativamente, tenham, em período de 12 (doze) meses, valor superior a 3% (três por cento) do ativo total da Companhia, apurado com base no mais recente ITR ou DFP, bem como a aquisição de ativos não circulantes ou a realização de investimentos de capital, em conjunto ou individualmente considerados, não contemplados no plano de negócios ou orçamento aprovado pelo Conselho de Administração da Companhia, que, se realizados, ultrapassariam o Limite Gerencial de Endividamento";
	"qualquer operação de aquisição pela Companhia ou por suas Controladas de participações societárias que seriam consideradas investimentos relevantes para a Companhia, conforme definidos na legislação aplicável, não contemplados no plano de negócios ou orçamento aprovado pelo Conselho de Administração da Companhia"; e

CONTROLE SOCIETÁRIO E CONTROLE EMPRESARIAL

"*aprovação do plano de negócios e/ou do orçamento anual da Companhia e/ou de suas Controladas caso qualquer destes preveja aumento do quociente da divisão entre a Dívida Líquida e o EBITDA (em ambos os casos relacionados aos quatro últimos trimestres, conforme demonstração financeira trimestral ou anual consolidada da Companhia), computados em base pro forma, para valor superior ao Limite Gerencial de Endividamento*";

trata-se de matérias relacionadas nitidamente ao poder de destinação (em sentido amplo) de bens e direitos, incluindo valores mobiliários, que integram o estabelecimento empresarial da companhia, ou seja, prerrogativas diretamente relacionada ao *controle empresarial*, que são atribuídas ao BNDESPAR.

(ii.b.) "*aumento do capital social da Companhia e/ou por qualquer das suas Controladas, bem como a emissão de qualquer valor mobiliário conversível, permutável ou que confra direito à subscrição de ações, inclusive a determinação do preço de emissão das ações e de tais valores mobiliários*"; – trata-se de influência tanto relacionada ao *controle empresarial*, quanto do *controle societário*, haja vista que a distribuição de dividendos é matéria a ser deliberada em Assembleia Geral, pelos acionistas e determinada sobretudo pelo *controlador societário*.

(ii.c.) "*liquidação ou dissolução Companhia ou de qualquer das suas Controladas (exceto as Controladas Isentas)*"; trata-se nitidamente da atribuição de poderes de destinação (em sentido amplo) de bens e direitos integrantes do estabelecimento empresarial, relacionadas ao *controle empresarial*.

(ii.d.) "*qualquer operação entre a Companhia e/ou suas Controladas, de um lado, e quaisquer partes relacionadas à Companhia, de outro lado, em montante superior a R$100.000.000,00 (cem milhões de reais) por período de 12 (doze) meses, em conjunto ou individualmente consideradas*"; e

"*constituição de ônus reais ou prestação de garantias pela Companhia e/ou por qualquer de suas Controladas para garantir obrigações de terceiros, exceto obrigações da Companhia e/ou de qualquer de suas Controladas em valor individual inferior a R$200.000.000,00 (duzentos milhões de reais)*"; – levando-se em consideração a atividade desenvolvida pela companhia, os limites são relativamente baixos, atribuindo ao BNDESPAR o poder de destinação sobre bens e direitos da companhia, que integram o estabelecimento comercial, tratando-se de prerrogativa diretamente relacionada ao *controle empresarial*.

Sendo assim, o BNDESPAR, braço de participação do Estado:

(a) no que tange ao *controle societário*, pode integrar o bloco de controle junto com a MMS Participações S.A., além de ter prerrogativa de determinar matérias importantes relacionadas ao *controle societário*, a exemplo do aumento do capital social e subscrição de ações da companhia e de suas controladas; e

ANEXO

	(b) no que tange ao *controle empresarial*, a partir do momento que o BNDESPAR pode aprovar ou vetar, independentemente de justificativa, a destinação dos bens e direitos que integram o estabelecimento empresarial em determinadas e diversas circunstâncias, essas prerrogativas são atribuídas a ele. Dessa forma, grande parte das operações contratação (financeiramente) relevantes da companhia analisada depende ao menos da ausência de veto do BNDESPAR, ou seja, de sua aprovação tácita, configurando-se a hipótese de *influenciação sobre o controle empresarial*.
Investimentos com o Sistema BNDES	De acordo com informações públicas disponibilizadas, há evidências de contratos celebrados com o Sistema BNDES, incluindo, mas não se limitando a, contratos de financiamento e debêntures conversíveis.
Observações adicionais	Não aplicável.

213

23.

Nome empresarial e nome fantasia	OURO FINO SAÚDE ANIMAL PARTICIPAÇÕES S.A.
Nome do pregão	OUROFINO S.A.
Código de Negociação	OFSA3 (ON)
CNPJ	20.258.278/0001-70
Sítio eletrônico institucional	ri.ourofino.com
Setor e subsetor (segmento)	Consumo não Cíclico | Saúde | Medicamentos e Outros Produtos
Segmento de listagem	Novo Mercado
Documentos e informações analisados	• Formulário de referência – 2014 – V5 • Estatuto Social da companhia, conforme atualizado em 10 de outubro de 2014 • Demonstrações Financeiras da Companhia – ITR em 30 de setembro de 2014
Composição do capital social	53.942.307 — Ordinárias
Atividades (principais) da companhia	Participação em outras sociedades que exerçam atividades de desenvolvimento, fabricação e comercialização de produtos destinados ao setor de saúde animal.
Posição acionária	Jardel Massari — 27,50% (ON)
	Norival Bonamichi — 27,50% (ON)
	BNDES Participações S.A. – BNDESPAR — 12,36% (ON)
	General Atlantic Ouro Fino Participações S.A. — 13,73% (ON)
	Outros — 18,91% (ON)
	Ações Tesouraria — 0,00% (ON)
Estado acionista	• BNDES Participações S.A. – BNDESPAR
Declaração de existência e espécie de controle acionário	Segundo informações disponibilizadas, o controle direto da companhia analisada é detido por Jardel Massari e por Norival Bonamichi.

Possibilidade de atribuição do *controle societário* para e/ou de posição jurídica que possibilite a *influenciação sobre controle empresarial* pelo o Estado/seus braços de participação	De acordo com os documentos societários analisados, não há a atribuição ao BNDES Participações S.A. – BNDESPAR de prerrogativas relacionadas ao poder de destinação de bens e direitos integrantes do estabelecimento empresarial, ou seja, ao *controle empresarial*. No que tange ao *controle societário*, o BNDES Participações S.A. – BNDESPAR pode, eventual e circunstancialmente, integrar o bloco de *controle societário*.
Modo de atribuição do *controle societário* e/ou de posição jurídica que possibilite a *influenciação sobre controle empresarial*	A possibilidade de o BNDES Participações S.A. – BNDESPAR integrar o bloco de *controle societário* se dá em razão da configuração da composição acionária da companhia analisada, com grupo de controle determinado. O critério de permanência em relação ao BNDES Participações S.A. – BNDESPAR deve ser observado por meio da análise dos votos nas últimas deliberações assembleares da companhia.
Investimentos com o Sistema BNDES	De acordo com informações públicas disponibilizadas, há evidência de inúmeros contratos celebrados com o Sistema BNDES, incluindo, mas não se limitando a, contratos de empréstimo.
Observações adicionais	Não aplicável.

24.

Nome empresarial e nome fantasia	PARANAPANEMA S.A.	
Nome do pregão	PARANAPANEMA	
Código de Negociação	PMAM3 (ON)	
CNPJ	60.398.369/0001-26	
Sítio eletrônico institucional	www.paranapanema.com.br	
Setor e subsetor (segmento)	Materiais Básicos | Siderurgia e Metalurgia | Artefatos de cobre	
Segmento de listagem	Novo Mercado	
Documentos e informações analisados	• Formulário de referência – 2014 – V14 • Estatuto Social da companhia, conforme atualizado em 01 de dezembro de 2012	
Composição do capital social	318.956.134	Ordinárias
Atividades (principais) da companhia	Metalurgia de cobre e ligas de cobre.	
Posição acionária	Sul América Investimentos DTVM S.A.	5,67% (ON)
	Caixa de Previdência dos Funcionários do Banco do Brasil – PREVI	23,96% (ON)
	Caixa Econômica Federal	17,23% (ON)
	Fundação Petrobrás de Seguridade Social – PETROS	11,81% (ON)
	EWZ I LLC Sociedade Socopqa Corretora Paulista S.A.	8,25% (ON)
	Outros	33,08% (ON)
	Ações Tesouraria	0,00% (ON)
Estado acionista	• Caixa de Previdência dos Funcionários do Banco do Brasil – PREVI • Caixa Econômica Federal • Fundação Petrobrás de Seguridade Social – PETROS	

ANEXO

Declaração de existência e espécie de controle acionário	Segundo informações disponibilizadas, a companhia analisada apresenta "capital pulverizado", não havendo controladores diretos ou indiretos".
Possibilidade de atribuição do *controle societário* para e/ou de posição jurídica que possibilite a *influenciação sobre controle empresarial* pelo o Estado/seus braços de participação	De acordo com os documentos societários analisados, não há a atribuição à Caixa de Previdência dos Funcionários do Banco do Brasil – PREVI, à Caixa Econômica Federal e à Fundação Petrobrás de Seguridade Social – PETROS de prerrogativas relacionadas ao poder de destinação de bens e direitos integrantes do estabelecimento empresarial, ou seja, ao *controle empresarial*. No que tange ao *controle societário*, a Caixa de Previdência dos Funcionários do Banco do Brasil – PREVI, a Caixa Econômica Federal e a Fundação Petrobrás de Seguridade Social – PETROS podem, eventual e circunstancialmente, compor bloco de *controle societário*.
Modo de atribuição do *controle societário* e/ou de posição jurídica que possibilite a *influenciação sobre controle empresarial*	A possiblidade de a Caixa de Previdência dos Funcionários do Banco do Brasil – PREVI, Caixa Econômica Federal e a Fundação Petrobrás de Seguridade Social – PETROS integrarem o bloco de *controle societário* se dá em razão configuração da composição acionária da companhia analisada, marcada por relativa dispersão acionária. O critério de permanência deve observado por meio da análise dos votos nas últimas deliberações da companhia. De todo modo, não há fundamentos para se defender a existência de um controle gerencial.
Investimentos com o Sistema BNDES	De acordo com informações públicas disponibilizadas, não há evidência de contratos celebrados com o Sistema BNDES.
Observações adicionais	Não aplicável.

217

25.

Nome empresarial e nome fantasia	CIA SANEAMENTO BÁSICO ESTADO DE SÃO PAULO	
Nome do pregão	SABESP	
Código de Negociação	SBSP3 (ON)	
CNPJ	43.776.517/0001-80	
Sítio eletrônico institucional	www.sabesp.com.br	
Setor e subsetor (segmento)	Utilidade Pública | Água e Saneamento | Água e Saneamento	
Segmento de listagem	Novo Mercado	
Documentos e informações analisados	• Formulário de referência – 2014 – VII • Estatuto social da companhia, conforme atualizado em 30 de abril de 2014	
Composição do capital social	683.509.869	Ordinárias
Atividades (principais) da companhia	Prestação de serviços de saneamento, abastecimento de água, esgotamento urbano, drenagem e manejo de águas pluviais urbanas, limpeza urbana e manejo de resíduos sólidos e energia.	
Posição acionária	Estado de São Paulo – Secretaria da Fazenda	50,26% (ON)
	Outros	49,74% (ON)
	Ações Tesouraria	0,00% (ON)
Estado acionista	• Estado de São Paulo – Secretaria da Fazenda	
Declaração de existência e espécie de controle acionário	Segundo informações disponibilizadas, o Estado de São Paulo é *controlador societário majoritário*.	

ANEXO

	Técnica para atribuição das prerrogativas: *Controle societário* majoritário detido pelo Estado de São Paulo.
Possibilidade de atribuição do *controle societário* para e/ou de posição jurídica que possibilite a *influenciação sobre controle empresarial* pelo o Estado/seus braços de participação	Justificativa
	Por se tratar de sociedade de economia mista, conforme o Decreto-Lei nº 200/1967, o ente público deve ser controlador societário majoritário.
	Além disso, uma vez que não há acordo de acionistas, não há de se cogitar em possibilidade de atribuição do controle (*societário* e/ou *empresarial*) para os demais acionistas.
	Sendo assim, o *controle empresarial* é, via de regra, de titularidade da companhia, sendo diretamente influenciado pelo titular do *controle societário*.
Modo de atribuição do *controle societário* e/ou de posição jurídica que possibilite a *influenciação sobre controle empresarial*	Controle societário majoritário detido pela Secretaria da Fazenda do Estado de São Paulo.
Investimentos com o Sistema BNDES	De acordo com informações públicas disponibilizadas, há inúmeros endividamentos junto ao BNDES, seja por meio de contratos de mútuo, seja por meio de debêntures.
Observações adicionais	Não aplicável.

26.

Nome empresarial e nome fantasia	TOTVS S.A.	
Nome do pregão	TOTVS	
Código de Negociação	TOTS3 (ON)	
CNPJ	53.113.791/0001-22	
Sítio eletrônico institucional	www.totvs.com.br	
Setor e subsetor (segmento)	Tecnologia da Informação | Programas e Serviços | Programas e Serviços	
Segmento de listagem	Novo Mercado	
Documentos e informações analisados	• Formulário de referência – 2014 – V6 • Estatuto social da companhia, conforme atualizado em 17 de março de 2015	
Composição do capital social	163.467.071	Ordinárias
Atividades (principais) da companhia	Prestação de serviços de consultoria, assessoria e desenvolvimento de sistemas informatizados (software), atividades de pesquisa e inovação tecnológica.	
Posição acionária	Ernesto Mário Haberkorn	0,04% (ON)
	LC EH Participações e Empreendimentos S.A.	16,37% (ON)
	Laércio José de Lucena Cosentino	1,16% (ON)
	HG Senta Pua FIA	0,03% (ON)
	Fundação Petrobras de Seguridade Social – PETROS	9,81% (ON)
	Outros	72,18% (ON)
	Ações Tesouraria	0,40% (ON)
Estado acionista	• Fundação Petrobras de Seguridade Social – PETROS	
Declaração de existência e espécie de controle acionário	Segundo informações disponibilizadas, na companhia analisada "não há acionista ou grupo de acionistas que exerça poder de controle".	

Possibilidade de atribuição do *controle societário* para e/ou de posição jurídica que possibilite a *influenciação sobre controle empresarial* pelo o Estado/seus braços de participação	De acordo com os documentos societários analisados, não há a atribuição à Fundação Petrobras de Seguridade Social – PETROS de prerrogativas relacionadas ao poder de destinação de bens e direitos integrantes do estabelecimento empresarial, ou seja, ao *controle empresarial*. No que tange ao *controle societário*, a Fundação Petrobras de Seguridade Social – PETROS pode, eventual e circunstancialmente, compor o bloco de *controle societário*, compartilhando-o.
Modo de atribuição do *controle societário* e/ou de posição jurídica que possibilite a *influenciação sobre controle empresarial*	A possiblidade de a Fundação Petrobras de Seguridade Social – PETROS integrar o bloco de *controle societário* se dá em razão configuração da composição acionária da companhia analisada, marcada por relativa dispersão acionária. O critério de permanência deve observado por meio da análise dos votos nas últimas deliberações da companhia. De todo modo, não há fundamentos para se defender a existência de um controle gerencial.
Investimentos com o Sistema BNDES	De acordo com informações públicas disponibilizadas, há evidência de contratos celebrados com o Sistema BNDES, em especial contratos de financiamento.
Observações adicionais	Não aplicável.

27.

Nome empresarial e nome fantasia	TPI – TRIUNFO PARTICIPAÇÕES E INVESTIMENTOS S.A.
Nome do pregão	TRIUNFO PART
Código de Negociação	TPIS3 (ON)
CNPJ	03.014.553/0001-91
Sítio eletrônico institucional	www.triunfo.com
Setor e subsetor (segmento)	Construção e Transporte | Transporte | Exploração de Rodovias
Segmento de listagem	Novo Mercado
Documentos e informações analisados	• Formulário de referência – 2014 – V3 • Estatuto Social da companhia, conforme atualizado em 25 de abril de 2014 • Acordo de Acionistas, celebrado em 22 de agosto de 2013
Composição do capital social	176.000.000 / Ordinárias
Atividades (principais) da companhia	Participação em sociedades de concessões de rodovias, geração de energia e logística.

ANEXO

Posição acionária	Wilson Piovezan	0,60% (ON)
	João Villar Garcia	0,04% (ON)
	Miguel Ferreira de Aguiar	0,81% (ON)
	Vinci Equities Gestora de Recursos LTDA.	6,00% (ON)
	Cayuga Park QVT LLC	5,86% (ON)
	Luiz Fernando Wolff Participações LTDA.	0,78% (ON)
	THP – Triunfo Holding Participações LTDA.	55,54% (ON)
	BNDES Participações S.A. – BNDESPAR	14,75% (ON)
	Outros	15,62% (ON)
	Ações Tesouraria	0,00% (ON)
Estado acionista	• BNDES Participações S.A. – BNDESPAR	
Declaração de existência e espécie de controle acionário	Segundo informações disponibilizadas, o controle direto da companhia analisada é detido pela THP – Triunfo Holding Participações LTDA. e o controle indireto é detido pelos seus sócios (Wilson Piovezan, João Villar Garcia, Miguel Ferreira de Aguiar, Luiz Fernando Wolff de Carvalho e Antônio J. M. da F. Queiroz).	
Possibilidade de atribuição do *controle societário* para e/ou de posição jurídica que possibilite a *influenciação sobre controle empresarial* pelo o Estado/seus braços de participação	Com base nos documentos analisados, são atribuídos aos braços de participação do Estado prerrogativas encerradas tanto pelo *controle societário*, como pelo *controle empresarial*.	

	Técnica para atribuição das prerrogativas: Disposições contidas em acordo de acionistas.
	Justificativa
	(i) O Acordo de Acionistas prevê o direito de o BNDES Participações S.A. – BNDESPAR se manifestar previamente sobre quaisquer dos "Itens de Aprovação" a serem deliberados em qualquer Assembleia Geral, Reunião do Conselho de Administração, Reunião de Diretoria ou de qualquer outro órgão de administração da companhia ou de suas controladas;
	(ii) Dentre as matérias sujeitas à aprovação/veto prévio do BNDES Participações S.A. – BNDESPAR, conforme o Acordo de Acionistas, encontram-se (alguns comentários são também colocados a seguir):
Modo de atribuição do *controle societário* e/ou de posição jurídica que possibilite a *influenciação sobre controle empresarial*	(ii.1.) "*Modificações ao art. 17, caput, inciso XVII, parágrafos 3º, 4º e 5º do Estatuto Social da COMPANHIA*"; – levando em consideração que o referido artigo versa sobre aprovação de transações com partes relacionadas, a possibilidade de o BNDEPAR aprovar ou vetar isoladamente tal determinação configura um deslocamento pontual da prerrogativa de alterar o Estatuto Social, o que compete à Assembleia Geral, ou seja, há a atribuição pontual do *controle societário* para o BNDESPAR.
	(ii.2.) "*Alterações na Política de Transações com Partes Relacionadas, ressalvadas aquelas que se destinem à mera adequação a alterações legislativas*"; – trata-se de matéria que dependeria tão somente da aprovação de mais da metade dos membros do Conselho de Administração, havendo ao BNDESPAR atribuição de prerrogativa relacionada ao *controle empresarial*.
	Sendo assim, o BNDESPAR, braço de participação do Estado:
	(a) no que tange ao *controle societário*, pode integrar o bloco de controle junto com THP – Triunfo Holding Participações LTDA., além de ter prerrogativa de aprovar/vetar isoladamente modificação pontual ao Estatuto Social da Companhia; e
	(b) no que tange ao *controle empresarial*, há igualmente atribuição pontual e circunstancial ao BNDESPAR da possibilidade de aprovar ou vetar, independentemente de justificativa, a política de transações com partes relacionadas, podendo-se configurar a hipótese de *influenciação sobre o controle empresarial*.
Investimentos com o Sistema BNDES	De acordo com informações públicas disponibilizadas, há evidência de inúmeros contratos celebrados com o Sistema BNDES, incluindo, mas não se limitando a, contratos de empréstimo.
Observações adicionais	Não aplicável.

28.

Nome empresarial e nome fantasia	TUPY S.A.	
Nome do pregão	TUPY	
Código de Negociação	TUPY3 (ON)	
CNPJ	84.683.374/0001-49	
Sítio eletrônico institucional	www.tupy.com.br	
Setor e subsetor (segmento)	Bens Industriais | Material e Transporte | Material Rodoviário	
Segmento de listagem	Novo Mercado	
Documentos e informações analisados	• Formulário de referência – 2014 – V4 • Estatuto Social da companhia, conforme atualizado em 22 de abril de 2013 • Primeiro Aditamento ao Acordo de Acionistas, datado de 30 de dezembro de 2014	
Composição do capital social	144.177.500	Ordinárias
Atividades (principais) da companhia	Produção de produtos fundidos para a indústria automobilística, conexões em ferro fundido para aplicações em redes hidráulicas e de gás, granalhas e perfis.	
Posição acionária	Caixa de Previdência dos Funcionários do Banco do Brasil – PREVI	28,00% (ON)
	Telos Fundação Embratel de Seguridade Social	10,48% (ON)
	BNDES Participações S.A. – BNDESPAR	28,19% (ON)
	Outros	33,33% (ON)
	Ações Tesouraria	0,00% (ON)
Estado acionista	• Caixa de Previdência dos Funcionários do Banco do Brasil – PREVI • BNDES Participações S.A. – BNDESPAR	
Declaração de existência e espécie de controle acionário	Segundo informações disponibilizadas, o controle direto da companhia analisada é detido pela Caixa de Previdência dos Funcionários do Banco do Brasil – PREVI e pelo BNDES Participações S.A. – BNDESPAR, conforme acordo de acionistas celebrado em 4 de agosto de 2009, aditado em 20 de setembro de 2013.	

Possibilidade de atribuição do *controle societário* para e/ou de posição jurídica que possibilite a influenciação sobre controle empresarial pelo o Estado/seus braços de participação	Sim. Com base nos documentos analisados, são atribuídos aos braços de participação do Estado prerrogativas encerradas tanto pelo *controle societário*, como pelo *controle empresarial*.
Modo de atribuição do controle societário e/ou de posição jurídica que possibilite a influenciação sobre controle empresarial	Técnica para atribuição das prerrogativas: Disposições contidas em acordo de acionistas. Justificativa (i) no pese a Caixa de Previdência dos Funcionários do Banco do Brasil – PREVI e o BNDES Participações S.A. – BNDESPAR deterem, conjuntamente, mais de metade das ações votante componentes do capital social da companhia analisada, há previsão de convocação de "reunião prévia" para definir o voto a ser proferido pelas partes do Acordo de Acionistas em Assembleias Gerais ou Reuniões do Conselho de Administração, conforme Cláusula 3.1 do Acordo de Acionistas; (ii) a aprovação das matérias em reunião prévia, definindo o posicionamento dos acionistas vinculados ao Acordo de Acionistas, da unanimidade dos acionistas vinculados ao Acordo de Acionistas, conforme Cláusula 3.4. As matérias a serem deliberadas em reunião prévia, conforme Cláusula 3.1 do Acordo de Acionistas são (apenas as principais são transcritas a seguir, fazendo-se alguns comentários): (ii.a) "*contratação de operações de endividamento da Companhia e suas controladas que, a partir do momento de aplicação dos recursos captados em tais operações, implique que a relação Dívida Líquida/EBITDA ("Relação"), considerada de forma consolidada, supere os seguintes parâmetros: (i) para endividamentos a serem contratados em 2013, 3 (três) vezes a Relação; (ii) para endividamentos a serem contratados em 2014, 2,5 (duas e meia) vezes a Relação; e (iii) para endividamentos a serem contratados em 2015, 2 (duas) vezes a Relação, sendo considerada como EBITDA aquele acumulado nos últimos 12 (doze) meses na data base do ITR mais recente* ("Parâmetros de Endividamento")"; **– trata-se nitidamente da atribuição de poderes de destinação (em sentido amplo) de bens e direitos integrantes do estabelecimento empresarial, relacionado ao *controle empresarial*.** (ii.b) "*liquidação ou dissolução da Companhia ou de qualquer controlada*"; **– trata-se de atribuição de poderes de destinação (em sentido amplo) de bens e direitos integrantes do estabelecimento empresarial, incluindo valores mobiliários, relacionadas ao *controle empresarial*.** (ii.c) "*quaisquer alterações do estatuto social da Companhia, com exceção das alterações advindas da lei ou de alterações do regulamento do Novo Mercado e daquelas meramente materiais que as Partes, por consenso e na forma dos itens 9.6 e 9.7 deste Acordo de Acionistas, entendam não necessitar de reunião prévia*"; **– trata-se de prerrogativa nitidamente relacionada ao *controle societário*, haja vista a alteração do Estatuto Social se dar por meio de deliberação em Assembleia Geral Extraordinária.**

	(ii.d) *"aprovação de qualquer incorporação, fusão, cisão, transformação ou qualquer outra reorganização societária da Companhia e suas controladas, seja esta reorganização estritamente societária ou realizada mediante disposição de ativos relevantes, inclusive realização de permuta ou dação em pagamento mediante a utilização de ações"* – trata-se nitidamente da atribuição de poderes de destinação (em sentido amplo) de bens e direitos integrantes do estabelecimento empresarial, relacionadas ao *controle empresarial*. (ii.e) *"alienação, cessão ou oneração, pela Companhia, de bens do ativo permanente que, isolada ou cumulativamente, tenham, em período de 12 (doze) meses, valor superior a 0,1% (um por cento) [sic] do ativo total, apurado com base no mais recente ITR,"* – trata-se de atribuição ao bloco do poder de destinação sobre bens e direitos da companhia, que integram o estabelecimento comercial, tratando-se de prerrogativa diretamente relacionada ao *controle empresarial*. (ii.f) *"investimentos de capital em valor individual superior a R$ 10.000.000,00 (dez milhões de reais), excetuando-se os dispêndios destinados à sustentação das atividades da Companhia, devendo-se considerar, para fins de apuração desta condição, o dispêndio necessário para a completude de cada projeto, considerando-se, pois, desembolsos feitos de forma isolada ou cumulativamente em período de 12 (doze) meses"*; trata-se de atribuição ao bloco do poder de destinação sobre bens e direitos da companhia, que integram o estabelecimento comercial, tratando-se de prerrogativa diretamente relacionada ao *controle empresarial*. (ii.g) *"constituição de ônus reais ou prestação de garantias pela Companhia e/ou suas controladas para garantir obrigações de terceiros, exceto obrigações de controladas cujo capital social seja, direta ou indiretamente, detido pela Companhia em percentual igual a 100%"*; – trata-se nitidamente da atribuição de poderes de destinação (em sentido amplo) de bens e direitos integrantes do estabelecimento empresarial, relacionadas ao *controle empresarial*. Sendo assim, os braços de participação do Estado, Caixa de Previdência dos Funcionários do Banco do Brasil – PREVI e BNDES Participações S.A. – BNDESPAR: (a) no que tange ao *controle societário*, compõem o bloco de controle, tratando-se de manifesto controle compartilhado; e (b) no que tange ao *controle empresarial*, a partir do momento que nas condições mencionadas os braços de participação do Estado podem implicar ou impedir na destinação dos bens e direitos que integram o estabelecimento empresarial, essas prerrogativas são atribuídas a eles. Ou seja, toda e qualquer contratação relevante da companhia analisada depende ao menos da concordância tácita dos braços de participação do Estado, configurando-se a hipótese de *influenciação sobre o controle empresarial*.
Investimentos com o Sistema BNDES	De acordo com informações públicas disponibilizadas, há evidência de contratos celebrados com o Sistema BNDES.
Observações adicionais	Não aplicável.

29.

Nome empresarial e nome fantasia	ULTRAPAR PARTICIPAÇÕES S.A.	
Nome do pregão	ULTRAPAR	
Código de Negociação	UGPA3 (ON)	
CNPJ	33.256.439/0001-39	
Sítio eletrônico institucional	www.ultra.com.br	
Setor e subsetor (segmento)	Financeiro e Outros | Holdings Diversificadas | Holdings Diversificadas	
Segmento de listagem	Novo Mercado	
Documentos e informações analisados	• Formulário de referência – 2014 – V2 • Estatuto social da companhia atualizado	
Composição do capital social	556.405.996	Ordinárias
Atividades (principais) da companhia	Distribuição de combustíveis e químicos e armazenagem para granéis líquidos.	
Posição acionária	Caixa de Previdência dos Funcionários do Banco do Brasil – PREVI	5,87% (ON)
	Aberdeen Asset Management PLC	11,72% (ON)
	Parth Investments Company	7,70% (ON)
	Ultra S.A. Participações	21,66% (ON)
	Outros	51,62% (ON)
	Ações Tesouraria	1,41% (ON)
Estado acionista	• Caixa de Previdência dos Funcionários do Banco do Brasil – PREVI	
Declaração de existência e espécie de controle acionário	Segundo informações disponibilizadas, a companhia analisada "não possui (...) acionista controlador nos termos do artigo 116 da Lei das S.A".	

ANEXO

Possibilidade de atribuição do *controle societário* para e/ou de posição jurídica que possibilite a *influenciação sobre controle empresarial* pelo o Estado/seus braços de participação	De acordo com os documentos societários analisados, não há a atribuição à Caixa de Previdência dos Funcionários do Banco do Brasil – PREVI de prerrogativas relacionadas ao poder de destinação de bens e direitos integrantes do estabelecimento empresarial, ou seja, ao *controle empresarial*. No que tange ao *controle societário*, a Caixa de Previdência dos Funcionários do Banco do Brasil – PREVI pode, eventual e circunstancialmente, integrar o bloco de *controle societário*.
Modo de atribuição do *controle societário* e/ou de posição jurídica que possibilite a *influenciação sobre controle empresarial*	A possiblidade de a Caixa de Previdência dos Funcionários do Banco do Brasil – PREVI integrar o bloco de *controle societário* se dá em razão configuração da composição acionária da companhia analisada, marcada por relativa dispersão acionária. O critério de permanência deve observado por meio da análise dos votos nas últimas deliberações da companhia. De todo modo, não há fundamentos para se defender a existência de um controle gerencial.
Investimentos com o Sistema BNDES	De acordo com informações públicas disponibilizadas, há evidência de contratos celebrados com o Sistema BNDES, incluindo empréstimos e debêntures.
Observações adicionais	Não aplicável.

30.

Nome empresarial e nome fantasia	ALUPAR INVESTIMENTO S.A.			
Nome do pregão	ALUPAR			
Código de Negociação	ALUP11 (UNT) | ALUP3 (ON) | ALUP4 (PN)			
CNPJ	08.364.948/0001-38			
Sítio eletrônico institucional	www.alupar.com.br			
Setor e subsetor (segmento)	Utilidade Pública | Energia Elétrica | Energia Elétrica			
Segmento de listagem	Nível 2 de Governança Corporativa			
Documentos e informações analisados	• Formulário de referência – 2014 – V7 • Estatuto social da companhia, conforme atualizado em 5 de junho de 2009 • Acordo de Acionistas celebrado em 18 de setembro de 2009, conforme 1º Aditivo datado de 28 de março de 2013			
Composição do capital social	461.243.596	Ordinárias		
	163.658.204	Preferenciais		
	624.901.800	Total		
Atividades (principais) da companhia	Participação em outras sociedades atuantes nos setores de energia e infraestrutura, no Brasil ou no exterior, bem como geração, transformação, transporte, distribuição e comércio de energia.			
Posição acionária	Fundação dos Economiários Federais – FUNCEF	0,92% (ON)	5,17% (PN)	2,03% (Total)
	Fundo de Investimento do Fundo de Garantia por Tempo de Serviço – FI-FGTS	6,34% (ON)	35,17% (PN)	14,04% (Total)
	Guarupart Participações LTDA.	84,04% (ON)	10,02% (PN)	64,65% (Total)
	Outros	8,71% (ON)	49,08% (PN)	19,28% (Total)
	Ações Tesouraria	0,00% (ON)	0,00% (PN)	0,00% (Total)
Estado acionista	• Fundação dos Economiários Federais – FUNCEF • Fundo de Investimento do Fundo de Garantia por Tempo de Serviço – FI-FGTS			

ANEXO

Declaração de existência e espécie de controle acionário	Segundo informações disponibilizadas, o controlador direto da sociedade é Guarupart Participações LTDA.
Possibilidade de atribuição do *controle societário* para e/ou de posição jurídica que possibilite a *influenciação sobre controle empresarial* pelo o Estado/seus braços de participação	Sim. Com base nos documentos analisados, são atribuídos ao Fundo de Investimento do Fundo de Garantia por Tempo de Serviço – FI-FGTS prerrogativas relacionadas ao *controle societário* e, principalmente, ao *controle empresarial*.
Modo de atribuição do *controle societário* e/ou de posição jurídica que possibilite a *influenciação sobre controle empresarial*	Técnica para atribuição das prerrogativas: Disposições contidas em acordo de acionistas. Justificativa Considerando que: (i) Guarupart Participações LTDA. e Fundo de Investimento do Fundo de Garantia por Tempo de Serviço – FI-FGTS são partes do Acordo de Acionistas; (ii) De acordo com a Cláusula 5.1. do Acordo de Acionistas, as seguintes matérias encontram-se sujeitas a veto do FI-FGTS em manifestação prévia à realização da Assembleia Geral (apenas as principais são transcritas a seguir, fazendo-se alguns comentários): (ii.1) *"alteração do Estatuto Social com relação ao disposto no capítulo sobre "Alienação do Poder de Controle da Sociedade" (Tag Along), às vantagens das ações preferenciais, e à política de distribuição de dividendos da Companhia, inclusive quanto à criação e fixação dos limites de quaisquer reservas estatutárias"*, – **trata-se de prerrogativa relacionada ao *controle societário*, haja vista deverem ser deliberadas em Assembleia Geral da Companhia.** (ii.2) *"avaliação e aprovação prévia de programas de outorga de opção de compra ou subscrição de ações aos administradores e/ou funcionários da Companhia, ou ainda, aos administradores e/ou funcionários de outras sociedades das quais a Companhia seja controladora direta ou indireta"*, – **trata-se de prerrogativa relacionada ao *controle societário*, haja vista deverem ser deliberadas em Assembleia Geral da Companhia.**

231

(ii.3) *"deliberação sobre a utilização de reserva de lucros para outro fim que não a distribuição de dividendos"* – **no que pese ser determinação contrária ao ordenamento (conforme art. 197 e ss da Lei nº 6.404/1976), trata-se de prerrogativa relacionada ao *controle societário*, haja vista deverem ser deliberadas em Assembleia Geral da Companhia.**

(ii.4) *"deliberação sobre (a) aumento de capital social da Companhia; (b) emissão de novas Ações; (c) oferta pública de ações e (d) emissão de debêntures conversíveis em Ações ou de quaisquer outros títulos conversíveis em ações ordinárias ou em ações preferenciais, observados os critérios estabelecidos na Cláusula 5.2"*; – **trata-se de prerrogativa relacionada ao *controle societário*, haja vista deverem ser deliberadas em Assembleia Geral da Companhia. Essa consideração não se altera, mesmo considerando que esta prerrogativa de veto é restrita a determinadas hipóteses, conforme Cláusula 5.3. do Acordo de Acionistas.**

(iii) De acordo com a Cláusula 6.1. do Acordo de Acionistas, o FI-FGTS terá o direito de indicar entre 1 (um) e 3 (três) membros do Conselho de Administração, a depender da quantidade total de conselheiros, sendo que tais membros terão direito de veto sobre as seguintes matérias (apenas as principais são transcritas a seguir, fazendo-se alguns comentários):

(iii.1) *"contratação, pela Companhia, de novos financiamentos, empréstimos e/ou passivos que impliquem em um incremento igual ou superior à proporção de 20% (vinte por cento) de capital próprio e 80% (oitenta por cento) de capital de terceiros"*; – **trata-se de prerrogativa relacionada ao poder de destinação (em sentido amplo) de bens e direitos integrantes do estabelecimento empresarial, ou seja, ao *controle empresarial*.**

(iii.2) *"deliberação para a alienação pela Companhia de participações societárias em outras sociedades superior a 20% (vinte por cento) do patrimônio líquido das referidas sociedades detidas pela Companhia, indicadas no Organograma"*; – **trata-se de prerrogativa relacionada ao poder de destinação (em sentido amplo) de bens e direitos integrantes do estabelecimento empresarial, ou seja, ao *controle empresarial*.**

(iv) De acordo com a Cláusula 7.1., no tange à contratação com partes relacionadas, os documentos deverão ser submetidos previamente ao FI-FGTS para sua concordância:

"Nas hipóteses em que a Companhia for celebrar, ou rescindir contratos e obrigações de qualquer natureza, que envolvam valores superiores a R$ 200.000,00 (duzentos mil reais), entre a Companhia e (i) suas Partes Relacionadas, (ii) quaisquer dos administradores e/ou acionista controlador, diretamente ou por meio de terceiros, e (iii) outras sociedades nas quais os administradores e/ou acionistas controladores tenham interesse, referidos documentos devem ser submetidos à concordância prévia do FI-FGTS."; – **trata-se de prerrogativa relacionada ao poder de destinação (em sentido amplo) de bens e direitos integrantes do estabelecimento empresarial, ou seja, ao *controle empresarial*. Note-se ainda que os limites – R$ 200.000,00 (duzentos mil reais) – são relativamente baixos,**

	bem como que essa consideração não se altera, mesmo considerando que esta prerrogativa é restrita a determinadas hipóteses, conforme Cláusula 7.2.1. do Acordo de Acionistas.
	Sendo assim, o FI-FGTS:
	(a) no que tange ao *controle societário*:
	(a.1.) pode integrar o bloco de controle, juntamente com o *controlador societário majoritário* Guarupart Participações S.A.; e
	(a.2.) possui algumas prerrogativas inerentes ao *controle societário* que lhe são atribuídas, tais como as exemplificadas nos itens (ii.1) a (ii.4), acima.
	(b) no que tange ao *controle empresarial*, o FI-FGTS pode, em determinadas hipóteses determinar ou impedir a destinação dos bens e direitos que integram o estabelecimento empresarial, configurando-se a hipótese de *influenciação sobre o controle empresarial*.
Investimentos com o Sistema BNDES	De acordo com informações públicas disponibilizadas, há evidência de contratos celebrados com o Sistema BNDES, incluindo contratos de financiamento mediante abertura de crédito.
Observações adicionais	Não aplicável.

31.

Nome empresarial e nome fantasia	CENTRAIS ELÉTRICAS DE SANTA CATARINA | CELESC
Nome do pregão	CELESC
Código de Negociação	CLSC3 (ON) | CLSC4 (PN)
CNPJ	83.878.892/0001-55
Sítio eletrônico institucional	www.celesc.com.br
Setor e subsetor (segmento)	Utilidade Pública | Energia Elétrica | Energia Elétrica
Segmento de listagem	Nível 2 de Governança Corporativa
Documentos e informações analisados	• Formulário de referência – 2014 – V14 • Estatuto social da companhia, conforme atualizado em 6 de dezembro de 2013 • Acordo de Acionistas celebrado em 5 de janeiro de 2006
Composição do capital social	15.527.137 — Ordinárias 23.044.454 — Preferenciais 38.571.591 — Total
Atividades (principais) da companhia	Participação em outras sociedades atuantes no setor de energia.

Posição acionária	Celos Plus Fundo Investimento	8,63% (ON)	1,00% (PN)	4,08% (Total)
	Geração L. Par Fundo de Investimento	1,66% (ON)	7,27% (PN)	5,01% (Total)
	Centrais Elétricas Brasileiras – ELETROBRAS	0,03% (ON)	17,98% (PN)	10,75% (Total)
	Tarpon Gestora de Recursos S.A.	0,00% (ON)	14,88% (PN)	8,89% (Total)
	Poland Fundo de Investimento em Ações	0,00% (ON)	12,52% (PN)	7,48% (Total)
	Estado de Santa Catarina	50,17% (ON)	0,00% (PN)	20,20% (Total)
	Angra Partners Volt Fundo de Investimento em Ações	33,11% (ON)	1,90% (PN)	14,46% (Total)
	Outros	6,40% (ON)	44,45% (PN)	29,13% (Total)
	Ações Tesouraria	0,00% (ON)	0,00% (PN)	0,00% (Total)
Estado acionista	• Estado de Santa Catarina			
Declaração de existência e espécie de controle acionário	Segundo informações disponibilizadas, o controlador direto da sociedade o Estado de Santa Catarina.			
Possibilidade de atribuição do controle societário para e/ou de posição jurídica que possibilite a *influenciação sobre controle empresarial* pelo o Estado/seus braços de participação	Sim. Com base nos documentos analisados, o Estado de Santa Catarina é titular do *controle societário* e influencia diretamente o *controle empresarial*.			

ANEXO

235

Modo de atribuição do *controle societário* e/ou de posição jurídica que possibilite a *influenciação sobre controle empresarial*	Técnica para atribuição das prerrogativas: *Controle societário* majoritário detido pelo Estado de Santa Catarina.
Justificativa
Por se tratar de sociedade de economia mista, conforme o Decreto-Lei nº 200/1967, o ente público, no caso o Estado de Santa Catarina, deve ser controlador societário majoritário.
A existência de Acordo de Acionistas celebrado entre o controlador e o CELOS Plus Fundo Investimento não altera as considerações, haja vista esse acordo tão somente vincular algumas deliberações a reunião prévia, podendo fazer com que o CELOS integre circunstancialmente o bloco de controle, sem alterar, contudo, o status de controlador societário do Estado de Santa Catarina.
Sendo assim, o *controle empresarial* é, via de regra, de titularidade da companhia, sendo diretamente influenciado pelo titular do *controle societário*.
Investimentos com o Sistema BNDES	De acordo com informações públicas disponibilizadas, há evidência de contratos celebrados com o Sistema BNDES.
Observações adicionais	Não aplicável.

32.

Nome empresarial e nome fantasia	CONTAX PARTICIPAÇÕES S.A.	
Nome do pregão	CONTAX	
Código de Negociação	CTAXI1 (UNT) | CTAX3 (ON) | CTAX4 (PN)	
CNPJ	04.032.433/0001-80	
Sítio eletrônico institucional	www.contax.com.br	
Setor e subsetor (segmento)	Bens Industriais | Serviços | Serviços Diversos	
Segmento de listagem	Nível 2 de Governança Corporativa	
Documentos e informações analisados	• Formulário de referência – 2014 – V10 • Estatuto social da companhia, conforme atualizado em 12 de março de 2014 • Acordo de Acionistas celebrado em 25 de abril de 2008, conforme Terceiro Aditivo datado de 19 de fevereiro de 2014	
Composição do capital social	119.725.707	Ordinárias
	226.042.163	Preferenciais
	345.767.870	Total
Atividades (principais) da companhia	Prestação de serviços na cadeia de relacionamento entre empresas e seus consumidores por meio de canais de comunicação remotos e presenciais.	

CONTROLE SOCIETÁRIO E CONTROLE EMPRESARIAL

Posição acionária	Credit Suisse Hedging Griffo CV S.A.	12,72% (ON)	26,94% (PN)	22,01% (Total)
	Skopos Administradora de Recursos LTDA.	8,93% (ON)	18,79% (PN)	15,38% (Total)
	Fundação dos Economiários Federais – FUNCEF	2,56% (ON)	5,43% (PN)	4,44% (Total)
	Fundação Atlântico de Seguridade Social	0,91% (ON)	1,94% (PN)	1,58% (Total)
	CTX Participações S.A.	55,39% (ON)	5,43% (PN)	22,73% (Total)
	Caixa de Previdência dos Funcionários do Banco do Brasil – PREVI	3,26% (ON)	6,91% (PN)	5,64% (Total)
	Outros	15,09% (ON)	32,16% (PN)	26,25% (Total)
	Ações Tesouraria	1,13% (ON)	2,40% (PN)	1,96% (Total)
Estado acionista	• Fundação dos Economiários Federais – FUNCEF • Caixa de Previdência dos Funcionários do Banco do Brasil – PREVI			
Declaração de existência e espécie de controle acionário	Segundo informações disponibilizadas, o controlador direto da companhia analisada é CTX Participações S.A.			
Possibilidade de atribuição do *controle societário* para e/ou de posição jurídica que possibilite a *influenciação sobre controle empresarial* pelo o Estado/seus braços de participação	De acordo com os documentos societários analisados, não há a atribuição à Fundação dos Economiários Federais – FUNCEF ou à Caixa de Previdência dos Funcionários do Banco do Brasil – PREVI de prerrogativas relacionadas ao poder de destinação de bens e direitos integrantes do estabelecimento empresarial, ou seja, ao *controle empresarial*. No que tange ao *controle societário*, a Fundação dos Economiários Federais – FUNCEF e a Caixa de Previdência dos Funcionários do Banco do Brasil – PREVI podem, eventual e circunstancialmente, compor o bloco de *controle societário*, juntamente com o controlador societário majoritário.			
Modo de atribuição do *controle societário* e/ou de posição jurídica que possibilite a *influenciação sobre controle empresarial*	A possibilidade de a Fundação dos Economiários Federais – FUNCEF e a Caixa de Previdência dos Funcionários do Banco do Brasil – PREVI integrarem o bloco de *controle societário* se dá em razão configuração da composição acionária da companhia analisada. O critério de permanência deve observado por meio da análise dos votos nas últimas deliberações da companhia			
Investimentos com o Sistema BNDES	De acordo com informações públicas disponibilizadas, há evidência de contratos celebrados com o Sistema BNDES, incluindo contratos de financiamento e debêntures.			
Observações adicionais	Não aplicável.			

33.

Nome empresarial e nome fantasia	ELETROPAULO METROPOLITANA ELETRICIDADE SÃO PAULO S.A.		
Nome do pregão	ELETROPAULO		
Código de Negociação	ELPL3 (ON) | ELPL4 (PN)		
CNPJ	61.695.227/0001-93		
Sítio eletrônico institucional	www.aeseletropaulo.com.br		
Setor e subsetor (segmento)	Utilidade Pública | Energia Elétrica | Energia Elétrica		
Segmento de listagem	Nível 2 de Governança Corporativa		
Documentos e informações analisados	• Formulário de referência – 2014 – V14 • Estatuto social da companhia, conforme atualizado em 29 de outubro de 2013 • Acordo de Acionistas (da Companhia Brasiliana de Energia), celebrado em 22 de dezembro de 2003, conforme alterado pelos Primeiro Aditivo e Segundo Aditivo, datado de 2 de outubro de 2006.		
Composição do capital social	66.604.817	Ordinárias	
	100.739.070	Preferenciais	
	167.343.887	Total	
Atividades (principais) da companhia	Distribuição de energia elétrica.		
Posição acionária	União Federal	20,03% (ON)	0,00% (PN)	7,97% (Total)
	Grantham. Mayo. Van Otterloo & Co. LLC	0,00% (ON)	5,05% (PN)	3,04% (Total)
	Companhia Brasiliana de Energia	0,00% (ON)	7,38% (PN)	4,44% (Total)
	Geração Futuro Corretora de Valores S.A.	0,00% (ON)	10,19% (PN)	6,14% (Total)
	AES Elpa S.A.	77,81% (ON)	0,00% (PN)	30,97% (Total)
	Outros	2,16% (ON)	77,38% (PN)	47,44% (Total)
	Ações Tesouraria	0,00% (ON)	0,00% (PN)	0,00% (Total)

Estado acionista	• União Federal • BNDES Participações S.A. – BNDESPAR (indiretamente)
Declaração de existência e espécie de controle acionário	Segundo informações disponibilizadas, o controlador direto da sociedade é a AES Elpa S.A. (que, por sua vez, é indiretamente controlado pelo BNDES Participações S.A. – BNDESPAR e pela AES Holding Brasil LTDA., que exercem controle compartilhado sobre a Companhia Brasiliana de Energia, controladora da AES Elpa S.A.)
Possibilidade de atribuição do *controle societário* para e/ou de posição jurídica que possibilite a *influenciação sobre controle empresarial* pelo o Estado/seus braços de participação	Sim. Com base nos documentos analisados, são atribuídos BNDES Participações S.A. – BNDESPAR prerrogativas relacionadas ao *controle societário* e, principalmente, ao *controle empresarial*.
Modo de atribuição do *controle societário* e/ou de posição jurídica que possibilite a *influenciação sobre controle empresarial*	Técnica para atribuição das prerrogativas: Disposições contidas em acordo de acionistas celebrados pelos controladores indiretos. Justificativa (i) há previsão de convocação de "reunião prévia" para definir o voto a ser proferido pelas partes do Acordo de Acionistas da Companhia Brasiliana de Energia, BNDES Participações S.A. – BNDESPAR pela AEs Holding Brasil LTDA., nas Sociedades Controladas (dentre as quais está a ELETROPAULO), conforme Cláusula 3.1. e seguintes do Acordo de Acionistas; (ii) a aprovação das seguintes matérias em reunião prévia, definindo o posicionamento dos acionistas vinculados ao Acordo de Acionistas em Assembleias Gerais e Reuniões do Conselho de Administração, depende de voto afirmativo da AES Holding Brasil LTDA. e do BNDES Participações S.A. – BNDESPAR, conforme Cláusula 3.1 (apenas as principais são transcritas a seguir, fazendo-se alguns comentários): (ii.a) "*aprovação, no início de cada exercício, do Plano de Negócios Anual da BRASILIANA e das SOCIEDADES CONTROLADAS (doravante designado simplesmente Plano de Negócios Anual aquele que tenha sido aprovado), os quais deverão compreender entre outros: (A) o orçamento anual e plurianual, (B) todos os planos de investimentos de capital, (C) os planos estratégicos; (D) os programas de manutenção de suas instalações; bem como as modificações do Plano de Negócios Anual, observando-se que a não aprovação do Plano de Negócios Anual, a partir do exercício de 2005 (inclusive), implicará na adoção provisória, até a solução do impasse, da previsão de orçamento anual e planos de investimentos, operação, manutenção e demais atividades estabelecidos para aquele exercício (cujo Plano de Negócios Anual não tenha sido aprovado) contidos no Plano de Negócios Quinquenal que tenha sido aprovado no exercício anterior pelas PARTES cujos valores serão corrigidos, para esse efeito, pela variação do IGPM/FGV*; (ii) aprovação, do Plano de Negócios Quinquenal da BRASILIANA e das SOCIEDADES

ANEXO

CONTROLADAS (designado simplesmente Plano de Negócios Qüinqüenal aquele que tenha sido aprovado) e suas revisões que deverão ocorrer no início de cada exercício social; e (iii) a aprovação do Plano de Negócios Anual do exercício de 2004 e do Plano Qüinqüenal relativo ao período 2004-2008"; – o Plano de Negócios Atual prevê, basicamente, a destinação dos bens e direitos integrantes do estabelecimento empresarial para o referido período, sendo assim, trata-se de prerrogativa diretamente relacionada ao controle empresarial da companhia e de suas controladas.

(ii.b) "a celebração de qualquer contrato, acordo ou instrumento que importe em disposição de bens ou direitos ou a assunção de obrigações de qualquer natureza pela BRASILIANA, a menos que especificado no seu Plano de Negócios Anual", – trata-se de previsão que corrobora o comentário feito ao item anterior, haja vista que as destinações que não tiverem determinadas no Plano de Negócios Anual ficam igualmente submetidas à aprovação e/ou concordância tácita das Partes do Acordo de Acionistas, prerrogativa inerente ao controle empresarial, em especial da companhia BRASILIANA.

(ii.c) "a celebração de qualquer contrato, acordo ou instrumento que importe em disposição de bens ou direitos ou a assunção de obrigações de qualquer natureza pela BRASILIANA, a menos que especificado no seu Plano de Negócios Anual. d. (i) a venda, a locação, cessão, transferência ou outra disposição em qualquer ativo ou fiscal, de qualquer ativo ou participação acionária das SOCIEDADES CONTROLADAS, sendo que em relação às SOCIEDADES OPERACIONAIS por um preço que exceda, conjunta ou separadamente, a: R$30.000.000,00 (trinta milhões de reais) em relação à ELETROPAULO e R$ 20.000.000,00 (vinte milhões de reais) para AES TIETÊ e AES URUGUAIANA individualmente consideradas, ou (ii) a celebração de qualquer contrato que disponha sobre pagamentos ou recebimentos acima de: R$ 30.000.000,00 (trinta milhões de reais) em relação à ELETROPAULO e R$ 20.000.000,00 (vinte milhões de reais) para AES TIETÊ e AES URUGUAIANA, individualmente consideradas, conjunta ou separadamente, exceto em qualquer hipótese deste item "d" (A) os especificados no Plano de Negócios Anual, (B) os contratos de compra e venda de energia celebrados com terceiros não relacionados às PARTES e (C) a alienação das ações de emissão da AES COMMUNICATIONS RIO DE JANEIRO, desde que: (C1) não realizada com partes relacionadas; e (C2) os recursos auferidos na alienação sejam integralmente distribuídos à BRASILIANA para posterior pagamento das Debêntures", – trata-se especificação semelhante ao item interior para algumas das sociedades controladas, incluindo a ELETROPAULO, companhia ora analisada. Sendo assim, há atribuição de prerrogativas inerentes ao controle empresarial dessas sociedades controladas.

(ii.d) "a emissão de quaisquer documentos, títulos, ações ou outros valores mobiliários pela BRASILIANA ou pelas SOCIEDADES CONTROLADAS, pública ou particularmente, bem como a celebração de acordos ou emissão pela BRASILIANA ou pelas SOCIEDADES CONTROLADAS de quaisquer documentos, títulos, ações ou outros valores mobiliários ou a outorga de quaisquer direitos a terceiros (ou qualquer modificação subseqüente dos mesmos), que possa dar direito ao proprietário ou ao beneficiário de subscrever ou adquirir documentos, títulos, ações ou outros valores mobiliários integrantes do patrimônio da BRASILIANA ou das SOCIEDADES CONTROLADAS, ou de emissão da BRASILIANA ou das SOCIEDADES CONTROLADAS", – trata-se da atribuição de prerrogativa relacionada à emissão de valores mobiliários, bens que integram o estabelecimento empresarial, sendo, dessa forma, diretamente relacionada ao controle empresarial.

(ii.e) *"a celebração, pela BRASILIANA, de quaisquer acordos, transações ou associações comerciais ou arranjos de qualquer natureza e a celebração de quaisquer contratos (e quaisquer subseqüentes modificações dos mesmos) com qualquer das PARTES ou qualquer controladora, controlada ou coligada de uma das PARTES e a resolução dos mesmos pela BRASILIANA, exceto: (i) quando acordado pelas PARTES e (ii) especificado no Plano de Negócios Anual"*; – **trata-se de prerrogativa relacionada ao poder de destinação (em sentido amplo) de bens e direitos integrantes do estabelecimento empresarial em contratos com "partes relacionadas", ou seja, ao *controle empresarial*, em especial em relação à companhi BRASILIANA**.

(ii.f) *"a celebração pelas SOCIEDADES CONTROLADAS de quaisquer contratos, acordos, transações ou associações comerciais ou arranjos de qualquer natureza (e quaisquer subseqüentes modificações dos mesmos), com qualquer PARTE (ou partes relacionadas), bem como a celebração de acordos, transações, contratos de assistência técnica ou prestação de serviços com sociedades estrangeiras, exceto os: (i) acordados pelas PARTES; e (ii) especificados no Plano de Negócios Anual"*; – **trata-se especificação semelhante ao item interior para algumas das sociedades controladas, incluindo a ELETROPAULO, companhia ora analisada. Sendo assim, há atribuição de prerrogativas inerentes ao *controle empresarial* dessas sociedades controladas.**

(ii.g) *"a liquidação, venda, transferência, alienação, hipoteca, oneração ou criação de qualquer ativo permanente das SOCIEDADES CONTROLADAS, não especificadas no Plano de Negócios Anual, sendo que em relação às SOCIEDADES OPE-RACIONAIS em um valor total anual superior a, conjunta ou separadamente, R$30.000.000,00 (trinta milhões de reais) em relação à ELETROPAULO e R$ 20.000.000,00 (vinte milhões de reais) para AES TIETÊ e AES URUGUAIANA, individualmente consideradas"*; – **trata-se diretamente de prerrogativa relacionada ao *controle empresarial* das Sociedades Controladas, incluindo a ELETROPAULO.**

(ii. h) *"a aprovação das demonstrações financeiras anuais da BRASILIANA e das SOCIEDADES CONTROLADAS, as quais serão analisadas considerando o prazo legal, da contratação dos auditores independentes, da mudança de critérios contábeis, do relatório anual da administração e da destinação do resultado do exercício"*; – **trata-se de prerrogativa relacionada ao *controle societário*, haja vista as demonstrações financeiras deverem ser aprovadas na Assembleia Geral da companhia BRASILIANA e de suas controladas.**

(ii. i) *"a fusão, cisão ou incorporação, inclusive de ações, envolvendo a BRASILIANA e/ou suas SOCIEDADES CONTROLADAS, bem como a transformação destas em qualquer outro tipo societário"*; – **trata-se de prerrogativa relacionada ao *controle societário*, haja vista as demonstrações financeiras deverem ser aprovadas na Assembleia Geral da companhia BRASILIANA e de suas controladas.**

	(ii. j) *"a alteração da localização geográfica das sedes da BRASILIANA ou das SOCIEDADES CONTROLADAS"*; – trata-se de prerrogativa relacionada ao *controle societário*, haja vista as demonstrações financeiras deverem ser aprovadas na Assembleia Geral da companhia BRASILIANA e de suas controladas.
	(ii. m) *"a prática de quaisquer atividades ou negócios fora dos objetos sociais da BRASILIANA ou das SOCIEDADES CONTROLADAS, conforme definidos em seus respectivos Estatutos"* – trata-se de regra de fechamento para englobar eventuais matérias que não tenham sido previstas nos demais itens, principalmente quando se considera o conteúdo bastante amplo das determinações, principalmente em relação ao *controle empresarial*.
	Sendo assim, o BNDES Participação S.A. – BNDESPAR:
	(a) no que tange ao *controle societário*:
	(a.1.) exerce, juntamente com a AES Holding Brasil LTDA., o *controle societário* na controladora da ELETROPAULO, Companhia Brasiliana de Energia; e
	(a.2.) possui algumas prerrogativas inerentes ao *controle societário* que lhe são atribuídas em relação à Companhia Brasiliana de Energia, bem como de suas Sociedades Controladas, dentre as quais se inclui a ELETROPAULO, a exemplo das mencionadas nos itens (ii. h) a (ii. j), acima.
	(b) no que tange ao *controle empresarial*, o BNDES Participações S.A. – BNDESPAR pode, em praticamente todas as hipóteses relevantes para a Companhia Brasiliana de Energia e de suas controladas, incluindo a ELETROPAULO, determinar a destinação dos bens e direitos que integram o estabelecimento empresarial, configurando-se a hipótese de *influenciação sobre o controle empresarial*.
Investimentos com o Sistema BNDES	De acordo com informações públicas disponibilizadas, há evidência de contratos celebrados com o Sistema BNDES, incluindo contratos de financiamento e debêntures.
Observações adicionais	Não aplicável.

34.

Nome empresarial e nome fantasia	FORJAS TAURUS S.A.			
Nome do pregão	FORJA TAURUS			
Código de Negociação	FJTA3 (ON) | FJTA4 (PN)			
CNPJ	92.781.335/0001-02			
Sítio eletrônico institucional	www.taurus.com.br			
Setor e subsetor (segmento)	Bens Industriais | Máquinas e Equipamentos | Armas e Munições			
Segmento de listagem	Nível 2 de Governança Corporativa			
Documentos e informações analisados	• Formulário de referência – 2014 – V16 • Estatuto social da companhia, conforme atualizado em 20 de agosto de 2014			
Composição do capital social	8.439.322	Ordinárias		
	7.704.716	Preferenciais		
	16.144.038	Total		
Atividades (principais) da companhia	Produção e comercialização de armas.			
Posição acionária	Caixa de Previdência dos Funcionários do Banco do Brasil – PREVI	7,28% (ON)	29,39% (PN)	17,83% (Total)
	Estimapar Investimentos e Participações LTDA.	23,16% (ON)	0,00% (PN)	12,11% (Total)
	Companhia Brasileira de Cartuchos – CBC	52,51% (ON)	0,93% (PN)	27,90% (Total)
	Figi Fundo de Investimento de Ações	6,60% (ON)	0,00% (PN)	3,45% (Total)
	Luiz Barsi Filho	1,43% (ON)	5,66% (PN)	3,45% (Total)
	Outros	9,02% (ON)	64,02% (PN)	35,26% (Total)
	Ações Tesouraria	0,00% (ON)	0,00% (PN)	0,00% (Total)

Estado acionista	• Caixa de Previdência dos Funcionários do Banco do Brasil – PREVI
Declaração de existência e espécie de controle acionário	Segundo informações disponibilizadas, a controladora direto da sociedade é a Companhia Brasileira de Cartuchos – CBC.
Possibilidade de atribuição do *controle societário* para e/ou de posição jurídica que possibilite a *influenciação sobre controle empresarial* pelo o Estado/seus braços de participação	De acordo com os documentos societários analisados, não há a atribuição Caixa de Previdência dos Funcionários do Banco do Brasil – PREVI de prerrogativas relacionadas ao poder de destinação de bens e direitos integrantes do estabelecimento empresarial, ou seja, ao *controle empresarial*. No que tange ao *controle societário*, a Caixa de Previdência dos Funcionários do Banco do Brasil – PREVI pode, eventual e circunstancialmente, compor o bloco de *controle societário*, juntamente com o controlador societário majoritário.
Modo de atribuição do *controle societário* e/ou de posição jurídica que possibilite a *influenciação sobre controle empresarial*	A possiblidade de a Caixa de Previdência dos Funcionários do Banco do Brasil – PREVI integrar o bloco de *controle societário* se dá em razão configuração da composição acionária da companhia analisada. O critério de permanência deve observado por meio da análise dos votos nas últimas deliberações da companhia.
Investimentos com o Sistema BNDES	De acordo com informações públicas disponibilizadas, há evidência de contratos celebrados com o Sistema BNDES, incluindo contratos de financiamento.
Observações adicionais	Não aplicável.

35.

Nome empresarial e nome fantasia	KLABIN S.A.
Nome do pregão	KLABIN S.A.
Código de Negociação	KLBN11 (UNT) | KLBN3 (ON) | KLBN4 (PN)
CNPJ	89.637.490/0001-45
Sítio eletrônico institucional	www.klabin.com.br
Setor e subsetor (segmento)	Materiais Básicos | Madeira e Papel | Papel e Celulose
Segmento de listagem	Nível 2 de Governança Corporativa
Documentos e informações analisados	• Formulário de referência – 2014 – V3 • Estatuto social da companhia, conforme atualizado em 20 de março de 2014 • Acordo de Acionistas celebrado entre Klabin Irmãos & Cia e Monteiro Aranha S.A., em 28 de novembro de 2013 • Acordo de Acionistas celebrado entre Roberto Luiz Leme Klabin e outros (no âmbito da controladora), em 10 de junho de 2013
Composição do capital social	1.848.592.200 Ordinárias
	2.881.197.365 Preferenciais
	4.729.789.565 Total
Atividades (principais) da companhia	Produção de papéis e cartões para embalagens, embalagens de papelão ondulado e sacos industriais, bem como reciclagem e produção de toras para serrarias.

ANEXO

Posição acionária	BNDES Participações S.A. – BNDESPAR	4,50% (ON)	10,76% (PN)	8,42% (Total)
	The Bank of New York Department	0,00% (ON)	9,46% (PN)	5,92% (Total)
	Monteiro Aranha S.A.	3,94% (ON)	9,41% (PN)	7,37% (Total)
	Blackrock Inc.	1,67% (ON)	4,72% (PN)	3,58% (Total)
	Klabin Irmãos & Cia.	53,25% (ON)	0,00% (PN)	19,91% (Total)
	Niblak Participações S.A.	8,03% (ON)	0,00% (PN)	3,00% (Total)
	Outros	26,93% (ON)	61,63% (PN)	48,66% (Total)
	Ações Tesouraria	1,68% (ON)	4,01% (PN)	3,14% (Total)
Estado acionista	• BNDES Participações S.A. – BNDESPAR			
Declaração de existência e espécie de controle acionário	Segundo informações disponibilizadas, a controladora direto da sociedade é a Klabin Irmãos & Cia., juntamente com Niblak Participações S.A. (sociedade coligada à Klabin Irmãos & Cia.)			
Possibilidade de atribuição do *controle societário* para e/ou de posição jurídica que possibilite a *influenciação sobre controle empresarial*	De acordo com os documentos societários analisados, não há a atribuição ao BNDES Participações S.A. – BNDESPAR de prerrogativas relacionadas ao poder de destinação de bens e direitos integrantes do estabelecimento empresarial, ou seja, ao *controle empresarial*. No que tange ao *controle societário*, o BNDES Participações S.A. – BNDESPAR pode, eventual e circunstancialmente, compor o bloco de *controle societário*, juntamente com o controlador societário majoritário.			
Modo de atribuição do *controle societário* e/ou de posição jurídica que possibilite a *influenciação sobre controle empresarial*	A possibilidade de o BNDES Participações S.A. – BNDESPAR integrar o bloco de *controle societário* se dá em razão configuração da composição acionária da companhia analisada, uma vez que não figura como parte dos Acordos de Acionistas analisados. O critério de permanência deve observado por meio da análise dos votos nas últimas deliberações da companhia.			
Investimentos com o Sistema BNDES	De acordo com informações públicas disponibilizadas, há evidência de contratos celebrados com o Sistema BNDES, incluindo contratos de financiamento e debêntures.			
Observações adicionais	Não aplicável.			

36.

Nome empresarial e nome fantasia	MARCOPOLO S.A.
Nome do pregão	MARCOPOLO
Código de Negociação	POMO3 (ON) | POMO4 (PN)
CNPJ	88.611.835/0001-29
Sítio eletrônico institucional	www.marcopolo.com.br
Setor e subsetor (segmento)	Bens Industriais | Material de Transporte | Material Rodoviário
Segmento de listagem	Nível 2 de Governança Corporativa
Documentos e informações analisados	• Formulário de referência – 2014 – V13 • Estatuto social da companhia, conforme atualizado em 04 de abril de 2014 • Acordo de Acionistas celebrado entre espólio de Maria Celia Festugato Bellini, VATE – Participações e Administração LTDA. e espólio de Valter Antonio Gomes Pinto, em 31 de março de 2014
Composição do capital social	341.625.744 — Ordinárias 555.274.340 — Preferenciais 896.900.084 — Total
Atividades (principais) da companhia	Fabricação e o comércio de ônibus, veículos automotores, carrocerias, tratores, autopeças, máquinas agrícolas, máquinas e motores industriais, aparelhos e móveis de ferro e aço, ferramentas, ferragens, cutelaria, estruturas metálicas, bem como o tratamento de materiais destinados à fabricação destes produtos, materiais para instalações para aquecimento, refrigeração e ventilação, serviços de reparos, consertos, restauração e recondicionamento, inclusive assistência técnica de todos os produtos de seu ramo de indústria e comércio, agenciamento e representação, importação e exportação desses produtos e serviços, agricultura, florestamento e reflorestamento, podendo ainda participar de outras sociedades no País ou no exterior.

ANEXO

	Davos Participações LTDA.	9,37% (ON)	0,00% (PN)	3,57% (Total)
	Paulo Pedro Bellini	43,83% (ON)	0,57% (PN)	17,05% (Total)
	Fundação Petrobrás de Seguridade Social – PETROS	0,00% (ON)	15,00% (PN)	9,29% (Total)
	Valter Antonio Gomes Pinto	9,38% (ON)	0,11% (PN)	3,64% (Total)
	Norges Bank	3,46% (ON)	5,01% (PN)	4,42% (Total)
	JP Morgan Asset Management Holdings Inc.	1,11% (ON)	4,78% (PN)	3,38% (Total)
Posição acionária	VATE Participações e Administração LTDA.	2,95% (ON)	0,00% (PN)	1,12% (Total)
	José Antonio Fernandes Martins	0,27% (ON)	3,78% (PN)	2,45% (Total)
	Fundação Banco Central – CENTRUS	15,20% (ON)	0,00% (PN)	5,79% (Total)
	Lazard Asset Management llc	0,00% (ON)	9,84% (PN)	6,09% (Total)
	Blackrock Inc.	0,00% (ON)	4,83% (PN)	2,99% (Total)
	Wellington Management Company LLP	0,00% (ON)	4,81% (PN)	2,98% (Total)
	Outros	14,43% (ON)	49,99% (PN)	36,44% (Total)
	Ações Tesouraria	0,00% (ON)	1,28% (PN)	0,79% (Total)
Estado acionista	• Fundação Petrobrás de Seguridade Social – PETROS • Fundação Banco Central – CENTRUS			
Declaração de existência e espécie de controle acionário	Segundo informações disponibilizadas, os controladores diretos da sociedade são Paulo Pedro Bellini, VATE Participações e Administração LTDA., Valter Antonio Gomes Pinto e Davos Participações LTDA.			
Possibilidade de atribuição do *controle societário* para e/ou de posição jurídica que possibilite a *influenciação sobre controle empresarial* pelo o Estado/seus braços de participação	Sim. Com base nos documentos analisados, são atribuídos ao Banco Central do Brasil prerrogativas encerradas tanto pelo *controle societário*, como pelo *controle empresarial*.			

249

	Técnica para atribuição das prerrogativas: Disposições contidas em acordo de acionistas.
	Justificativa
Modo de atribuição do *controle societário* e/ou de posição jurídica que possibilite a *influenciação sobre controle empresarial*	(i) Embora a Fundação Banco Central – CENTRUS ou o Banco Central do Brasil não figurarem como parte do Acordo de Acionistas, há previsão de que algumas matérias devem ser previamente aprovadas pelo Banco Central do Brasil, em especial nas Cláusulas 2.12.:
	(i.a) *"Mediante aprovação do Banco Central do Brasil, os CONTROLADORES poderão proceder a quaisquer transferências de AÇÕES ou de direitos de subscrição para sociedades integrantes do mesmo grupo empresarial, como tal entendidas aquelas submetidas a controle societário do CONTROLADOR ou REPRESENTANTE do BLOCO, bem como entre CONTROLADORES integrantes de um mesmo BLOCO, sem qualquer restrição ou limitação, podendo operar-se a todo tempo, livremente, com observância, entretanto, das demais condições aqui estabelecidas, especialmente o disposto no item 2.14, e o dever de informar aos outros CONTROLADORES, com antecedência de 15 dias da data da transferência, para a tomada das medidas e providências cabíveis."*; – **trata-se de prerrogativa relacionada ao poder de destinação (em sentido amplo) de bens e direitos integrantes do estabelecimento empresarial, em especial de valores mobiliários, ou seja, prerrogativa relacionada ao *controle empresarial***
Investimentos com o Sistema BNDES	De acordo com informações públicas disponibilizadas, há evidência de contratos celebrados com o Sistema BNDES, incluindo contratos de financiamento.
Observações adicionais	Além das disposições mencionadas nos itens anteriores, o Acordo de Acionistas prevê que a mudança de "controle acionário" da companhia, por meio da transferência das ações dos controladores, só poderá ocorrer mediante aprovação prévia do Banco Central do Brasil.

37.

Nome empresarial e nome fantasia	RENOVA ENERGIA S.A.
Nome do pregão	RENOVA
Código de Negociação	RNEW11 (UNT) | RNEW3 (ON) | RNEW4 (PN)
CNPJ	08.534.605/0001-74
Sítio eletrônico institucional	www.renovaenergia.com.br
Setor e subsetor (segmento)	Utilidade Pública | Energia Elétrica | Energia Elétrica
Segmento de listagem	Nível 2 de Governança Corporativa
Documentos e informações analisados	• Formulário de referência – 2014 – V15 • Estatuto social da companhia, conforme atualizado em 22 de dezembro de 2014 • Acordo de Acionistas celebrado entre RR Participações S.A., Light Energia S.A. e CEMIG Geração de Energia e Transmissão S.A., em 8 de agosto de 2013, conforme aditado em 29 de setembro de 2014 e em 19 de dezembro de 2014 • Acordo de Acionistas celebrado entre BNDES Participações S.A. – BNDESPAR, Light Energia S.A, RR Participações S.A. e CEMIG Geração e Transmissão S.A., em 6 de novembro de 2012, conforme aditado em 29 de setembro de 2014
Composição do capital social	236.844.286 — Ordinárias
	81.811.136 — Preferenciais
	318.655.422 — Total
Atividades (principais) da companhia	Geração de energia por meio da exploração de fontes renováveis.

ANEXO

CONTROLE SOCIETÁRIO E CONTROLE EMPRESARIAL

Posição acionária	RR Participações S.A.	24,84% (ON)	1,59% (PN)	18,87% (Total)
	Infrabrasil Fundo de Investimento S.A.	4,92% (ON)	28,48% (PN)	10,97% (Total)
	BNDES Participações S.A. – BNDESPAR	3,93% (ON)	22,76% (PN)	8,77% (Total)
	Fundo de Investimento em Participações Caixa Ambiental – FIP Caixa Ambiental	2,31% (ON)	13,37% (PN)	5,15% (Total)
	Light Energia S.A.	21,35% (ON)	0,00% (PN)	15,87% (Total)
	CEMIG Geração e Transmissão S.A.	36,81% (ON)	0,00% (PN)	27,36% (Total)
	Outros	5,84% (ON)	33,80% (PN)	13,01% (Total)
	Ações Tesouraria	0,00% (ON)	0,00% (PN)	0,00% (Total)
Estado acionista	• BNDES Participações S.A. – BNDESPAR			
Declaração de existência e espécie de controle acionário	Segundo informações disponibilizadas, os controladores diretos da sociedade são Light Energia S.A. e RR Participações S.A.			
Possibilidade de atribuição do *controle societário* para e/ou de posição jurídica que possibilite a *influenciação sobre controle empresarial* pelo o Estado/seus braços de participação	De acordo com os documentos societários analisados, não há a atribuição ao BNDES Participações S.A. – BNDESPAR de prerrogativas relacionadas ao poder de destinação de bens e direitos integrantes do estabelecimento empresarial, ou seja, ao *controle empresarial*. No que tange ao *controle societário*, o BNDES Participações S.A. – BNDESPAR pode, eventual e circunstancialmente, compor o bloco de *controle societário*, juntamente com o controlador societário majoritário.			
Modo de atribuição do *controle societário* e/ou de posição jurídica que possibilite a *influenciação sobre controle empresarial*	A possibilidade de o BNDES Participações S.A. – BNDESPAR integrar o bloco de *controle societário* se dá em razão configuração da composição acionária da companhia analisada. O critério de permanência deve ser observado por meio da análise dos votos nas últimas deliberações da companhia. Além disso, é importante destacar que o Acordo de Acionista em que o BNDESPAR é parte não prevê hipóteses de manifestação prévia ou orientações de voto, tratando apenas da composição do conselho de administração e de regras restritivas à transferência de ações dos acionistas participantes do Acordo.			
Investimentos com o Sistema BNDES	De acordo com informações públicas disponibilizadas, há evidência de contratos celebrados com o Sistema BNDES, incluindo contratos de financiamento.			
Observações adicionais	Interessante destacar que o Formulário de Referência coloca expressamente, "O *referido acordo* [celebrado com o BNDES Participações S.A. – BNDESPAR] *não altera o controle da Companhia, que permanece regulado conforme o Acordo Light Energia, RR e Cemig GT.*"			

38.

Nome empresarial e nome fantasia	BANCO PAN S.A.
Nome do pregão	BANCO PAN
Código de Negociação	BPAN4 (PN)
CNPJ	59.285.411/0001-13
Sítio eletrônico institucional	www.bancopan.com.br
Setor e subsetor (segmento)	Financeiro e Outros | Intermediários Financeiros | Bancos
Segmento de listagem	Nível 1 de Governança Corporativa
Documentos e informações analisados	• Formulário de referência – 2014 – V15 • Estatuto social da companhia, conforme atualizado em 5 de dezembro de 2014 • Acordo de Acionistas celebrado entre Banco BTG Pactual S.A. e Caixa Participações S.A., em 31 de janeiro de 2011, conforme aditado em 10 de setembro de 2014
Composição do capital social	535.029.747	Ordinárias
	394.010.416	Preferenciais
	929.040.163	Total
Atividades (principais) da companhia	Banco múltiplo com carteira comercial

CONTROLE SOCIETÁRIO E CONTROLE EMPRESARIAL

Posição acionária	Bonsucex Holding LTDA.	0,00% (ON)	6,91% (PN)	2,93% (Total)
	Silvio Tini Araújo	0,00% (ON)	0,71% (PN)	0,30% (Total)
	BPSA Holdco LLC	0,00% (ON)	7,64% (PN)	3,24% (Total)
	Caixa Participações S.A.	49,00% (ON)	28,61% (PN)	40,35% (Total)
	BTG Pactual S.A.	51,00% (ON)	25,89% (PN)	40,35% (Total)
	Mineração Buritirama S.A.	0,00% (ON)	3,15% (PN)	1,34% (Total)
	Outros	0,00% (ON)	27,08% (PN)	11,49% (Total)
	Ações Tesouraria	0,00% (ON)	0,00% (PN)	0,00% (Total)
Estado acionista	• Caixa Participações S.A. (subsidiária integral da Caixa Econômica Federal)			
Declaração de existência e espécie de controle acionário	Segundo informações disponibilizadas, os controladores diretos da sociedade são Banco BTG Pactual S.A. e Caixa Participações S.A.			
Possibilidade de atribuição do *controle societário* para e/ou de posição jurídica que possibilite a *influenciação sobre controle empresarial* pelo o Estado/seus braços de participação	Sim. Com base nos documentos analisados, são atribuídos à Caixa Participações S.A. prerrogativas encerradas tanto pelo *controle societário*, como pelo *controle empresarial*.			
Modo de atribuição do *controle societário* e/ou de posição jurídica que possibilite a *influenciação sobre controle empresarial*	Técnica para atribuição das prerrogativas: Participação direta e disposições contidas em acordo de acionistas.			
	Justificativa			
	(i) De acordo com o Acordo de Acionistas, BTG Pactual S.A. e Caixa Participações S.A. se declaram integrantes do bloco de controle da companhia (conforme definido no art. 116 da Lei 6.404);			
	(ii) há previsão de convocação de "reunião prévia" para definir o voto a ser proferido pelas partes do Acordo de Acionistas, conforme Cláusula 3.05 do Acordo de Acionistas. Sendo assim, BTG Pactual S.A. e Caixa Participações S.A. devem votar conjuntamente nas seguintes matérias ("Assuntos Relevantes") (apenas as principais são transcritas a seguir, fazendo-se alguns comentários):			

ANEXO

(ii.a) *"distribuição de dividendos em montante que supere o dividendo obrigatório previsto no Estatuto Social do Banco ou das Companhias Investidas"* – **trata-se de influência tanto relacionada ao *controle empresarial*, quanto do *controle societário*, haja vista que a distribuição de dividendos é matéria a ser deliberada em Assembleia Geral, pelos acionistas e determinada sobretudo pelo controlador societário.**

(ii.b) *"alteração da competência dos órgãos sociais previstos no Estatuto Social do Banco ou das Companhias Investidas"*, bem como *"alteração do número de membros do Conselho de Administração do Banco, exceto pelo disposto no § 4º da Cláusula 4.02, ou das Companhias Investidas"* – **tratam-se prerrogativa relacionada ao *controle societário*, haja vista que as matérias devem ser deliberadas em Assembleia Geral.**

(ii.c) *"prática de qualquer ato de liberalidade pela diretoria do Banco ou das Companhias Investidas, fora do curso normal dos negócios do Banco ou das Companhias Investidas e cujo valor individual, ou agregado considerando o período de 1 (um) ano, supere a quantia R$ 100.000,00 (cem mil reais), corrigida pela variação do IGPM – Índice Geral de Preços no Mercado, publicado pela Fundação Getúlio Vargas, ou outro índice que venha a substituí-lo, a partir da presente data. Para fins deste Acordo, entender-se-á por "curso normal dos negócios" as atividades regulares do Banco ou das Companhias Investidas compreendidas em seu objeto social e consistentes cumulativamente com (i) as práticas passadas ordinariamente adotadas pelo Banco e (ii) as práticas usuais adotadas por instituições financeiras do mesmo porte"*; – **trata-se de prerrogativa relacionada ao poder de destinação (em sentido amplo) de bens e direitos integrantes do estabelecimento empresarial, em especial de valores mobiliários, ou seja, prerrogativa relacionada ao *controle empresarial***

(ii.d) *"prestação de garantias reais pelo Banco, ou pelas Companhias Investidas, no curso normal dos negócios do Banco ou das Companhias Investidas, em valor por operação, superior a 10% (dez por cento) do patrimônio líquido do Banco ou da Companhia Investida, ou prestação de garantias reais fora do curso normal dos negócios, independentemente do valor de tais garantias. Para os fins do aqui disposto, as operações de cessões de crédito e/ou alienação fiduciária de quotas de Fundos de Investimento em Direitos Creditórios que envolverem prestação de garantias reais no curso normal dos negócios não estarão sujeitas à deliberação dos Acionistas em Reunião Prévia"*; – **trata-se de prerrogativa relacionada ao poder de destinação (em sentido amplo) de bens e direitos integrantes do estabelecimento empresarial, em especial de valores mobiliários, ou seja, prerrogativa relacionada ao *controle empresarial***

(ii.e) *"aprovação de participações do Banco ou das Companhias Investidas em outras sociedades cujo valor, por operação, seja superior a 3% (três por cento) do patrimônio líquido do Banco ou das Companhias Investidas, conforme o caso"*; – **trata-se de prerrogativa relacionada ao poder de destinação (em sentido amplo) de bens e direitos integrantes do estabelecimento empresarial, em especial de valores mobiliários, ou seja, prerrogativa relacionada ao *controle empresarial***

	(ii.f) *"aprovação do orçamento anual e o planejamento plurianual estratégico dos negócios do Banco e das Companhias Investidas realizados anualmente para um período subsequente de 5 (cinco) anos ("Plano de Negócios")"*; – **trata-se de prerrogativa relacionada ao poder de destinação (em sentido amplo) de bens e direitos integrantes do estabelecimento empresarial, em especial de valores mobiliários, ou seja, prerrogativa relacionada ao *controle empresarial*** Sendo assim, a Caixa Participações S.A.: (a) no que tange ao *controle societário* exerce, juntamente com o BTG Pactual S.A., o *controle societário* na companhia analisada, podendo determinar prerrogativas inerentes ao *controle societário*, a exemplo das mencionadas nos itens (ii. a) a (ii. c), acima. (b) no que tange ao *controle empresarial*, a Caixa Participações S.A. pode, em praticamente todas as hipóteses relevantes companhia e suas controladas determinar a destinação dos bens e direitos que integram o estabelecimento empresarial, configurando-se a hipótese de *influenciação sobre o controle empresarial*.
Investimentos com o Sistema BNDES	De acordo com informações públicas disponibilizadas, não há evidência de contratos celebrados com o Sistema BNDES.
Observações adicionais	Não aplicável.

ANEXO

39.

Nome empresarial e nome fantasia	BANCO ESTADO DO RIO GRANDE DO SUL | BANRISUL
Nome do pregão	BANRISUL
Código de Negociação	BRSR3 (ON) | BRSR5 (PNA) | BRSR6 (PNAB)
CNPJ	92.702.067/0001-96
Fontes dos dados	www.banrisul.com.br/ri
Setor e subsetor (segmento)	Financeiro e Outros | Intermediários Financeiros | Outros
Segmento de listagem	Nível 1 de Governança Corporativa
Documentos e informações analisados	• Formulário de referência – 2014 – VII • Estatuto social da companhia, conforme atualizado em 13 de janeiro de 2013
Composição do capital social	205.043.395 — Ordinárias 203.931.082 — Preferenciais 408.974.477 — Total
Atividades (principais) da companhia	Banco múltiplo atuante nas carteiras comercial, crédito, financiamento, investimento, crédito imobiliário, desenvolvimento e arrendamento mercantil.
Posição acionária	Governo do Estado do Rio Grande do Sul — 99,59% (ON) — 13,02% (PN) — 56,97% (Total) Blackrock Inc. — 0,00% (ON) — 5,00% (PN) — 2,45% (Total) Skages AS — 0,00% (ON) — 15,69% (PN) — 7,70% (Total) Outros — 0,41% (ON) — 66,29% (PN) — 32,88x% (Total) Ações Tesouraria — 0,00% (ON) — 0,00% (PN) — 0,00% (Total)
Estado acionista	• Estado do Rio Grande do Sul
Declaração de existência e espécie de controle acionário	Segundo informações disponibilizadas, o controlador direto da sociedade é o Estado do Rio Grande do Sul.

Possibilidade de atribuição do *controle societário* para e/ou de posição jurídica que possibilite a *influenciação sobre controle empresarial* pelo o Estado/seus braços de participação	Sim. Com base nos documentos analisados, o Estado do Rio Grande do Sul é titular do *controle societário* e influencia diretamente o *controle empresarial*.
Modo de atribuição do *controle societário* e/ou de posição jurídica que possibilite a *influenciação sobre controle empresarial*	Técnica para atribuição das prerrogativas: *Controle societário* majoritário detido pelo Estado do Rio Grande do Sul.
	Justificativa
	Por se tratar de sociedade de economia mista, conforme o Decreto-Lei nº 200/1967, o ente público, no caso o Estado do Rio Grande do Sul, deve ser controlador societário majoritário.
	Sendo assim, o *controle empresarial* é, via de regra, de titularidade da companhia, sendo diretamente influenciado pelo titular do *controle societário*.
Investimentos com o Sistema BNDES	De acordo com informações públicas disponibilizadas, há evidência de contratos celebrados com o Sistema BNDES.
Observações adicionais	Não aplicável.

40.

Nome empresarial e nome fantasia	BRASKEM S.A.	
Nome do pregão	BRASKEM	
Código de Negociação	BRKM3(ON) | BRKM5(PN) | BRKM6 (PN)	
CNPJ	45.150.390/0001-70	
Sítio eletrônico institucional	www.braskem.com.br	
Setor e subsetor (segmento)	Materiais Básicos | Químicos | Petroquímicos	
Segmento de listagem	Nível 1 de Governança Corporativa	
Documentos e informações analisados	• Formulário de referência – 2014 – V7 • Estatuto social da companhia, conforme atualizado em 30 de setembro de 2012 • Acordo de Acionistas celebrado entre Odebrecht S.A. e Odebrecht Serviços e Participações S.A., e Petrobras Química S.A. – Petroquisa e Petróleo Brasileiro S.A. – Petrobras, em 8 de fevereiro de 2010 • Acordo de Acionistas celebrado entre Odebrecht S.A. e BNDES Participações S.A. – BNDESPAR, celebrado em 24 de agosto de 2001, conforme aditado em 12 de janeiro de 2004, 13 de julho de 2004, 30 de novembro de 2004, 22 de março de 2005 e 27 de agosto de 2010 (ver "Observações Adicionais").	
Composição do capital social	451.668.652	Ordinárias
	345.596.696	Preferenciais
	797.265.348	Total
Atividades (principais) da companhia	Produção de produtos químicos e petroquímicos básicos, resinas termoplásticas, utilidades e energia elétrica, prestação de serviços industriais e participação em outras sociedades.	

CONTROLE SOCIETÁRIO E CONTROLE EMPRESARIAL

Posição acionária	Odebrecht S.A.	0,00% (ON)	0,00% (PN)	0,00% (Total)
	BNDES Participações S.A. – BNDESPAR	0,00% (ON)	11,60% (PN)	5,03% (Total)
	Petróleo Brasileiro S.A. – Petrobrás	47,03% (ON)	21,90% (PN)	36,13% (Total)
	ADR's – Bank of New York	0,00% (ON)	9,90% (PN)	4,29% (Total)
	Odebrecht Serviços e Participações S.A.	50,11% (ON)	22,90% (PN)	38,32% (Total)
	Outros	2,86% (ON)	33,40% (PN)	16,09% (Total)
	Ações Tesouraria	0,00% (ON)	0,30% (PN)	0,14% (Total)
Estado acionista	• BNDES Participações S.A. – BNDESPAR			
Declaração de existência e espécie de controle acionário	Segundo informações disponibilizadas, a controladora direta da companhia é a Odebrecht Serviços e Participações S.A., que, por sua vez, é controlada pela Odebrecht S.A.			
Possibilidade de atribuição do *controle societário* para e/ou de posição jurídica que possibilite a *influenciação sobre controle empresarial* pelo o Estado/seus braços de participação	Sim. Com base nos documentos analisados, são atribuídas as BNDES Participações S.A. – BNDESPAR prerrogativas encerradas sobretudo pelo *controle societário*, com influência sobre o *controle empresarial*.			

260

ANEXO

	Técnica para atribuição das prerrogativas: Disposições contidas em acordo de acionistas.
	Justificativa
Modo de atribuição do *controle societário* e/ou de posição jurídica que possibilite a *influenciação sobre controle empresarial*	(i) De acordo com o Acordo de Acionistas (celebrado entre Odebrecht S.A. e BNDES Participações S.A. – BNDESPAR), a Odebrecht S.A. "*deverá exercer seu direito de voto de modo a não deliberar, sem a prévia aprovação do BNDESPAR, qualquer constituição de reservas ou fundos que afetem o resultado da Companhia com repercussões nos direitos e interesses dos acionistas minoritários*". Tal determinação configura influência tanto relacionada ao *controle empresarial*, quanto do *controle societário*, haja vista que a criação de reservas é matéria a ser deliberada em Assembleia Geral, **pelos acionistas e determinada sobretudo pelo *controlador societário*.**
	(ii) Ademais, há disposições relacionadas à obrigação de garantir a eleição de ao menos um membro do Conselho de Administração que seja indicado pelo BNDESPAR. Na atual configuração do capital social da companhia analisada, esse membro do Conselho de Administração indicado pelo BNDESPAR deverá ter direito de voto nas Reuniões de Conselho de Administração. **Trata-se de prerrogativa relacionada ao *controle societário*.**
	Sendo assim, o BNDES Participações S.A. – BNDESPAR:
	(a) no que tange ao *controle societário* pode determinar prerrogativas inerentes ao *controle societário*, como é o caso da constituição de reservas.
	(b) no que tange ao *controle empresarial*, o BNDES Participações S.A. – BNDESPAR pode, circunstancialmente, determinar a destinação de recursos para reservas e fundos, bens que integram o estabelecimento empresarial, configurando-se a hipótese de *influenciação sobre o controle empresarial*.
Investimentos com o Sistema BNDES	De acordo com informações públicas disponibilizadas, há evidência de contratos celebrados com o Sistema BNDES, a exemplo de debêntures.
Observações adicionais	• Não obstante o Acordo de Acionistas celebrado entre Odebrecht S.A. e BNDES Participações S.A. – BNDESPAR permaneça vigente, não foi possível acessá-lo pelo sítio institucional da companhia analisada, pois não se encontrava disponível. Tal indisponibilidade provavelmente se deu pois o referido Acordo de Acionistas foi celebrado originalmente no âmbito da Trikem S.A., incorporada pela companhia analisada em janeiro de 2010. Sendo assim, utilizou-se como base para as análises aqui feitas as informações constantes do Formulário de Referência – 2014 – V7.

41.

Nome empresarial e nome fantasia	CIA ENERGÉTICA DE MINAS GERAIS – CEMIG			
Nome do pregão	CEMIG			
Código de Negociação	CMIG3 (ON) | CMIG4 (PN)			
CNPJ	17.155.730/0001-64			
Sítio eletrônico institucional	www.cemig.com.br			
Setor e subsetor (segmento)	Utilidade Pública | Energia Elétrica | Energia Elétrica			
Segmento de listagem	Nível 1 de Governança Corporativa			
Documentos e informações analisados	• Formulário de referência – 2014 – V8 • Estatuto social da companhia, conforme atualizado em 23 de fevereiro de 2015 • Acordo de Acionistas celebrado entre Estado de Minas Gerais e AGC Energia S.A., com interveniência do BNDES Participações S.A. – BNDESPAR, em 1 de agosto de 2011.			
Composição do capital social	420.764.708	Ordinárias		
	838.076.946	Preferenciais		
	1.258.841.654	Total		
Atividades (principais) da companhia	Concessionária de serviço público de energia elétrica.			
Posição acionária	Estado de Minas Gerais	50,96% (ON)	0,00% (PN)	17,03% (Total)
	AGC Energia S.A.	32,96% (ON)	5,09% (PN)	14,41% (Total)
	FIA Dinâmica Energia	6,77% (ON)	1,05% (PN)	2,96% (Total)
	Lazard Asset Management LLC	0,00% (ON)	5,07% (PN)	3,37% (Total)
	MGI – Minas Gerais Participações S.A.	0,00% (ON)	9,38% (PN)	6,24% (Total)
	Outros	9,30% (ON)	79,35% (PN)	55,94% (Total)
	Ações Tesouraria	0,00% (ON)	0,07% (PN)	0,04% (Total)

ANEXO

Estado acionista	• Estado de Minas Gerais • BNDES Participações S.A. – BNDESPAR (por meio da AGC Energia S.A.)
Declaração de existência e espécie de controle acionário	Segundo informações disponibilizadas, o controlador direto da sociedade é o Estado de Minas Gerais.
Possibilidade de atribuição do *controle societário* para e/ou de posição jurídica que possibilite a *influenciação sobre controle empresarial* pelo o Estado/seus braços de participação	Sim. Com base nos documentos analisados, o Estado de Minas Gerais é titular do *controle societário* e influencia diretamente o *controle empresarial*.
Modo de atribuição do *controle societário* e/ou de posição jurídica que possibilite a *influenciação sobre controle empresarial*	Técnica para atribuição das prerrogativas: *Controle societário* majoritário detido pelo Estado de Minas Gerais. Justificativa Por se tratar de sociedade de economia mista, conforme o Decreto-Lei nº 200/1967, o ente público, no caso o Estado de Minas Gerais deve ser controlador societário majoritário. Sendo assim, o *controle empresarial* é, via de regra, de titularidade da companhia, sendo diretamente influenciado pelo titular do *controle societário*. O Acordo de Acionistas prevê a criação de "comitês de assessoramento" (Comitê de Governança Corporativa e Sustentabilidade, Comitê de Recursos Humanos, Comitê de Estratégia, Comitê de Finanças Auditoria e Riscos, Comitê de Desenvolvimento e Gestão de Participações e Comitê de Apoio ao Conselho). Tais comitês serão compostos por 5 (cinco) membros efetivos ou suplentes do Conselho de Administração, sendo 3 (três) indicados pelo Estado de Minas Gerais e 2 (dois) pela "maioria simples dos demais acionistas", o que, na prática, significa que serão indicados pela AGC Energia S.A. (indiretamente pelo BNDESPAR). A função desses comitês é a elaboração de "parecer obrigatório e não vinculante" sobre diversas questões relacionadas ao *controle empresarial* da companhia.
Investimentos com o Sistema BNDES	De acordo com informações públicas disponibilizadas, há evidência de contratos celebrados com o Sistema BNDES, a exemplo de contrato de financiamento mediante abertura de linha de crédito.
Observações adicionais	• Interessante notar a relação existente entre o BNDESPAR e a AGC Energia S.A., conforme mencionado no Acordo de Acionistas: *"A BNDESPAR participa significativamente do resultado da AGC Energia por meio de debêntures participativas, perpétuas e permutáveis emitidas em 04 de março de 2011 (Debêntures)"*. • Não obstante as considerações feitas, há a seguinte menção no Acordo de Acionistas: *"O desejo e objetivo dos Acionistas é manter o Estado como controlador hegemônico, isolado e soberano da Companhia e atribuir à AGC Energia apenas algumas prerrogativas com a finalidade de contribuir para a continuidade do crescimento sustentável da Companhia"*.

42.

Nome empresarial e nome fantasia	CIA ENERGÉTICA DE SÃO PAULO – CESP			
Nome do pregão	CESP			
Código de Negociação	CESP3 (ON) | CESP5 (PNA) | CESP6 (PNB)			
CNPJ	60.933.603/0001-78			
Sítio eletrônico institucional	www.cesp.com.br			
Setor e subsetor (segmento)	Utilidade Pública | Energia Elétrica | Energia Elétrica			
Segmento de listagem	Nível 1 de Governança Corporativa			
Documentos e informações analisados	• Formulário de referência – 2014 – V8 • Estatuto social da companhia, conforme atualizado em 24 de abril de 2013			
Composição do capital social	109.167.620	Ordinárias		
	218.335.053	Preferenciais		
	327.502.673	Total		
Atividades (principais) da companhia	Geração e comercialização de energia elétrica.			
Posição acionária	Fazendo do Estado de São Paulo	94,08% (ON)	6,93% (PN)	35,98% (Total)
	Blackrock Inc.	0,00% (ON)	4,86% (PN)	3,24% (Total)
	UBS AG London Branch	0,00% (ON)	9,23% (PN)	6,15% (Total)
	HSBC Bank London	0,00% (ON)	11,89% (PN)	7,93% (Total)
	Centrais Elétricas Brasileiras S.A. – Eletrobrás	0,03% (ON)	3,05% (PN)	2,05% (Total)
	Cia Paulista de Parcerias	0,00% (ON)	6,32% (PN)	4,21% (Total)
	Outros	5,88% (ON)	57,71% (PN)	40,44% (Total)
	Ações Tesouraria	0,00% (ON)	0,00% (PN)	0,00% (Total)

Estado acionista	• Fazenda do Estado de São Paulo
Declaração de existência e espécie de controle acionário	Segundo informações disponibilizadas, o controlador direto da sociedade é o Estado de São Paulo.
Possibilidade de atribuição do *controle societário* para e/ou de posição jurídica que possibilite a *influenciação sobre controle empresarial* pelo o Estado/seus braços de participação	Sim. Com base nos documentos analisados, o Estado de São Paulo é titular do *controle societário* e influencia diretamente o *controle empresarial*.
Modo de atribuição do *controle societário* e/ou de posição jurídica que possibilite a *influenciação sobre controle empresarial*	Técnica para atribuição das prerrogativas: *Controle societário* majoritário detido pelo Estado de São Paulo.
	Justificativa
	Por se tratar de sociedade de economia mista, conforme o Decreto-Lei nº 200/1967, o ente público, no caso o Estado de São Paulo, deve ser controlador societário majoritário.
	Sendo assim, o *controle empresarial* é, via de regra, de titularidade da companhia, sendo diretamente influenciado pelo titular do *controle societário*.
Investimentos com o Sistema BNDES	De acordo com informações públicas disponibilizadas, há evidência de contratos celebrados com o Sistema BNDES.
Observações adicionais	Não aplicável.

43.

Nome empresarial e nome fantasia	CIA PARANAENSE DE ENERGIA – COPEL
Nome do pregão	COPEL
Código de Negociação	CPLE3 (ON) | CPLE (PNA) | CPLE6 (PNB)
CNPJ	76.483.817/0001-00
Sítio eletrônico institucional	www.copel.com.br
Setor e subsetor (segmento)	Utilidade Pública | Energia Elétrica | Energia Elétrica
Segmento de listagem	Nível 1 de Governança Corporativa
Documentos e informações analisados	• Formulário de referência – 2014 – V7 • Estatuto social da companhia, conforme atualizado em 24 de abril de 2014 • Acordo de Acionistas celebrado entre Estado do Paraná e BNDES Participações S.A. – BNDESPAR, em 22 de dezembro de 1998, conforme aditado em 29 de março de 2001
Composição do capital social	145.031.080 — Ordinárias
	128.624.295 — Preferenciais
	273.655.375 — Total
Atividades (principais) da companhia	Geração, transmissão, comercialização e distribuição de energia elétrica.

ANEXO

Posição acionária	Victor Adler	0,00% (ON)	0,03% (PN)	0,01% (Total)
	Estado do Paraná	58,63% (ON)	0,01% (PN)	31,08% (Total)
	BNDES Participações S.A. – BNDESPAR	26,41% (ON)	21,21% (PN)	23,96% (Total)
	Allianz Global Investors Managed Accounts LLC	0,00% (ON)	5,16% (PN)	2,43% (Total)
	MFS Investment Management	0,00% (ON)	4,84% (PN)	2,27% (Total)
	Blackrock Inc.	0,00% (ON)	5,01% (PN)	2,35% (Total)
	Outros	14,96% (ON)	63,74% (PN)	37,89% (Total)
	Ações Tesouraria	0,00% (ON)	0,00% (PN)	0,00% (Total)
Estado acionista	• Estado do Paraná • BNDES Participações S.A. – BNDESPAR			
Declaração de existência e espécie de controle acionário	Segundo informações disponibilizadas, o controlador direto da sociedade é o Estado do Paraná.			
Possibilidade de atribuição do *controle societário* para e/ou de posição jurídica que possibilite a *influenciação sobre controle empresarial* pelo o Estado/seus braços de participação	Sim. Com base nos documentos analisados, o Estado do Paraná é titular do *controle societário* e influencia diretamente o *controle empresarial*. Há, de todo modo, transferência de prerrogativas relacionadas sobretudo ao *controle societário* para o BNDES Participações S.A. – BNDESPAR.			

	Técnica para atribuição das prerrogativas: *Controle societário majoritário detido pelo Estado do Paraná e disposições contidas em acordo de acionistas.*
	Justificativa
	(i) Por se tratar de sociedade de economia mista, conforme o Decreto-Lei nº 200/1967, o ente público, no caso o Estado do Paraná, deve ser controlador societário majoritário. Sendo assim, o *controle empresarial* é, via de regra, de titularidade da companhia, sendo diretamente influenciado pelo titular do *controle societário*.
Modo de atribuição do *controle societário* e/ou de posição jurídica que possibilite a *influenciação* sobre controle empresarial	(ii) Não obstante, conforme o Acordo de Acionistas (celebrado entre Estado do Paraná e BNDES Participações S.A. – BNDESPAR), o Estado do Paraná, "na qualidade de acionista controlador", obriga-se a exercer seu direito de voto "de modo a não aprovar, sem prévia autorização por escrito, da BNDESPAR" as seguintes matérias (apenas as principais são transcritas a seguir, fazendo-se alguns comentários):
	(ii.a) "*reforma do Estatuto da EMPRESA*"; "*aumento do capital social da EMPRESA*"; "*criação de nova classe de ação preferencial, ainda que menos favorecida, e mudanças nas características das ações existentes*"; "*redução do capital social*"; "*mudança do objeto social da EMPRESA*"; – **tratam-se de prerrogativas diretamente relacionadas ao *controle societário*, haja vista dependerem de aprovação em Assembleia Geral.**
	(ii.b) "*constituição de reservas, fundos ou provisões contábeis com repercussões nos direitos e interesses dos acionistas minoritários*"; – **trata-se de prerrogativa diretamente relacionada ao *controle societário*, haja vista depender de aprovação em Assembleia Geral.**
	Sendo assim, o BNDES Participações S.A. – BNDESPAR, no que tange ao *controle societário*, pode determinar prerrogativas inerentes ao *controle societário*, como é o caso da alteração do Estatuto Social e da constituição de reservas.
Investimentos com o Sistema BNDES	De acordo com informações públicas disponibilizadas, há evidência de contratos celebrados com o Sistema BNDES.
Observações adicionais	Não aplicável.

44.

Nome empresarial e nome fantasia	CENTRAIS ELÉTRICAS BRASILEIRAS S.A. - ELETROBRAS
Nome do pregão	ELETROBRAS
Código de Negociação	ELET3 (ON) | ELET5 (PNA) | ELET6 (PNB)
CNPJ	00.001.180/0001-26
Sítio eletrônico institucional	www.eletrobras.com.br
Setor e subsetor (segmento)	Utilidade Pública | Energia Elétrica | Energia Elétrica
Segmento de listagem	Nível 1 de Governança Corporativa
Documentos e informações analisados	• Formulário de referência – 2014 – V7 • Estatuto social da companhia, conforme atualizado em 23 de dezembro de 2011
Composição do capital social	1.087.050.297 — Ordinárias 265.583.803 — Preferenciais 1.352.634.100 — Total
Atividades (principais) da companhia	Participação em sociedades que atuam na geração, transmissão, comercialização e distribuição de energia elétrica.

ANEXO

269

Posição acionária	Fundo Nacional de Desenvolvimento – FND	4,20% (ON)	0,00% (PN)	3,37% (Total)
	Fundo Garantidor de Habitação – FGHAB	0,09% (ON)	0,00% (PN)	0,07% (Total)
	Victor Adler	0,00% (ON)	0,02% (PN)	0,00% (Total)
	Fundo Garantidor para Investimentos – FGI	0,00% (ON)	3,29% (PN)	0,65% (Total)
	União Federal	54,46% (ON)	0,00% (PN)	43,76% (Total)
	Banco Nacional de Desenvolvimento Econômico e Social – BNDES	6,86% (ON)	6,88% (PN)	6,86% (Total)
	BNDES Participações S.A. – BNDESPAR	13,04% (ON)	7,04% (PN)	11,86% (Total)
	JP Morgan Chase Bank	6,05% (ON)	7,85% (PN)	6,41% (Total)
	Caixa Econômica Federal	0,80% (ON)	0,00% (PN)	0,64% (Total)
	Blackrock Inc.	0,00% (ON)	5,00% (PN)	0,98% (Total)
	Outros	14,50% (ON)	69,93% (PN)	25,38% (Total)
	Ações Tesouraria	0,00% (ON)	0,00% (PN)	0,00% (Total)
Estado acionista	• União Federal • Banco Nacional de Desenvolvimento Econômico e Social – BNDES • BNDES Participações S.A. – BNDESPAR • Caixa Econômica Federal • Fundo Nacional de Desenvolvimento – FND (fundo controlado pela União Federal) – Ver "Observações Adicionais" • Fundo Garantidor de Habitação – FGHAB (fundo controlado pela União Federal) • Fundo Garantidor para Investimentos – FGI (fundo controlado pela União Federal)			
Declaração de existência e espécie de controle acionário	Segundo informações disponibilizadas, o controlador direto da sociedade é a União Federal.			
Possibilidade de atribuição do controle societário para e/ou de posição jurídica que possibilite a *influenciação sobre controle empresarial* pelo o Estado/seus braços de participação	Sim. Com base nos documentos analisados, a União Federal é titular do *controle societário* e influencia diretamente o *controle empresarial*.			

ANEXO

	Técnica para atribuição das prerrogativas: *Controle societário* majoritário detido pela União Federal.
Modo de atribuição do *controle societário* e/ou de posição jurídica que possibilite a *influenciação sobre controle empresarial*	Justificativa
	Por se tratar de sociedade de economia mista, conforme o Decreto-Lei nº 200/1967, o ente público, no caso a União Federal, deve ser controlador societário majoritário.
	Sendo assim, o *controle empresarial* é, via de regra, de titularidade da companhia, sendo diretamente influenciado pelo titular do *controle societário*.
Investimentos com o Sistema BNDES	De acordo com informações públicas disponibilizadas, há evidência de contratos celebrados com o Sistema BNDES, a exemplo de contratos de empréstimo.
Observações adicionais	• O Fundo Nacional de Desenvolvimento – FND foi extinto, conforme Medida Provisória nº 501/2010, de 30 de dezembro de 2010, porém o inventário, segundo o Formulário de Referência analisado, não havia ainda sido finalizado. Após a finalização, as ações passarão a ser detidas pela própria União Federal.

45.

Nome empresarial e nome fantasia	FRAS-LE S.A.
Nome do pregão	FRAS-LE
Código de Negociação	FRAS3 (ON)
CNPJ	88.610.126/0001-29
Sítio eletrônico institucional	www.fras-le.com.br
Setor e subsetor (segmento)	Bens Industriais | Material de Transporte | Material Rodoviário
Segmento de listagem	Nível 1 de Governança Corporativa
Documentos e informações analisados	• Formulário de referência – 2014 – V9 • Estatuto social da companhia, conforme atualizado em 6 de junho de 2014 • Acordo de Acionistas celebrado entre Randon S.A. Implementos e Participações, José Maria Pedrosa Gomes, ErinoToron, Ottomar Vontobeol, Norio Suzaki e DRAMD Participações LTDA., em 12 de novembro de 2013.
Composição do capital social	124.973.750 Ordinárias
	0 Preferenciais
	124.973.750 Total
Atividades (principais) da companhia	Indústria de autopeças e materiais de fricção.

ANEXO

Posição acionária	Fundação Petrobras de Seguridade Social – PETROS	8,48% (ON)	0,00% (PN)	8,48% (Total)
	José Maria Pedrosa Gomes	1,53% (ON)	0,00% (PN)	1,53% (Total)
	Erino Tonon	0,85% (ON)	0,00% (PN)	0,85% (Total)
	Ottomar Vontobel	0,70% (ON)	0,00% (PN)	0,70% (Total)
	Norio Suzaki	0,58% (ON)	0,00% (PN)	0,58% (Total)
	DRAMD Participações e Administração LTDA.	0,18% (ON)	0,00% (PN)	0,18% (Total)
	Caixa de Previdência dos Funcionários do Banco do Brasil – PREVI	22,50% (ON)	0,00% (PN)	22,50% (Total)
	Randon S.A. Implementos e Participações	46,31% (ON)	0,00% (PN)	46,31% (Total)
	Outros	16,47% (ON)	0,00% (PN)	16,47% (Total)
	Ações Tesouraria	2,40% (ON)	0,00% (PN)	2,40% (Total)
Estado acionista	• Fundação Petrobras de Seguridade Social – PETROS • Caixa de Previdência dos Funcionários do Banco do Brasil – PREVI			
Declaração de existência e espécie de controle acionário	Segundo informações disponibilizadas, a controladora direta é a Randon S.A. Implementos e Participações, que, por sua vez, é controlada pela DRAMD Participações e Administração LTDA.			
Possibilidade de atribuição do *controle societário* para e/ou de posição jurídica que possibilite a *influenciação sobre controle empresarial* pelo o Estado/seus braços de participação	De acordo com os documentos societários analisados, não há a atribuição à Fundação Petrobras de Seguridade Social – PETROS ou à Caixa de Previdência dos Funcionários do Banco de Brasil – PREVI de prerrogativas relacionadas ao poder de destinação de bens e direitos integrantes do estabelecimento empresarial, ou seja, ao *controle empresarial*. No que tange ao *controle societário*, a Fundação Petrobras de Seguridade Social – PETROS e a Caixa de Previdência dos Funcionários do Banco de Brasil – PREVI podem, eventual e circunstancialmente, compor o bloco de *controle societário*, compartilhando-o.			
Modo de atribuição do *controle societário* e/ou de posição jurídica que possibilite a *influenciação sobre controle empresarial*	A possibilidade de a Fundação Petrobras de Seguridade Social – PETROS e a Caixa de Previdência dos Funcionários do Banco de Brasil – PREVI integrarem o bloco de *controle societário* se dá em razão configuração acionária da companhia analisada, marcada por relativa dispersão acionária. O critério de permanência deve observado por meio da análise dos votos nas últimas deliberações da companhia.			
Investimentos com o Sistema BNDES	De acordo com informações públicas disponibilizadas, há evidência de contratos celebrados com o Sistema BNDES.			
Observações adicionais	Não aplicável.			

46.

Nome empresarial e nome fantasia	ITAÚSA INVESTIMENTOS ITAU S.A.
Nome do pregão	ITAUSA
Código de Negociação	ITSA3 (ON) | ITSA4 (PN)
CNPJ	61.532.644/0001-15
Sítio eletrônico institucional	www.itausa.com.br
Setor e subsetor (segmento)	Financeiro e Outros | Intermediários Financeiros | Bancos
Segmento de listagem	Nível 1 de Governança Corporativa
Documentos e informações analisados	• Formulário de referência – 2014 – V4 • Estatuto social da companhia, conforme atualizado em 28 de abril de 2014 • Acordo de Acionistas celebrado entre Companhia ESA e pessoas físicas das famílias Villela e Setubal, em 13 de março de 2013 • Acordo de Acionistas celebrado entre as pessoas físicas das famílias Villela e Setubal, no âmbito da Companhia ESA, em 13 de março de 2013
Composição do capital social	2.352.423.707 — Ordinárias 3.757.710.279 — Preferenciais 6.110.133.986 — Total
Atividades (principais) da companhia	Gestão e participação societária (holding).

ANEXO

	Marina Nugent Setubal	0,00% (ON)	0,00% (PN)	0,00% (Total)
	Olavo Egydio Setubal Júnior	3,35% (ON)	0,60% (PN)	1,66% (Total)
	Paula Lucas Setubal	0,00% (ON)	0,00% (PN)	0,00% (Total)
	Paulo Egydio Setubal	0,00% (ON)	0,00% (PN)	0,00% (Total)
	Paulo Setubal Neto	3,78% (ON)	0,56% (PN)	1,80% (Total)
	Ricardo Egydio Setubal	3,32% (ON)	0,60% (PN)	1,65% (Total)
	Ricardo Villela Marino	2,10% (ON)	0,80% (PN)	1,30% (Total)
	Roberto Egydio Setubal	3,34% (ON)	0,68% (PN)	1,70% (Total)
	Rodolfo Villela Marino	2,10% (ON)	0,80% (PN)	1,30% (Total)
Posição acionária	Tide Setubal Souza e Silva Nogueira	0,00% (ON)	0,01% (PN)	0,01% (Total)
	Alfredo Egydio Nugent Setubal	0,00% (ON)	0,00% (PN)	0,00% (Total)
	O.E. Setubal S.A.	0,00% (ON)	0,00% (PN)	0,00% (Total)
	Patricia Ribeiro Do Valle Setubal	0,00% (ON)	0,00% (PN)	0,00% (Total)
	Fernando Setubal Souza e Silva	0,00% (ON)	0,01% (PN)	0,01% (Total)
	Fundação Itaú Social	11,29% (ON)	0,15% (PN)	4,44% (Total)
	Gabriel de Mattos Setubal	0,02% (ON)	0,00% (PN)	0,01% (Total)
	Guilherme Setubal Souza E Silva	0,00% (ON)	0,00% (PN)	0,00% (Total)
	José Luiz Egydio Setubal	3,25% (ON)	0,55% (PN)	1,59% (Total)
	Julia Guidon Setubal	0,00% (ON)	0,00% (PN)	0,00% (Total)
	Luiza Rizzo Setubal Kairalla	0,00% (ON)	0,00% (PN)	0,00% (Total)

CONTROLE SOCIETÁRIO E CONTROLE EMPRESARIAL

	Maria Alice Setubal	2,06% (ON)	0,81% (PN)	1,29% (Total)
	Rudric ITH S.A.	7,74% (ON)	3,16% (PN)	4,92% (Total)
	Mariana Lucas Setubal	0,00% (ON)	0,00% (PN)	0,00% (Total)
	Alfredo Egydio Arruda Villela Filho	11,85 (ON)	4,08% (PN)	7,07% (Total)
	Alfredo Egydio Setubal	3,32% (ON)	0,58% (PN)	1,64% (Total)
	Ana Lúcia de Mattos Barretto Villela	11,85% (ON)	3,80% (PN)	6,90% (Total)
	Beatriz de Mattos Setubal Da Fonseca	0,02% (ON)	0,00% (PN)	0,01% (Total)
	Bruno Rizzo Setubal	0,00% (ON)	0,00% (PN)	0,00% (Total)
	Fundação Petrobras de Seguridade Social – PETROS	15,00% (ON)	0,00% (PN)	5,78% (Total)
	Camila Setubal Lenz Cesar	0,00% (ON)	0,00% (PN)	0,00% (Total)
	Carolina Marinho Lutz Setubal	0,00% (ON)	0,00% (PN)	0,00% (Total)
	Companhia ESA	3,03% (ON)	0,00% (PN)	1,17% (Total)
	Olavo Egydio Mutarelli Setubal	0,02% (ON)	0,00% (PN)	0,01% (Total)
	Marcelo Ribeiro do Valle Setubal	0,00% (ON)	0,00% (PN)	0,00% (Total)
	Rodrigo Ribeiro do Valle Setubal	0,00% (ON)	0,00% (PN)	0,00% (Total)
	Outros	12,47% (ON)	82,76% (PN)	55,70% (Total)
	Ações Tesouraria	0,07% (ON)	0,06% (PN)	0,07% (Total)
Estado acionista	• Fundação Petrobras de Seguridade Social – PETROS			
Declaração de existência e espécie de controle acionário	Segundo informações disponibilizadas, a controladora direta é a Companhia ESA, em razão de usufruto do direito de voto sobre as ações ordinárias detidas pela Família Egydio de Souza Aranha, que, por sua vez, são controladores da Companhia ESA.			
Possibilidade de atribuição do controle societário para e/ou de posição jurídica que possibilite a influenciação sobre controle empresarial pelo o Estado/seus braços de participação	De acordo com os documentos societários analisados, não há a atribuição à Fundação Petrobras de Seguridade Social – PETROS de prerrogativas poder de destinação de bens e direitos integrantes do estabelecimento empresarial, ou seja, ao controle empresarial. No que tange ao *controle societário*, a Fundação Petrobras de Seguridade Social – PETROS pode, eventual e circunstancialmente, compor o bloco de *controle societário*, compartilhando-o.			

Modo de atribuição do *controle societário* e/ou de posição jurídica que possibilite a *influenciação sobre controle empresarial*	A possibilidade de a Fundação Petrobras de Seguridade Social – PETROS integrar o bloco de *controle societário* se dá em razão configuração da composição acionária da companhia analisada. O critério de permanência deve observado por meio da análise dos votos nas últimas deliberações da companhia.
Investimentos com o Sistema BNDES	De acordo com informações públicas disponibilizadas, há evidência de contratos celebrados com o Sistema BNDES.
Observações adicionais	Não aplicável.

47.

Nome empresarial e nome fantasia	OI S.A.
Nome do pregão	OI
Código de Negociação	OIBR3 (ON) | OIBR4 (PN)
CNPJ	76.535.764/0001-43
Sítio eletrônico institucional	www.oi.com.br/ri
Setor e subsetor (segmento)	Telecomunicações | Telefonia Fixa | Telefonia Fixa
Segmento de listagem	Nível 1 de Governança Corporativa
Documentos e informações analisados	• Formulário de referência – 2014 – V28 • Estatuto social da companhia, conforme atualizado em 18 de novembro de 2014 • Acordo de Acionistas da Telemar Participações S.A. (sucedida por incorporação pela companhia), celebrado entre AG Telecom Participações S.A., LF Tel S.A., Asseca Participações S.A., BNDES Participações S.A. – BNDESPAR, Fiago Participações S.A., Fundação Atlântico de Seguridade, em 25 de abril de 2008, conforme aditado em 25 de janeiro de 2011, 19 de fevereiro de 2014 e 8 de setembro de 2014.
Composição do capital social	286.155.319 — Ordinárias 572.316.691 — Preferenciais 858.472.010 — Total
Atividades (principais) da companhia	Exploração de serviços de telecomunicações e atividades necessárias, ou úteis à execução desses serviços, na conformidade das concessões, autorizações e permissões que lhe forem outorgadas.

ANEXO

Posição acionária	Telemar Participações S.A.	8,73% (ON)	0,32% (PN)	3,12% (Total)
	Valverde Participações S.A.	1,43% (ON)	0,00% (PN)	0,48% (Total)
	Bratel Brasil S.A.	1,27% (ON)	3,77% (PN)	2,94% (Total)
	AG Telecom Participações S.A.	0,00% (ON)	1,22% (PN)	0,81% (Total)
	LF Tel S.A.	0,00% (ON)	1,22% (PN)	0,81% (Total)
	Caixa de Previdência dos Funcionários do Banco do Brasil – PREVI	1,25% (ON)	0,72% (PN)	0,90% (Total)
	BNDES Participações S.A. – BNDESPAR	4,28% (ON)	4,64% (PN)	4,52% (Total)
	Fundação dos Economiários Federais – FUNCEF	0,00% (ON)	0,00% (PN)	0,00% (Total)
	Portugal Telecom SGPS S.A.	36,55% (ON)	30,06% (PN)	32,22% (Total)
	Caravelas Fundo de Investimento em Ações	5,99% (ON)	6,28% (PN)	6,18% (Total)
	Ontario Teachers' Pension Plan Board	3,02% (ON)	5,83% (PN)	4,89% (Total)
	Outros	34,54% (ON)	44,69% (PN)	41,30% (Total)
	Ações Tesouraria	2,94% (ON)	1,25% (PN)	1,83% (Total)
Estado acionista	• BNDES Participações S.A. – BNDESPAR • Caixa de Previdência dos Funcionários do Banco do Brasil – PREVI • Fundação dos Economiários Federais – FUNCEF			
Declaração de existência e espécie de controle acionário	Segundo informações disponibilizadas, os controladores diretos da companhia são a Telemar Participações S.A. e a Portugal Telecom SGPS S.A.			
Possibilidade de atribuição do controle societário para e/ou de posição jurídica que possibilite a *influenciação sobre controle empresarial* pelo o Estado/seus braços de participação	Sim. Com base nos documentos analisados, há pontual transferência de prerrogativas relacionadas ao *controle societário* e ao *controle empresarial* para os braços de participação do Estado.			

Técnica para atribuição das prerrogativas:	Disposições contidas em acordo de acionistas.
Justificativa	(i) os "controladores diretos e indiretos" tem sua participação distribuída conforme a relação a seguir e são vinculadas pelo Acordo de Acionistas, no âmbito da Telemar Participações S.A.:
	BNDES Participações S.A. – BNDESPAR 5,45
	Bratel Brasil (Portugal Telecom) 5,04
	Caixa de Prev. dos Func. do Banco do Brasil – PREVI 4,05
	Fundação dos Economiários Federais – FUNCEF 3,13
	Fundação Petrobrás de Seguridade Social – PETROS 3,13
	AG Telecom 37,19
	L.F. Tel 37,19
	Fundação Atlântico 4,81
Modo de atribuição do *controle societário* e/ou de posição jurídica que possibilite a *influenciação sobre controle empresarial*	**Subtotal Grupo Controlador** **100,0**

	(ii) Há previsão de convocação de "reunião prévia" para definir o voto a ser proferido pelas partes do Acordo de Acionistas, conforme Cláusula 3.2.1 e seguintes do Acordo de Acionistas;
	(iii) Os braços de participações do Estado (BNDESPAR, PETROS, PREVI e FUNCEF) detêm, em conjunto, 15,76% das ações vinculadas ao Acordo de Acionistas da Telemar Participações S.A., sendo a OI S.A. considerada uma "Controlada Relevante";
	(iv) a aprovação das seguintes matérias em reunião prévia, definindo o posicionamento dos acionistas vinculados ao Acordo de Acionistas, depende de voto afirmativo de 87,4% das ações vinculadas ao Acordo de Acionistas, conforme Cláusula 3.2.1. III (apenas as principais são transcritas a seguir, fazendo-se alguns comentários):
	(iv.a) "*dissolução da Companhia ou de qualquer uma de suas Controladas Relevantes*"; – **trata-se nitidamente da atribuição de poderes de destinação (em sentido amplo) de bens e direitos integrantes do estabelecimento empresarial, relacionadas ao *controle empresarial.***
	(iv.b) "*alteração do objeto social da Companhia ou de suas Controladas Relevantes*"; – **trata-se de prerrogativa relacionada ao *controle societário*, haja vista tratar-se de matéria a ser deliberada em Assembleia Geral.**
	Sendo assim, os braços de participação do Estado, quando agrupados de modo a representar mais de 13,6% das ações vinculadas ao Acordo de Acionistas da Telemar Participações S.A.:
	(a) no que tange ao *controle societário*, podem remotamente vir a integrar o bloco de controle, devendo-se aferir o critério de permanência casuisticamente; e
	(b) no que tange ao *controle empresarial*, há relativa e restrita influência sobre a destinação dos bens e direitos que integram o estabelecimento empresarial, relacionadas ao *controle empresarial*, podendo-se configurar a hipótese de *influenciação sobre o controle empresarial*.
Investimentos com o Sistema BNDES	De acordo com informações públicas disponibilizadas, há evidência de contratos celebrados com o Sistema BNDES.
Observações adicionais	Não aplicável.

48.

Nome empresarial e nome fantasia	RANDON S.A. – IMPLEMENTOS E PARTICIPAÇÕES			
Nome do pregão	RANDON PART			
Código de Negociação	RAPT3 (ON) | RAPT4 (PN)			
CNPJ	89.086.144/0001-16			
Sítio eletrônico institucional	www.randon.com.br/ri			
Setor e subsetor (segmento)	Bens Industriais | Material de Transporte | Material Rodoviário			
Segmento de listagem	Nível 1 de Governança Corporativa			
Documentos e informações analisados	• Formulário de referência – 2014 – V5 • Estatuto social da companhia, conforme atualizado em 14 de abril de 2014			
Composição do capital social	102.360.368	Ordinárias		
	202.371.448	Preferenciais		
	304.731.816	Total		
Atividades (principais) da companhia	Indústria e comércio de veículos automotores e rebocados para a movimentação e o transporte de materiais e implementação para o transporte rodoviário e ferroviário e de aparelhos mecânicos.			
Posição acionária	DRAMD Participações e Administração LTDA.	78,58% (ON)	21,14% (PN)	40,43% (Total)
	Caixa de Previdência dos Funcionários do Banco do Brasil – PREVI	10,07% (ON)	5,12% (PN)	6,79% (Total)
	Fundos Administrados por Pzena Investment Management LLC	7,33% (ON)	5,37% (PN)	6,02% (Total)
	Outros	4,02% (ON)	66,67% (PN)	45,63% (Total)
	Ações Tesouraria	0,00% (ON)	1,70% (PN)	1,13% (Total)
Estado acionista	• Caixa de Previdência dos Funcionários do Banco do Brasil – PREVI			
Declaração de existência e espécie de controle acionário	Segundo informações disponibilizadas, a controladora direta é a DRAMD Participações e Administração LTDA.			

ANEXO

Possibilidade de atribuição do *controle societário* para e/ou de posição jurídica que possibilite a *influenciação sobre controle empresarial* pelo o Estado/seus braços de participação	De acordo com os documentos societários analisados, não há a atribuição à Caixa de Previdência dos Funcionários do Banco de Brasil – PREVI de prerrogativas relacionadas ao poder de destinação de bens e direitos integrantes do estabelecimento empresarial, ou seja, ao *controle empresarial*. No que tange ao *controle societário*, a Caixa de Previdência dos Funcionários do Banco de Brasil – PREVI podem, eventual e circunstancialmente, compor o bloco de *controle societário*, compartilhando-o.
Modo de atribuição do *controle societário* e/ou de posição jurídica que possibilite a *influenciação sobre controle empresarial*	A possiblidade de a Caixa de Previdência dos Funcionários do Banco de Brasil – PREVI integrar o bloco de *controle societário* se dá em razão configuração da composição acionária da companhia analisada. O critério de permanência deve observado por meio da análise dos votos nas últimas deliberações da companhia.
Investimentos com o Sistema BNDES	De acordo com informações públicas disponibilizadas, há evidência de contratos celebrados com o Sistema BNDES.
Observações adicionais	Não aplicável.

49.

Nome empresarial e nome fantasia	SUZANO PAPEL E CELULOSE S.A.
Nome do pregão	SUZANO PAPEL
Código de Negociação	SUZB5 (PNA) | SUZB6 (PNB)
CNPJ	16.404.287/0001-55
Sítio eletrônico institucional	www.suzano.com.br/ri
Setor e subsetor (segmento)	Materiais Básicos | Madeira e Papel | Papel e Celulose
Segmento de listagem	Nível 1 de Governança Corporativa
Documentos e informações analisados	• Formulário de referência – 2014 – V7 • Estatuto social da companhia, conforme atualizado em 30 de abril de 2014 • Acordo de Acionistas celebrado entre Suzano Holding S.A., David Feffer, Daniel Feffer, Ruben Feffer e Fanny Feffer e BNDES Participações S.A. – BNDESPAR, em 30 de maio de 2011
Composição do capital social	371.148.532 — Ordinárias
	736.590.145 — Preferenciais
	1.107.738.677 — Total
Atividades (principais) da companhia	Indústria e comércio de papel e de celulose.

ANEXO

	David Feffer	0,00% (ON)	6,63% (PN)	4,41% (Total)
	Outros acionistas controladores	2,70% (ON)	10,39% (PN)	7,82% (Total)
	BNDES Participações S.A. – BNDESPAR	0,00% (ON)	16,35% (PN)	10,87% (Total)
	Outros administradores	0,00% (ON)	0,38% (PN)	0,26% (Total)
Posição acionária	Suzano Holding S.A.	95,47% (ON)	0,44% (PN)	32,28% (Total)
	Daniel Feffer	0,00% (ON)	5,99% (PN)	3,99% (Total)
	Jorge Feffer	0,00% (ON)	5,77% (PN)	3,84% (Total)
	Ruben Feffer	0,00% (ON)	5,83% (PN)	3,88% (Total)
	Outros	0,00% (ON)	46,27% (PN)	30,76% (Total)
	Ações Tesouraria	1,83% (ON)	1,95% (PN)	1,91% (Total)
Estado acionista	• BNDES Participações S.A. – BNDESPAR			
Declaração de existência e espécie de controle acionário	Segundo informações disponibilizadas, o controle direto da companhia é detido por Suzano Holding S.A., IPLF Holding S.A., David Feffer, Daniel Feffer, Jorge Feffer e Ruben Feffer			
Possibilidade de atribuição do controle societário para e/ou de posição jurídica que possibilite a influenciação sobre controle empresarial pelo o Estado/seus braços de participação	Sim. Com base nos documentos analisados, são atribuídos BNDES Participações S.A. – BNDESPAR prerrogativas relacionadas ao controle societário e ao controle empresarial.			

Técnica para atribuição das prerrogativas	Disposições contidas em acordo de acionistas.
Justificativa	Considerando que: (i) De acordo com a Cláusula 3.2. do Acordo de Acionistas, as seguintes matérias encontram-se sujeitas a manifestação prévia do BNDES Participações S.A. – BNDESPAR ("Itens de Aprovação") (apenas as principais são transcritas a seguir, fazendo-se alguns comentários): (i.a) *"alteração nas preferências, vantagens e condições de resgate ou amortização de uma ou mais classes de ações preferenciais de emissão da Companhia e de suas Controladas, ou criação de novas espécies ou classes de ações por tais sociedade"*; – **trata-se de prerrogativa relacionada ao *controle societário*, haja vista deverem ser deliberadas em Assembleia Geral da Companhia.** (i.b) *"transformação, fusão, cisão, incorporação, inclusive de ações, ou quaisquer outros atos de reorganização societária envolvendo a Companhia e suas Controladas, inclusive por meio da realização de permuta, de dação em pagamento mediante a utilização de ações ou de cessão de direitos de subscrição de ações, excetuadas dessa restrição as Controladas cujo capital social seja, direta ou indiretamente, detido pela Companhia em percentual igual ou superior a 99%"*; – **trata-se de prerrogativa relacionada tanto ao *controle societário*, como ao poder de destinação (em sentido amplo) de bens e direitos integrantes do estabelecimento empresarial, ou seja, ao *controle empresarial*.** Sendo assim, o BNDES Participações S.A.:
Modo de atribuição do controle societário e/ou de posição jurídica que possibilite a influenciação sobre controle empresarial	(a) no que tange ao *controle societário*, pode remotamente integrar o bloco de controle, juntamente com o *controlador societário* majoritário Suzano Holding S.A, possuindo algumas prerrogativas inerentes ao *controle societário* que lhe são atribuídas, tais como as exemplificadas nos itens (i.a) e (i.b), acima. (b) no que tange ao *controle empresarial*, pode, em hipóteses específicas, determinar ou impedir a destinação dos bens e direitos que integram o estabelecimento empresarial, podendo-se configurar a hipótese de *influenciação sobre o controle empresarial*.
Investimentos com o Sistema BNDES	De acordo com informações públicas disponibilizadas, há evidência de contratos celebrados com o Sistema BNDES, a exemplo de debêntures.
Observações adicionais	Não aplicável.

50.

Nome empresarial e nome fantasia	CIA TRANSMISSÃO ENERGIA ELÉTRICA PAULISTA – CTEEP			
Nome do pregão	TRAN PAULISTA			
Código de Negociação	TRPL3 (ON) | TRPL4 (PN)			
CNPJ	02.998.611/0001-04			
Sítio eletrônico institucional	www.cteep.com.br			
Setor e subsetor (segmento)	Utilidade Pública | Energia Elétrica | Energia Elétrica			
Segmento de listagem	Nível 1 de Governança Corporativa			
Documentos e informações analisados	• Formulário de referência – 2014 – V8 • Estatuto social da companhia, conforme atualizado em 27 de outubro de 2014 • Acordo de Acionistas celebrado entre Interconexión Eléctrica S.A. E.S.P., HSBC Finance (Brasil) S.A. Banco Múltiplo e Banco Votorantim S.A., no âmbito da ISA Capital do Brasil S.A., em 9 de março de 2010			
Composição do capital social	64.484.433	Ordinárias		
	96.775.022	Preferenciais		
	161.259.455	Total		
Atividades (principais) da companhia	Transmissão de energia elétrica.			
Posição acionária	Centrais Elétricas Brasileiras S.A. – ELETROBRAS	9,75% (ON)	52,44% (PN)	35,37% (Total)
	Vinci Equities Gestora de Recursos LTDA.	0,00% (ON)	7,05% (PN)	4,23% (Total)
	Secretaria dos Negócios da Fazenda do Estado de São Paulo	0,00% (ON)	9,65% (PN)	5,79% (Total)
	ISA Capital do Brasil S.A.	89,50% (ON)	3,61% (PN)	37,96% (Total)
	Outros	0,75% (ON)	27,25% (PN)	16,65% (Total)
	Ações Tesouraria	0,00% (ON)	0,00% (PN)	0,00% (Total)

Estado acionista	• Secretaria da Fazenda do Estado de São Paulo
Declaração de existência e espécie de controle acionário	Segundo informações disponibilizadas, o controlador direto da sociedade é a ISA Capital do Brasil S.A.
Possibilidade de atribuição do *controle societário* para e/ou de posição jurídica que possibilite a *influenciação sobre controle empresarial* pelo o Estado/seus braços de participação	De acordo com os documentos societários analisados, não há a atribuição à Secretaria dos Negócios da Fazenda do Estado de São Paulo de prerrogativas relacionadas ao poder de destinação de bens e direitos integrantes do estabelecimento empresarial, ou seja, ao *controle empresarial*. No que tange ao *controle societário*, a Secretaria dos Negócios da Fazenda do Estado de São Paulo pode, eventual e circunstancialmente, compor o bloco de *controle societário*, compartilhando-o.
Modo de atribuição do *controle societário* e/ou de posição jurídica que possibilite a *influenciação sobre controle empresarial*	A possibilidade de a Secretaria dos Negócios da Fazenda do Estado de São Paulo integrar o bloco de *controle societário* se dá em razão configuração da composição acionária da companhia analisada. O critério de permanência deve observado por meio da análise dos votos nas últimas deliberações da companhia.
Investimentos com o Sistema BNDES	De acordo com informações públicas disponibilizadas, há evidência de contratos celebrados com o Sistema BNDES.
Observações adicionais	Não aplicável.

51.

Nome empresarial e nome fantasia	VALE S.A.			
Nome do pregão	VALE			
Código de Negociação	VALE3 (ON) | VALE5 (PNA)			
CNPJ	33.592.510/0001-54			
Sítio eletrônico institucional	www.vale.com			
Setor e subsetor (segmento)	Materiais Básicos | Mineração | Minerais Metálicos			
Segmento de listagem	Nível 1 de Governança Corporativa			
Documentos e informações analisados	• Formulário de referência – 2014 – V9 • Estatuto social da companhia, conforme atualizado em 7 de maio de 2015 • Acordo de Acionistas celebrado entre Litel Participações S.A., Bradespar S.A., Mitsui & Co. Ltd., BNDES Participações S.A. – BNDESPAR e Eletron S.A., no âmbito da Valepar S.A., em 24 de abril de 1997			
Composição do capital social	3.217.188.402	Ordinárias		
	2.027.127.718	Preferenciais		
	5.244.316.120	Total		
Atividades (principais) da companhia	Exploração de recursos minerais.			
Posição acionária	Valepar S.A.	53,35% (ON)	1,00% (PN)	33,12% (Total)
	BNDES Participações S.A. – BNDESPAR	6,41% (ON)	3,32% (PN)	5,22% (Total)
	Aberdeen Asset Managers Limited	3,13% (ON)	5,20% (PN)	3,93% (Total)
	Outros	36,12% (ON)	87,54% (PN)	56,00% (Total)
	Ações Tesouraria	0,98% (ON)	2,93% (PN)	1,73% (Total)

Estado acionista	• BNDES Participações S.A. – BNDESPAR • União Federal (titular de ações de classe especial – *golden share*)
Declaração de existência e espécie de controle acionário	Segundo informações disponibilizadas, o controle direto da companhia é detido pela Valepar S.A.
Possibilidade de atribuição do *controle societário* para e/ou de posição jurídica que possibilite a *influenciação sobre controle empresarial* pelo o Estado/seus braços de participação	Sim. Com base nos documentos analisados, são atribuídos ao BNDES Participações S.A. – BNDESPAR e à União Federal, quando em conjunto com outros acionistas, prerrogativas relacionadas ao *controle societário* e ao *controle empresarial*.
Modo de atribuição do *controle societário* e/ou de posição jurídica que possibilite a *influenciação sobre controle empresarial*	Técnica para atribuição das prerrogativas: Disposições contidas em acordo de acionistas do acionista controlador e prerrogativas atribuídas pela ação de classe especial (*golden share*). Justificativa Considerando que: (i) há previsão de convocação de "reunião prévia" para definir o voto a ser proferido pelas partes do Acordo de Acionistas nas Assembleias Gerais da companhia (e de suas controladas); (ii) a aprovação das seguintes matérias em reunião prévia, definindo o posicionamento dos acionistas vinculados ao Acordo de Acionistas, depende de voto afirmativo de 75% das ações vinculadas ao Acordo de Acionistas (apenas as principais são transcritas a seguir, fazendo-se alguns comentários): (ii.a) "*alteração do Estatuto Social da Vale, salvo em caso de exigência legal*"; "*aumento do capital social da Vale através de subscrição de ações, criação de nova classe de ações, mudança nas características das ações existentes ou redução do capital*"; "*emissão pela Vale de debêntures, conversíveis ou não em ações, bônus de subscrição, opções para compra de ações ou qualquer outro título mobiliário*", e "*mudança no objeto social da Vale*" – **tratam-se de prerrogativas relacionadas ao *controle societário*, haja vista deverem ser deliberadas em Assembleia Geral da Companhia.** (ii.b) "*eleição e destituição, pela Diretoria Executiva da Vale, de seus representantes nas sociedades por ela controladas, ou a ela coligadas, ou, ainda, em outras sociedades nas quais a Vale tenha o direito de indicar administradores*"; – **trata-se de prerrogativa relacionada ao *controle societário*, pois trata-se da eleição dos administradores da controlada da companhia.**

ANEXO

(ii.c) *"alienação ou aquisição pela Vale de participação acionária em qualquer outra sociedade, bem como a aquisição de ações de emissão da Vale para manutenção em tesouraria"*; – **trata-se de prerrogativa relacionada ao poder de destinação (em sentido amplo) dos bens e direitos integrantes do estabelecimento empresarial, ou seja, ao *controle empresarial*.**

(ii.d) *"celebração de acordo de distribuição, investimento, comercialização, exportações, transferência de tecnologia, licença de marcas, exploração de patentes, concessão de uso e/ou arrendamento em que a Vale seja parte"*; – **trata-se de prerrogativa manifestamente relacionada ao poder de destinação (em sentido amplo) dos bens e direitos integrantes do estabelecimento empresarial, ou seja, ao *controle empresarial*.**

(ii.e) *"aprovação e alterações ao plano de negócios da Vale"*; – **trata-se de prerrogativa manifestamente relacionada ao poder de destinação (em sentido amplo) dos bens e direitos integrantes do estabelecimento empresarial, ou seja, ao *controle empresarial*.**

(iii) o BNDES Participações S.A. detém 9,83% das ações da Valepar S.A., o que representam 10,49% das ações vinculadas ao Acordo de Acionistas analisado.

Sendo assim, o BNDES Participações S.A., quando em conjunto com outros acionistas vinculados ao Acordo de Acionistas, somando mais de 25% das ações vinculadas ao Acordo de Acionistas:

(a) no que tange ao *controle societário*, integra o bloco de controle da Valepar S.A., tratando-se de manifesto controle compartilhado, já que depende dos demais acionistas vinculados ao Acordo de Acionistas para prevalecer nas Assembleias Gerais da Valepar e, em um segundo momento, das controladas, a exemplo do Vale S.A., bem como para eleger a maioria dos administradores da companhia; e

(b) no que tange ao *controle empresarial*, pode implicar ou impedir a destinação dos bens e direitos que integram o estabelecimento empresarial. Dessa forma, por mais que os demais acionistas vinculados ao Acordo de Acionistas também tenham essa prerrogativa quando somem mais de 25% das ações vinculadas ao Acordo de Acionistas, toda e qualquer contratação relevante da companhia analisada depende ao menos da concordância tácita do BNDES Participações S.A., configurando-se a hipótese de *influenciação sobre o controle empresarial*.

(iv) Em relação à União Federal, a possibilidade da atribuição mencionada está relacionada às prerrogativas conferidas pela *golden share*, conforme artigo 7º do Estatuto Social da companhia, que prescreve (comentários pontuais feitos em alguns dos incisos):

	"Art. 7º – A ação de classe especial terá direito de veto sobre as seguintes matérias: I – alteração da denominação social; **(relacionada ao controle societário)** II – mudança da sede social; **(relacionada ao controle societário)** III – mudança no objeto social no que se refere à exploração mineral; **(relacionada ao controle societário e ao controle empresarial)** IV – liquidação da sociedade; **(relacionada ao controle societário e ao controle empresarial)** V – alienação ou encerramento das atividades de qualquer uma ou do conjunto das seguintes etapas dos sistemas integrados de minério de ferro da sociedade: (a) depósitos minerais, jazidas, minas; (b) ferrovias; (c) portos e terminais marítimos; **(relacionada ao controle empresarial)** VI – qualquer modificação dos direitos atribuídos às espécies e classes das ações de emissão da sociedade previstos neste Estatuto Social; **(relacionada ao controle societário)** VII – qualquer modificação deste Artigo 7º ou de quaisquer dos demais direitos atribuídos neste Estatuto Social à ação de classe especial." **(relacionada ao controle societário)**
Investimentos com o Sistema BNDES	De acordo com informações públicas disponibilizadas, há evidência de contratos celebrados com o Sistema BNDES, a exemplo de debêntures.
Observações adicionais	Não aplicável.

ÍNDICE

AGRADECIMENTOS	7
APRESENTAÇÃO	9
PREFÁCIO	11
INTRODUÇÃO	19

CAPÍTULO 1 – A SEGMENTAÇÃO DO PODER DE CONTROLE:
CONTROLE SOCIETÁRIO E CONTROLE EMPRESARIAL   23

CAPÍTULO 2 – AS FORMAS DE ATUAÇÃO DO ESTADO NO CONTEXTO DO CAPITALISMO DE ESTADO BRASILEIRO, A IDENTIFICAÇÃO DO DETENTOR DO CONTROLE E A VERIFICAÇÃO EMPÍRICA DA HIPÓTESE DE INFLUENCIAÇÃO SOBRE O CONTROLE EMPRESARIAL   47

CAPÍTULO 3 – IMPLICAÇÕES PRÁTICAS DA CONFIGURAÇÃO DA HIPÓTESE DE INFLUENCIAÇÃO SOBRE O CONTROLE EMPRESARIAL   111

CONSIDERAÇÕES CONCLUSIVAS	137
REFERÊNCIAS	141
ANEXO	149